U0811643

中国当代民间史料集刊 1

华东师范大学中国当代史研究中心 编

门家庄大队工作档案

本集刊出版获得东方历史学会资助

中国出版集团 东方出版中心

出版说明

《中国当代民间史料集刊》收录的是流散于社会的各种民间文献，包括日记、笔记、记录、信函、小报、表格、账册、课本等等。时间主要是1949年以后的。与已经出版的许多中国当代史资料不同，这套书主要反映社会底层的政治、经济、文化状况和日常生活、人际交往、家庭关系、个人境遇等内容，为读者提供记录社会基层历史变迁的原始资料。

相对于中国古代和近代各种民间史料，中国当代民间史料数量更大，种类更多，抢救、发掘的难度理当比前者要小得多，但实际的情况却颇不乐观。由于在相当一段时间里政治运动频发，特别是经历过“文化大革命”以后，许多私人记录性史料大量抄没、毁坏或遗失。而各种运动过后，尤其是改革开放初期“拨乱反正”，也曾将大量个人材料交还个人处理，或由组织代为销毁。再加上单位变动频繁，过去曾经保存在单位里的各种油印资料或个人记录材料，也不断地被处理或销毁。所有这些都使得原本应该浩如烟海、取之不尽的当代民间史料，如今竟成急需抢救的“国宝”。近十几年来，意识到并重视当代史料搜集和抢救工作的民间人士和专业研究者，已不在少数。但十分遗憾的是，这方面的工作迄今为止仍处于一种分散游击、割据自守的状况。由于收藏者多将自己搜集到的史料藏诸深山、秘不示人，从而使得原本就显得十分稀少的民间史料愈现其缺。

历史研究，关键在史料。当代史料通常有几类，一是官方档案文献；二是口述或回忆；三是影像或录音；四就是民间记录的各种文字材料了。在所有这些史料当中，官方档案的形成、留存和开放，都难免会受到时政的极大影响，因而具有很大的片面性；口述回忆史料因时过境迁，加之当事人的主观意向和记忆误差，也极易造成对历史的误读。至于影像录音之类的史料价值，自然局限更为明显。因此，当代史料当中最大量的，也是最能够真切反映社会当时各种情况的，恰恰是这些民间史料。如今，当代中国历史的研究正方兴未艾，已有越来越多的学者和学生开始关心和研究当代历史的问题了，但因为民间史料查找不易，除极少数近水楼台者外，真正能够利用民间史料来做研究的学者和学生，还寥寥无几。

本中心虽成立不久，但理应在这方面有所建树。因而不惜大家动手，不取分文，费时费力并以极为有限的财力资源，编辑出版这样一套丛书，以利推动民间史料的整理与出版，进而逐渐打破现在史料收藏过于分散、难以利用的情况。必须说明的是，本中心在民间史料搜集上着手较晚，故我们所推出的史料无论从面上，还是从点上，都不成系统。同时，由于整个当代史料的整理和出版工作在全国范围也都还只是处于起步阶段，无论编辑还是出版工作都还有一个摸索适应和逐渐规范的过程，因此，在许多方面都难免存在着缺失甚或不当之处。凡此种种，还有望各方读者包括原文作者及时提醒和指正。

华东师范大学中国当代史研究中心

编辑体例

本丛书的编辑，以尽可能反映历史原貌为原则，但因各种史料形式庞杂，编排格式不一，文字记录方式千差万别，再加以许多日常记录文字错漏衍字及病句甚多，不少因年代久远、字迹模糊，或记录者笔迹难以辨认等，故录入时不得不有所补校或说明。为此，特统一制定如下办法一体执行：

（一）统一按简体字排版。原件为繁体字者，均改为简体字。

（二）统一按大32开页面格式排版。原件页面无论大小，格式无论为分栏、多栏或其他形式，均统一改为通栏。

（三）为统一各书形式，对原件标题有按需要改订之必要，但以尊重原文含义为前提。

（四）正文原文一律照旧，病句亦保持原状。

（五）原文中的错别字以[]符号订正。

（六）漏字以（ ）符号填补。

（七）衍字以〈 〉符号注明。

（八）辨认不清的字以□符号标明。

（九）明显文句不通，容易产生歧义，但可以推测意思处，用括号说明。

（十）当加标点而未标点处一般仍依原文。

编　者

2009年2月

目　录

· 中 国 当 代 民 间 史 料 集 刊 （一） ·

基本情况 | 1965.8.1 整理

门庄第一生产队

门庄一队
基本情况
上报资料
青　　年
民　　兵
妇　　女

案 卷 目 录

编号	文件作者	文件题目	起止题号	文件日期	备注
1	工作队	门庄一队社员摸底花名册	1		
2	工作队	门庄大队党团员干部简历	2—5		
3	工作队	门庄一队干部架子情况表	6—10		
4	工作队	贫协组织一系列材料	11		
(1)	工作队	原贫协代表摸底情况	11		
(2)	工作队	门庄一队三批会员登记	12—15		
(3)	工作队		16—24		
(4)	工作队	门庄一队贫下中农积极分子表	25—27		
5	工作队	门庄一队组织建设	28—33		
6	工作队	门庄一队党团员基本情况登记表建党、建团对象	34—35		
7	工作队	青年、民兵、妇女组织	36—44		
8	工作队	各种报表	45—51		
9	工作队	普通民兵登记表	52		
10	工作队	各种组织	53		

一、门庄一队社员摸底花名册

姓　名	性　别	年　龄	家庭出身	政治面目	文化程度
石大田	女	69	贫农	群众	文盲
王怀文	男	67	贫农	群众	文盲
董大经	女	63	贫农	群众	文盲
徐玉兰	女	59	贫农	群众	文盲
谢梅申	女	51	下中	群众	文盲
王计增	男	52	贫农	群众	初小
王同山	女	69	贫农	群众	初小
王贵根	男	62	贫农	群众	文盲
王丙文	男	69	下中	群众	文盲
吕瑞林	男	50	中农	群众	初小
王西申	男	51	中农	群众	文盲
谷大芬	女	64	中农	群众	文盲
王宝仁	男	56	中农	群众	完小
魏二萃	女	52	上中	群众	文盲
王浩彬	男	63	富农	富农分子	初小
羡大和	女	67	富农	富农分子	文盲
张　彩	女	65	富农	富农分子	文盲
王增义	男	38	贫农	群众	初小
马东雪	女	36	贫农	群众	文盲
张风须	女	45	贫农	群众	文盲
李雪芬	女	49	贫农	群众	文盲
杨秀群	女	36	贫农	群众	文盲
张彦敏	女	39	贫农	群众	文盲
李春捧	女	49	下中	群众	文盲

续 表

姓　名	性　别	年　龄	家庭出身	政治面目	文化程度
王大巧	女	48	下中	群众	文盲
王淑棉	女	31	下中	群众	文盲
王中科	男	49	上中	群众	完小
胡民贞	女	47	上中	群众	初小
王春苗	女	37	中	群众	初小
李彦孚	女	37	中	群众	文盲
张文彩	女	37	中	群众	文盲
林　巧	女	49	中	群众	文盲
丁　运	女	37	富农	群众	文盲
王冈经	男	38	中	群众	完小
王辛未	男	34	富农	群众	初小
王占玲	男	25	贫农	群众	初小
王运时	女	17	贫农	群众	初小
张秀文	女	18	贫农	群众	初小
王恒岑	男	19	下中	群众	完小
王恒波	男	28	下中	群众	初小
王西运	男	23	上中	群众	初小
王艾连	女	22	上中	群众	文盲
王树寅	男	15	上中	群众	完小
王文肖	男	20	中	群众	初小
王会英	女	18	中	团员	完小
王永祥	男	20	贫农	团员	初中
王永进	男	19	富农	群众	初小
王永利	男	16	富农	群众	初小
王振凡	男	15	中	群众	完小
49 名					

二、门庄大队党团干部简历表

门庄大队党团干部简历表

<table>
<tr><td>姓　名</td><td>□□□</td><td>性别</td><td>男</td><td>年龄</td><td>56</td><td>文化程度</td><td>完小</td><td>政治面目</td><td>群众</td></tr>
<tr><td>家庭出身</td><td>漏划富农</td><td colspan="2">本人成分</td><td colspan="2">农</td><td>何时入党团</td><td>无</td><td>介绍人</td><td>无</td></tr>
<tr><td>现任职务</td><td>队会计</td><td colspan="2">籍　贯</td><td colspan="6">河北省冀县门庄公社门庄</td></tr>
<tr><td colspan="2">土改前后家庭经济状况</td><td colspan="8">土改前房 7 间,地 17 亩,6 口人(家里 3 口,在北京 3 口),将要回来,村里人说先献出地 5 亩,外边的人回来了再给,我回来找村里王彦朝支书,他说分配出去了,土改后,房未动,地 12 亩,人6 口</td></tr>
<tr><td colspan="2">家庭主要成员</td><td colspan="3">妻□□、长子□□、长子媳□□□、次子□□、次子媳□□□、三子□□、三子媳□□□、长女□□</td><td colspan="3">主要社会关系</td><td colspan="2">岳母家:翰林庄,□□□,下中农。外祖母,东堤北,贫农。姨母,三树村,□□□,贫农。大姐,野庄头,□□□,贫农</td></tr>
<tr><td colspan="2">家庭有无被管关杀斗的</td><td colspan="3">无</td><td colspan="3">受过任何处分或奖励</td><td colspan="2">无</td></tr>
<tr><td colspan="4">参加过何种反动组织和反动会道门</td><td colspan="6">参加过一贯道徒 1948 年取缔会道门时,在本村自首登记。</td></tr>
<tr><td colspan="10">个　人　简　历</td></tr>
</table>

年月日至年月日	在　何　部　门	任何职	证明人
1915 年至 1922 年	在本村小学读书	学　生	□□□
1923 年至 1930 年	在北京前门外珠宝市聚义银号	司账员	□□□
1931 年至 1943 年	在北京长卷下二条兼生银号	交际员	□□□
1944 年至 1945 年	在北京前门延寿寺街华信车行	司账员	□□□
1946 年至 1948 年	回家务农		□□□
1949 年至 1952 年	在杰海供销社棉站	会　计	□□□
1953 年至 1954 年	回家务农		□□□
1955 年至 1965 年	回家务农	高初级社会计,公社生产队会计	□□□

门庄大队党团干部简历表

<table>
<tr><td>姓　名</td><td>□□□</td><td>性别</td><td>男</td><td>年龄</td><td>51</td><td>文化程度</td><td>初小</td><td>政治面目</td><td>群众</td></tr>
<tr><td>家庭出身</td><td>下中</td><td colspan="2">本人成分</td><td colspan="2">农民</td><td>何时入党团</td><td>无</td><td>介绍人</td><td>无</td></tr>
<tr><td>现任职务</td><td>队长</td><td colspan="2">籍　贯</td><td colspan="6">河北省冀县门庄公社门庄</td></tr>
<tr><td colspan="2">土改前后家庭经济状况</td><td colspan="8">土改前 4 口人，15 亩地，半个牲口，4 间房
土改后 6 口人，21.5 亩地，无牛，房 4 间</td></tr>
<tr><td colspan="2">家庭主要成员</td><td colspan="4">妻，在家务农，群众
长儿子，在家务农，群众</td><td colspan="2">主要社会关系</td><td colspan="2">姐姐两个，西堤北一个，韩家庄一个</td></tr>
<tr><td colspan="2">家庭有无被管关杀斗的</td><td colspan="4">无</td><td colspan="2">受过任何处分或奖励</td><td colspan="2">无</td></tr>
<tr><td colspan="5">参加过何种反动组织和反动会道门</td><td colspan="5">无</td></tr>
<tr><td colspan="10">个　人　简　历</td></tr>
<tr><td colspan="2">年月日至年月日</td><td colspan="4">在　何　部　门</td><td colspan="2">任何职</td><td colspan="2">证明人</td></tr>
<tr><td colspan="2">1925 年至 1930 年</td><td colspan="4">在本村初小读书 5 年</td><td colspan="2"></td><td colspan="2">□□□</td></tr>
<tr><td colspan="2">1930 年至 1944 年</td><td colspan="4">在高邑村学徒打洋铁壶</td><td colspan="2">伙友</td><td colspan="2"></td></tr>
<tr><td colspan="2">1945 年至 1965 年</td><td colspan="4">在本村参加务农</td><td colspan="2"></td><td colspan="2">□□□</td></tr>
<tr><td colspan="2">1959 年至 1961 年</td><td colspan="4">在本村参加务农</td><td colspan="2">保管</td><td colspan="2">□□□</td></tr>
<tr><td colspan="2">1962 年至 1965 年</td><td colspan="4">在本村参加务农</td><td colspan="2">队长</td><td colspan="2">□□□</td></tr>
</table>

门庄大队党团干部简历表

<table>
<tr><td>姓　名</td><td>□□□</td><td>性别</td><td>女</td><td>年龄</td><td>55</td><td>文化程度</td><td>文盲</td><td>政治面目</td><td>党员</td></tr>
<tr><td>家庭出身</td><td>中农</td><td colspan="2">本人成分</td><td colspan="2">农民</td><td>何时入党团</td><td>1948 年入党</td><td>介绍人</td><td>□□□</td></tr>
<tr><td>现任职务</td><td>指导员</td><td colspan="2">籍　贯</td><td colspan="6">河北省冀县门庄公社门庄</td></tr>
<tr><td colspan="2">土改前后家庭经济状况</td><td colspan="8">土改前有 7 亩地,人 4 口,大车 1 个,牛半个,耠子 1 个,耧 1 个,耙 1 个,盖 1 个,土改后有 16 亩地,人 4 口,其中分到地 4 亩,买地 5 亩</td></tr>
<tr><td colspan="2">家庭主要成员</td><td colspan="3">丈夫门丙坤
儿子
儿媳</td><td colspan="3">主要社会关系</td><td colspan="2">娘家,野庄头,贫农。长女,东堤北,中农。次女,灵口,中农。儿媳,野庄头,贫农。</td></tr>
<tr><td colspan="2">家庭有无被管关杀斗的</td><td colspan="3">无</td><td colspan="3">受过任何处分或奖励</td><td colspan="2">58 年,整党时给以警告处分,原因入社晚一年。买了粉房的猪未有抓圈,探亲未请假。</td></tr>
<tr><td colspan="4">参加过何种反动组织和反动会道门</td><td colspan="6">无</td></tr>
<tr><td colspan="10">个　　人　　简　　历</td></tr>
<tr><td colspan="3">年月日至年月日</td><td colspan="4">在　何　部　门</td><td colspan="2">任何职</td><td>证明人</td></tr>
<tr><td colspan="3">1910 年至 1928 年 5 月</td><td colspan="4">在本村野庄头(1 岁～18 岁)</td><td colspan="2"></td><td></td></tr>
<tr><td colspan="3">1918 年 5 月至 1965 年 6 月</td><td colspan="4">在门庄务农</td><td colspan="2"></td><td></td></tr>
<tr><td colspan="3">1944 年至 1946 年</td><td colspan="4">在门庄务农</td><td colspan="2">宣传员</td><td>□□□</td></tr>
<tr><td colspan="3">1946 年至 1958 年</td><td colspan="4">在门庄务农</td><td colspan="2">妇联副主任、正主任</td><td>□□□</td></tr>
<tr><td colspan="3">1958 年</td><td colspan="4">在门庄务农</td><td colspan="2">政治队长</td><td>□□□</td></tr>
<tr><td colspan="3">1959 年至 1965 年</td><td colspan="4">在门庄务农</td><td colspan="2">队指导员</td><td>□□□</td></tr>
</table>

门庄大队党团干部简历表

<table>
<tr><td>姓　名</td><td>□□□</td><td>性别</td><td>男</td><td>年龄</td><td>20</td><td>文化程度</td><td>初中</td><td>政治面目</td><td>团员</td></tr>
<tr><td>家庭出身</td><td>贫农</td><td colspan="2">本人成分</td><td colspan="2">学生</td><td>何时入党团</td><td>1962 年 5 月</td><td>介绍人</td><td>□□□</td></tr>
<tr><td>现任职务</td><td>保管员</td><td colspan="2">籍　贯</td><td colspan="6">河北省冀县门庄公社门庄</td></tr>
<tr><td colspan="2">土改前后家庭经济状况</td><td colspan="8">土改前 4 口人，4.5 亩地，2 间房，父亲在天津玻璃厂学徒。
土改后 4 口人，10 亩地，6 间房，全家依靠劳动生活。</td></tr>
<tr><td colspan="2">家庭主要成员</td><td colspan="3">母亲□□□是群众。大哥哥□□□（已分家）是党员。</td><td colspan="2">主要社会关系</td><td colspan="3">门庄公社赵庄舅舅家，舅舅□□□，下中农。</td></tr>
<tr><td colspan="2">家庭有无被管关杀斗的</td><td colspan="3">无</td><td colspan="2">受过任何处分或奖励</td><td colspan="3">在学校里得过毛巾、(日记)本奖。</td></tr>
<tr><td colspan="4">参加过何种反动组织和反动会道门</td><td colspan="6">无</td></tr>
<tr><td colspan="10">个　人　简　历</td></tr>
<tr><td colspan="3">年月日至年月日</td><td colspan="3">在　何　部　门</td><td colspan="2">任何职</td><td colspan="2">证明人</td></tr>
<tr><td colspan="3">1953 年至 1957 年 7 月</td><td colspan="3">在门庄初学读书</td><td colspan="2">无</td><td colspan="2">□□□</td></tr>
<tr><td colspan="3">1957 年 8 月至 1959 年 7 月</td><td colspan="3">在西堤张高小学习</td><td colspan="2">无</td><td colspan="2">□□□</td></tr>
<tr><td colspan="3">1959 年 8 月至 1962 年 7 月</td><td colspan="3">码头李初中学习</td><td colspan="2">无</td><td colspan="2">□□□</td></tr>
<tr><td colspan="3">1962 年 8 月至 1963 年</td><td colspan="3">在门庄一队参加劳动</td><td colspan="2">无</td><td colspan="2">□□□</td></tr>
<tr><td colspan="3">1963 年至 1965 年</td><td colspan="3">在本村参加劳动</td><td colspan="2">生产保管员</td><td colspan="2">□□□</td></tr>
</table>

三、门庄第一生产队队委会选举后干部登记表

门庄第一生产队队委会选举后干部登记表 1965年7月20日

姓名	性别	年龄	家庭出身	个人成分	文化程度	政治面目	原任职务	新安排职务			备注
								党内	行政	管委委员	
王根深	男	46	下中	农民	初小	群众			队长	委员	
王占玲	男	25	贫农	农民	初小	群众		政治工作员		委员	党员培养对象
王永祥	男	20	贫农	学生	初中	团员	保管		会计	委员	
王恒波	男	28	贫农	农民	初小	群众			副队长		
王计增	男	52	贫农	农民	初小	群众			保管	委员	
张秀文	女	18	贫农	农民	初小	团员			妇女队长	委员	
王文肖	男	20	下中	农民	初小	群众			排长	委员	
王运时	女	17	贫农	学生	初小	群众			副排长		团员培养对象
王同山	男	69	贫农	农民	初小	群众				委员	
王怀文	男	67	贫农	农民	文盲	群众			贫协组长		
10名											

门庄第一生产队队委会选举后干部登记表 1965年7月20日

姓名	性别	年龄	家庭出身	个人成分	文化程度	政治面目	职务		备注
							党内	行政	
汲大芬	女	56	中	农民	文盲	党员	指导员		有四不清问题，较严重
王宝仁	男	56	中	商人	完小	群众		会计	有四不清问题，较严重
杨彦华	男	52	下中	农民	初小	群众		队长	老实、劳动不错，有四不清问题
王永祥	男	20	贫农	学生	初中	团员		会计	老实、劳动好，有轻微的四不清问题
李雪芬	女	49	贫农	农民	文盲	群众		62年4月下台 妇女队长	有四不清问题
王成甫	男	52	下中	农民	文盲	群众		62年4月下台 生产队长	有四不清问题

门庄大队三结合小组和领导班子统计表 1965.4.6

姓名	性别	年龄	家庭出身	个人成分	政治面目	文化程度	原任职务	初选职务	曾在几队任职	干部的是否解放	三结合小组				
											组别	姓名	原职务	贫协分子	运动中表现
王占玲	男	25	贫	农民	群众	初小	无	指导员	无		贫协组	王占玲		积极分子	积极
王计增	男	52	贫	农民	群众	初小	无	生产队长			贫协组	王计增		积极分子	积极

续 表

姓名	性别	年龄	家庭出身	个人成分	政治面目	文化程度	原任职务	初选职务	曾在几队任职	干部的是否解放	三结合小组				
											组别	姓名	原职务	贫协分子	运动中表现
王永祥	男	20	贫	学生	团员	初中	保管	会计	本队		干部组	王永祥	保管员		积极
张秀文	女	18	贫	农民	群众	初小		妇女队长			干部组	王恒岑	民兵排长		积极
王恒岑	男	19	下中	农民	群众	完小	民兵排长	保管员	本队						
王文肖	男	20	中	农民	群众	初小		民兵排长							

门庄大队第一生产队干部安排登记表　1965.6.4号

姓名	性别	年龄	家庭出身	个人成分	文化程度	政治面目			原任职务	新安排职务		备注
						党	团	群		党内	行政	
王占玲	男	25	贫农	农民	初小			群		政治工作员		党员培养对象
杨彦华	男	51	下中	农民	初小			群	队长		队长	
王恒波	男	28	下中	农民	初小						副队长	
王永祥	男	20	贫农	学生	初中				保管		会计	
王计增	男	52	贫农	农民	初小						保管	

续 表

姓　名	性别	年龄	家庭出身	个人成分	文化程度	政治面目			原任职务	新安排职务		备　注
						党	团	群		党　内	行　政	
张秀文	女	18	贫农	农民	初小						妇女队长	
王恒岑	男	19	贫农	学生	完小						排长	团员培养对象
王运时	女	17	贫农	学生	初小						副排长	团员培养对象
王怀文	男	67	贫农	农民	文盲						贫协组长	

门庄大队第一生产队干部安排登记表　1965. 7. 6 号

姓　名	性别	年龄	家庭出身	个人成分	文化程度	政治面目			原任职务	新安排职务		备　注
						党	团	群众		党　内	行　政	
王根深	男	46	下中	农民	初小			群众			队长	
王占玲	男	25	贫	农民	初小			群众		政治工作员		党员培养对象
王永祥	男	20	贫	学生	初中		团		保管		会计	
王恒波	男	28	贫	农民	初小						副队长	
王计增	男	52	贫	农民	初小			群众			保管	

续 表

姓 名	性别	年龄	家庭出身	个人成分	文化程度	政治面目			原任职务	新安排职务		备 注
						党	团	群众		党 内	行 政	
张秀文	女	18	贫	农民	初小		团				妇女队长	
王恒岑	男	19	贫	学生	完小			群众			排长	团员培养对象
王运时	女	17	贫	学生	初小			群众			副排长	团员培养对象
王怀文	男	67	贫	农民	文盲			群众			贫协组长	

四、贫 协 组 织

门庄一队贫协代表　1965. 3. 4 号

姓　名	性别	年龄	家庭出身	文化程度	政治面目	是否选举产生代表	备　　注
王占玲	男	25	贫	初小	群众	委任	此贫协代表有火力，工作不错，社员意见可以做根子，还能做工作，起作用
王桂根	男	64	贫	文盲	群众	委任	此贫协代表年老多病，失去工作能力，不能领导运动。起不了作用。免去贫协职务

门庄一生产队贫协会员统计表　1965 年 8 月 1 日

贫下中农成年人总数	项目 批次	入会人数	性　别		成　　分		入会的贫下中农成年人占总数的%
			男	女	贫农	下中农	
31 人	第一批	9	5	4	9		29.03%
	第二批	11	5	6	9	2	35.485%
	第三批	11	4	7	7	4	35.485%
	合　计	31	14	17	25	6	100%

说明：(1) 贫下中农成年人是指十六岁以上者。

(2) 贫农、下中农成分者是指三榜后的成分。

(3) 入会会员花名册一定要一批一张防止混淆。

公元一九六五年七月二十九日制

第一队　门庄第一批入会会员统计员　1965 年 3 月 13 日

姓　名	性别	年龄	家庭出身	个人成分	政治面目	文化程度	是否是积极分子	新选职务	社教中的表现
王占玲	男	25	贫农	农民	群众	初小	是	政治工作员	坚持社会主义方向,社教运动中表现积极。
王计增	男	52	贫农	农民	群众	初小	是	保管员	社教运动中自始以来,表现积极。
王同山	男	69	贫农	农民	群众	初小	是		表现积极
张秀文	女	18	贫农	农民	团员	初小	是	妇女队长	表现积极
王怀文	男	67	贫农	农民	群众	文盲	是	贫协小组长	表现积极
王彦梅	女	17	贫农	农民	群众	文盲			表现积极
王恒岑	男	19	贫农	农民	群众	完小			表现积极
李春捧	女	49	贫农	农民	群众	文盲			表现积极
董大经	女	63	贫农	农民	群众	文盲			表现积极,已去世

第一队　门庄第二批入会会员统计员　1965 年 7 月 13 日

姓　名	性别	年龄	家庭出身	个人成分	政治面目	文化程度	是否是积极分子	新选职务	社教中的表现
王永祥	男	20	贫农	学生	团员	初中		会计	积极
王运时	女	17	贫农	学生	群众	初小		副排长	积极
王根深	男	46	下中	农民	群众	初小		队长	积极
王恒波	男	28	贫农	农民	群众	初小		副队长	比较积极
张风须	女	45	贫农	农民	群众	文盲			比较积极
赵焕印	女	49	贫农	农民	群众	文盲			比较积极

续 表

姓　名	性别	年龄	家庭出身	个人成分	政治面目	文化程度	是否是积极分子	新选职务	社教中的表现
石大田	女	69	贫农	农民	群众	文盲			比较积极
王贵根	男	62	贫农	农民	群众	文盲			比较积极
李雪芬	女	49	贫农	农民	群众	文盲			比较积极
谢梅申	女	50	下中	农民	群众	文盲			比较积极
王丙文	男	69	贫农	农民	群众	文盲			比较积极
合计 11									

第一队　门庄第三批入会会员统计员　1965 年 7 月 13 日

姓　名	性别	年龄	家庭出身	个人成分	政治面目	文化程度	是否是积极分子	新选职务	社教中的表现
王文肖	男	20	下中	农民	群众	初小		正排长	表现比较积极
王增义	男	38	贫农	工人	群众	初小			表现比较积极
李彦孚	女	37	下中	农民	群众	文盲			表现比较积极
王淑棉	女	31	贫农	农民	群众	文盲			表现比较积极
王大巧	女	48	贫农	农民	群众	文盲			表现一般
马东雪	女	36	贫农	农民	群众	文盲			表现一般
徐玉芝	女	59	贫农	农民	群众	文盲			表现一般
吕瑞林	男	50	下中	农民	群众	初小			表现一般
杨秀群	女	36	贫农	农民	群众	文盲			表现一般
张彦敏	女	39	贫农	农民	群众	文盲			表现一般
王西申	男	55	下中	农民	群众	文盲			表现一般
11 名									

入会申请书

我叫马东雪,女性,36 岁,1929 年 11 月 27 日生,冀县王海公社位新庄村人,下中农成分土改前家有地八亩,有父亲母亲姐妹五口人,现在娘家无人,我 21 岁嫁来门庄,在党的领导下提高了思想,愿永远跟着共产党走,听毛主席的话,按毛主席的指示办事,维护集体利益,起带头作用和坏人坏事作无情斗争,巩固人民公社,建设社会主义。

申请人　马东雪
1965.3.16

申　请　书

兹有李雪芬志愿申请,加入农民协会,保证站定阶级立场遵守协会一切章程和纪律。个人出身、家庭成分、家庭成员如下:

家庭成分贫农;

个人出身农民;

家庭成员 1 人;

现年 47 岁;

本人在 58 年当小组长 60—61 上半年当妇女队长。

申请人:李雪芬
65.3.17 号

入会申请书

我叫王大巧,女性,现年 49 岁,1916 年 3 月 13 生日人,下中农成分不认字,娘家西堤北村王殿甲,贫中成分,在党的英明领导下划清了阶级路线,坚决和坏人坏事展开斗争,永远跟着共产党,按着毛主席的指示办事,为巩固人民公社贡献力量,特申请入会,请批准是荷。

申请人:王大巧
1965.3.16

入会申请书

我叫董大经,女性,现年 63 岁,1902 年 9 月 16 日生,束鹿县王口公社王口村人，贫农成分，娘家现在无人也是贫农成分，在党的英明领导下，又听了大会报告，提高了阶级觉悟，认清了阶级路线，坚决拥护共产党，热爱毛主席，一定我要和坏人坏事斗争到底。

特申请入会，请批准。

申请人：董大经
1965.3.16

入会申请书

我叫张凤须，女性，现四十七岁，冀县码头李公社北小庄村人，贫农成分，家有母亲、哥哥、嫂子、弟弟、侄男女，土改前有地七亩，十八岁嫁来门庄，土改时分到果实，走向幸福生活，愿坚决跟着共产党走，听毛主席的话，按毛主席的指示办事，样样起带头作用，维护集体利益，和坏人坏事作无情斗争，巩固人民公社，建设社会主义。

申请人：张凤须
1965.3.16

入会申请书

我叫徐玉芝，女性，现59岁，1906年1月18日生，贫农成分，河北省易县中茹节村人，贫农成分，在党的英明领导下听了大会报告，提高了思想觉悟，认清了阶级路线，坚决拥护共产党，听毛主席的话要和坏人坏事，作无情的斗争。

特申请入会，请祈批准。

申请人：徐玉芝
1965.3.16

入会申请书

我叫王增义，男性，现年38岁，1927年6月7日生，贫农成分，小学五年程度，主要社会关系，岳父马占林，王海公社位新庄村，下中农成分（现在无人），在党的英明领导下，提高了思想觉悟，划清了阶级路线，坚决和坏人坏事作无情斗争，永远跟着共产党，听毛主席的话，读毛主席的书，按照毛主席的指示办事，为巩固人民公社，建设社会主义贡献一切，特申请入会恳祈批准。

申请人：王增义
1965.3.16

入会申请书

我叫王恒波，男性，现年30岁，1935年8月21日生人，下中农成分，小学四年，岳父王起，赵庄村，在党的英明领导和大会的报告，划清了阶级路线，永远跟着党坚决跟坏人坏事做斗争，为办好人民公社贡献自己的所有力量，特申请入会，请批准是荷。

申请人：王恒波
1965.3.16

入会申请书

我叫王恒岺，男性，现年21岁，1944年8月28日生人，下中农成分，高小程度，在党的英明领导下提高了思想觉悟，认清了阶级路线，坚决和坏人坏事做斗争，永远跟着共产党，按照毛主席的指示办事，为巩固人民公社贡献自己的一切力量，特申请入会，请批准是荷。

申请人：王恒岺
1965.3.16

入会申请书

我叫王根深，男性，现年47岁，初小毕业，下中农成分，父亲已故，母亲别居，妻年52岁，我在这次四清运动中经过了党的教育，明确了前进方向，保证今后下定决心，坚决与坏人坏事作无情的斗争，听毛主席的话，跟共产党走，特此申请入会，请予以批准。

申请人：王根深
1965.3.17

入会申请书

我叫李春棒，现年50岁，1911年9月28日生，下中农成分，不认字，娘家西堤北村，李书科，贫农成分，我听了报告以后，划清了阶级路线，坚决跟坏人坏事展开斗争,按着党的指示办事,为巩固人民公社贡献一切力量,特申请入会,请批准是荷。

申请人:李春棒
1965.3.16

入会申请书

我叫谢梅申,女性,现年52岁,娘家本公社东堤北村,下中农成分,有父亲、母亲(已故)、弟弟、弟媳、姐姐,21岁结婚,在党的领导教育下提高了思想觉悟,愿勇敢的与坏人坏事作斗争,永远跟着共产党走,坚决听毛主席的话,特此申请入会,请批准是荷。

申请人:谢梅申
1965.3.17

入会申请书

我叫王丙文,男性,现年71岁,1894年11月29日生人,下中农成分,不认字,岳父李书科,贫农成分,西堤北村人,在党的英明领导下,划清了阶级路线,坚决跟坏人坏事做斗争,永远跟着共产党,按着毛主席的指示办事,为巩固人民公社贡献一切力量,特申请入会,请批准是荷。

入会人:王丙文
1965.3.16

入会申请书

我叫王艳梅,女性,现年19岁,1946年10月10日生,贫农成分,爱人杨福存本村中农成分,在党的英明领导下,提高了思想觉悟,划清了阶级路线,坚决拥护共产党、毛主席,要和坏人坏事做无情的斗争。

特申请入会,祈批准。

入会申请人:王艳梅
1965.3.16

入会申请书

我叫王同山,男性,现年69岁,1896年5月1日生,贫农成分,岳父(已亡)

束鹿县孟庄公社文朗口村(现在无人),在党的英明领导下和大会报告,提高了思想觉悟,划清了阶级路线,坚决拥护共产党,听毛主席的话,站稳立场要和坏人坏事作无情斗争。

特申请入会,请祈批准。

申请人:王同山
1965.3.16

入会申请书

我叫王淑棉,女性,现年33岁,1932年8月13日生人,下中农成分,小学二年,娘家赵庄村,王起,成分贫农,在党的英明领导下和听了大会报告,划清了阶级路线,坚决和坏人坏事做斗争,按着党的指示办好人民公社。

特申请入会,请批准是荷。

申请人:王淑棉
1965.3.16

入会申请书

我叫王贵根,男性,现年64岁,1901年12月26日生,贫农成分,小学三年程度,岳父李林,冀县闫家寨公社邵村,贫农成分,在党的英明领导下,提高了觉悟,划清了阶级路线,坚决拥护共产党毛主席,要和坏人坏事斗争到底。

特申请入会,愿祈批准。

申请人:王贵根
1965.3.16

入会申请书

我叫王运时,女性,现年17岁,1938年5月7日生,贫农成分,初小文化程度,我是在毛泽东时代成长,我坚决拥护共产党,听毛主席的话,按照毛主席的指示办事,在劳动生产上和各项运动中起代[带]头作用,学好各种本领,提高思想,作[做]一个又红又专的共产主义接班人。

申请人:王运时
1965.3.16

门庄一队贫下中农积极分子表 65.3.2

<table>
<tr><td>姓 名</td><td>□□□</td><td>性别</td><td>男</td><td>年龄</td><td>53</td><td>文化程度</td><td colspan="3">初 小</td></tr>
<tr><td>家庭出身</td><td>贫农</td><td colspan="2">本人成分</td><td colspan="2">农民</td><td>政治面目</td><td>群众</td><td>现任职务</td><td></td></tr>
<tr><td>主要社会关系</td><td colspan="6">姐姐□□□在本村，是贫农；干哥哥□□，在堤北桥是贫农，外祖母家表兄，□□□魏家庄，是贫农</td><td>家庭主要成员</td><td colspan="2">自己</td></tr>
<tr><td colspan="2">家庭有无被关管杀斗与本人参加过何种反动组织会道门</td><td colspan="4">无</td><td>受过何种奖励与处分</td><td colspan="3">在码头李修坝奖给茶缸一个。</td></tr>
<tr><td colspan="2">土改前后家庭经济状况</td><td colspan="8">土改前：我和母亲两口人，二亩半地，三间房，依靠在外鞋行生活
土改后：两口人，9.5亩(包括分7亩地)，五间房(分两间)，依靠在家种地，兄弟在保定运输队。</td></tr>
<tr><td colspan="2">在历次革命运动中的表现和现在的表现如何</td><td colspan="8"></td></tr>
<tr><td colspan="10">家庭简史：1935—1938年，那时我从北京鞋行才回家。(在我15岁时，往北京学徒，鞋行。学四年后，在鞋行里做工生活，在鞋行里共生活了10年左右的时间，于1937年前回家。在这十年中也去过天津。)1937年时，家中二亩多地，三年(间)房，到土改时，分了7亩地，两间房，依靠种地维持生活，直到入初级社。在村子里成立初级农业生产合作社时，便入了社，依靠集体劳动生活，58年，入了人民公社。</td></tr>
</table>

门庄一队贫下中农积极分子表　65. 3. 2

<table>
<tr><td>姓　名</td><td>□□□</td><td>性别</td><td>女</td><td>年龄</td><td>18</td><td>文化程度</td><td colspan="3">完　小</td></tr>
<tr><td>家庭出身</td><td>贫农</td><td colspan="2">本人成分</td><td colspan="2">学生</td><td>政治面目</td><td>群众</td><td>现任职务</td><td>无</td></tr>
<tr><td>主要社会关系</td><td colspan="6">外姑家，也壮头，贫农，□□□，
二姑，本村，贫农，□□□，
四姑，本村，中农，□□□</td><td>家庭主要成员</td><td colspan="2">祖母，董大经，秀文</td></tr>
<tr><td colspan="2">家庭有无被关管杀斗与本人参加过何种反动组织会道门</td><td colspan="4">无</td><td>受过何种奖励与处分</td><td colspan="3">在本村小学奖励背心一个</td></tr>
<tr><td colspan="2">土改前后家庭经济状况</td><td colspan="8">土改前：6 亩地，3 间房，5 口人，依靠自己的几亩地，吃糠菜生活。
土改后：9 亩地(包括分的 3 亩地)，3 间房，3 口人。</td></tr>
<tr><td colspan="2">在历次革命运动中的表现和现在的表现如何</td><td colspan="8"></td></tr>
<tr><td colspan="10">家庭简史：1935—1938 年，家 7 口人，6 亩地，5 间房，爷爷张季华，在保定卖布，给东家卖布，后来病回来 4 个多月死了。土改时又分了 3 亩地，后来因我母亲生病又把这三亩地卖了，就只剩下 6 亩地，3 口人依靠这 6 亩地生活。
秀文的父亲张甫月是在叶装头扛长活，后被张季华招为门婿，招为门婿后，仍然扛活。以后又被秀华赶出门去，张甫月想念妻子病而死，秀文的母亲隔不几年也去世了。秀文在祖母的养育下长大成人。</td></tr>
</table>

门庄一队贫下中农积极分子表 65.3.2

<table>
<tr><td>姓　名</td><td>□□□</td><td>性别</td><td>男</td><td>年龄</td><td>24</td><td>文化程度</td><td>初　小</td></tr>
<tr><td>家庭出身</td><td>贫农</td><td>本人成分</td><td>农民</td><td>政治面目</td><td>群众</td><td>现任职务</td><td></td></tr>
<tr><td>主要社会关系</td><td colspan="5">外祖母在北小庄，舅□□，贫农，
姨家在本村门庄，姨夫□□是贫农，村支书</td><td>家庭主要成员</td><td>母亲□□□
妹妹□□□</td></tr>
<tr><td colspan="2">家庭有无被关管杀斗与本人参加过何种反动组织会道门</td><td colspan="3">无</td><td>受过何种奖励与处分</td><td colspan="2">在本村生产队奖过毛巾，汗衣各1件，在岗南奖给茶缸子1个</td></tr>
<tr><td colspan="2">土改前后家庭经济状况</td><td colspan="6">土改前：3口人，5亩地，4房，父亲在天津纺织厂织布，依靠种地和外边捎款生活。
土改后：4口人，9亩地（分了4亩），分了5间房，喂着条半牛腿，依靠农业为生活来源。</td></tr>
<tr><td colspan="2">在历次革命运动中的表现和现在的表现如何</td><td colspan="6"></td></tr>
<tr><td colspan="8">家庭简史：1935—1938年，家中5亩地，10口人，4间房，主要依靠家中几亩地和父亲在天津织布挣点钱养家。父亲在十几岁就去了天津学织布，后就在布行工作，1944年，父亲回家务农。土改时，分了4亩地，5间房，全家4口人过日子，又买了条半牛腿，以农为主。
53年前后，成立了红光生产合作社，便入了社，56年入了高级社，58年入了人民公社，到现在依靠集体劳动生活。</td></tr>
</table>

五、门庄一队组织建设

第一队　门庄大队壹队组织新选干部登记表　65. 7. 20 上午

姓　名	性别	年龄	家庭出身	个人成分	文化程度	政治面目			原任职务		新选职务		兼任什么职务	运动中的表现
						党	团	群	党内	行政	党　内	行　政		
王根深	男	46	下中	农民	初小			群				队长	管委委员	积极
王占玲	男	25	贫农	农民	初小			群			政治工作员		管委委员	积极
王永祥	男	20	贫农	学生	初中		团					会计	管委委员	积极
王计增	男	52	贫农	农民	初小			群				保管	管委委员	积极
王恒波	男	28	贫农	农民	初小			群				副队长		积极
张秀文	女	18	贫农	农民	初小		团					妇女队长	管委委员	积极
王文肖	男	20	下中	农民	初小			群				排长	管委委员、农业技术员	积极
王同山	男	69	贫农	农民	初小			群				老农	管委委员	积极
王运时	女	17	贫农	学生	初小			群				副排长		积极
王怀文	男	67	贫农	农民	文盲			群				贫协组长		积极
李彦孚	女	37	下中	农民	文盲			群				贫协副组长		积极
李雪芬	女	49	贫农	农民	文盲			群				贫协代表		积极
12 名														

注:各队干部都应填写,队委、贫协代表,正副排长都应填写。

新管委会产生

时间：一九六五年七月二十日上午

地点：村北树林子里

参加选举人数：应出席 46 人，实出席 42 人，缺席 4 人

主持人：贫协组长王怀文

唱票员：王会英

检票人：

写票人：王增义

新选干部得票：

王根深：42 票　队长　委员

王占玲：42 票　工作员　委员

王永祥：42 票　会计　委员

王计增：41 票　保管　委员

王文肖：41 票　排长　委员

张秀文：41 票　妇女队长　委员

王运时：42 票　副排长

王同山：42 票　管委委员

王恒波：42 票　副队长

门庄大队第一队管委候选人名单　1965.7.20

符号	姓名	性别	拟定职务	是否管委	重拟姓名	安排职务	备注
○	王根深	男	队长	管委			
○	王占玲	男	政治工作员	管委			
○	王永祥	男	会计	管委			
○	王恒波	男	副队长	管委			
○	王计增	男	保管	管委			
○	张秀文	女	妇女队长	管委			

续　表

符号	姓　名	性　别	拟定职务	是否管委	重拟姓名	安排职务	备　注
○	王文肖	男	排长	管委			
○	王运时	女	排长				
○	王同山	男		管委			
说明	1. 同意者可在符号栏内画"○"。 2. 不同意者画"×",另在后栏填写同意人的姓名。						

(此票共计39张——编者注)

门庄大队第一队管委候选人名单　1965.7.20

符号	姓　名	性　别	拟定职务	是否管委	重拟姓名	安排职务	备　注
○	王根深	男	队长	管委			
○	王占玲	男	政治工作员	管委			
○	王永祥	男	会计	管委			
○	王恒波	男	副队长	管委			
×	王计增	男	保管	管委	吕二妻		
○	张秀文	女	妇女队长	管委			
○	王文肖	男	排长	管委			
○	王运时	女	排长				
○	王同山	男		管委			
说明	1. 同意者可在符号栏内画"○"。 2. 不同意者画"×",另在后栏填写同意人的姓名。						

门庄大队第一队管委候选人名单　1965.7.20

符号	姓　名	性　别	拟定职务	是否管委	重拟姓名	安排职务	备　注
○	王根深	男	队长	管委			
○	王占玲	男	政治工作员	管委			

续 表

符号	姓名	性别	拟定职务	是否管委	重拟姓名	安排职务	备注
○	王永祥	男	会计	管委			
○	王恒波	男	副队长	管委			
○	王计增	男	保管	管委			
×	张秀文	女	妇女队长	管委	李彦付		
○	王文肖	男	排长	管委			
○	王运时	女	排长				
○	王同山	男		管委			
说明	1. 同意者可在符号栏内画“○”。 2. 不同意者画“×”,另在后栏填写同意人的姓名。						

门庄大队第一队管委候选人名单 1965.7.20

符号	姓名	性别	拟定职务	是否管委	重拟姓名	安排职务	备注
○	王根深	男	队长	管委			
○	王占玲	男	政治工作员	管委			
○	王永祥	男	会计	管委			
○	王恒波	男	副队长	管委			
○	王计增	男	保管	管委			
○	张秀文	女	妇女队长	管委			
×	王文肖	男	排长	管委	王恒领		
○	王运时	女	排长				
○	王同山	男		管委			
说明	1. 同意者可在符号栏内画“○”。 2. 不同意者画“×”,另在后栏填写同意人的姓名。						

六、门庄一队党团员基本情况登记表

建党、建团对象

门庄一队党、团员、积极分子登记表　65.3.2号

姓　名	性别	年龄	家庭出身	个人成分	政治面目	文化程度	任何职务	备注
汲大芬	女	56	中	农民	党员	文盲	指导员	
王会英	女	18	中	学生	团员	完小		
王永祥	男	20	贫	学生	团员	初中	保管	
积　极　分　子								
姓　名	性别	年龄	家庭出身	个人成分	政治面目	文化程度		备注
王占玲	男	25	贫	农民	群众	初小		
王计增	男	52	贫	农民	群众	初小		
张秀文	女	18	贫	农民	群众	初小		
王同山	男	69	贫	农民	群众	初小		
王增义	男	38	贫	工人	群众	初小		
5人								

门庄大队党员吸收对象统计表

姓　名	性别	年龄	家庭出身	个人成分	政治面目	文化程度	贫协职务	职务		历史背景	四清运动中的表现
								组织	行政		
王占玲	男	25	贫农	农民	群众	初小		指导员		无	积极
王计增	男	52	贫农	农民	群众	初小			队长	无	积极
王永祥	男	20	贫农	学生	团员	初中			会计	无	积极

门庄大队团员吸收对象统计表

姓　名	性别	年龄	家庭出身	个人成分	政治面目	文化程度	贫协职务	职　务		历史背景	四清运动中的表现
								组织	行政		
张秀文	女	18	贫农	农民	群众	初小			妇女队长	无	积极　批准
王恒岑	男	20	下中农	农民	群众	完小			保管员	无	积极
王运时	女	17	贫农	农民	群众	初小			民兵排长	无	积极

七、青年、民兵、妇女组织

门庄第一生产队妇女基本情况统计表 65.4.10

	姓　名	性别	年龄	家庭出身	个人成分	政治面目	职务	文化程度	备考
青年	张秀文	女	18	贫农	农民	群众	妇女队长	初小	
	王运时	女	17	贫农	农民	群众		初小	
	王彦梅	女	17	贫农	农民	群众		文盲	
	王会英	女	18	中	学生	团员		完小	
	王艾连	女	22	上中	农民	群众		文盲	
壮年	王淑勉	女	31	下中	农民	群众		文盲	
	马东雪	女	36	贫农	农民	群众		文盲	
	杨秀群	女	36	贫农	农民	群众		文盲	
	李彦孚	女	37	中	农民	群众		文盲	
	王春苗	女	37	中	农民	群众		文盲	
	张文彩	女	37	中	农民	群众		文盲	
	张凤须	女	45	贫	农民	群众		文盲	
	赵焕印	女	49	贫	农民	群众		文盲	
	李雪芬	女	48	贫	农民	群众		文盲	
	王大巧	女	48	下中	农民	群众		文盲	
	李春棒	女	49	下中	农民	群众		文盲	
壮年	胡民贞	女	47	上中	农民	群众		初小	
	丁　运	女	37	富农	农民	群众		文盲	
老年	石大田	女	69	贫农	农民	群众		文盲	
	徐玉芝	女	59	贫农	农民	群众		文盲	
	董大经	女	63	贫农	农民	群众		文盲	
	许梅申	女	51	下中	农民	群众		文盲	

续表

	姓名	性别	年龄	家庭出身	个人成分	政治面目	职务	文化程度	备考
老年	谷大芬	女	64	中	农民	群众		文盲	
	魏仁萃	女	52	上中	农民	群众		文盲	
	羡大和	女	67	富农	农民	四类分子		文盲	富农分子
	张彩	女	65	富农	农民	四类分子		文盲	富农分子
壮年	林巧	女	49	中	农民	群众		文盲	
	张彦梅	女	39	贫农	农民	群众		文盲	

门庄一队妇女选区小组划分　65.6.10号

组长	妇女名单
一组张秀文	林巧、羡大和、丁运、王大巧、王淑棉、李春捧、胡民贞
二组王运时	张凤须、王春苗、马东雪、徐玉芝、谢梅申、李雪芬、张文彩、谷大芬、王会英
三组李彦孚	赵焕印、王彦梅、王艾连、魏二萃、张彩、石大田、杨秀群、张彦敏

门庄一队妇女积极分子登记表　65.4.3

姓名	性别	年龄	家庭出身	个人成分	政治面目	文化程度	备考
张秀文	女	18	贫农	农民	群众	初小	团员培养对象
王运时	女	17	贫农	学生	群众	初小	团员培养对象
王彦梅	女	17	贫农	农民	群众	文盲	团员培养对象
李彦孚	女	37	中	农民	群众	文盲	
李春捧	女	49	下中	农民	群众	文盲	
王艾连	女	22	上中	农民	群众	文盲	其娘家成分为贫农
6人							

门庄第一队第一批社会主义青年小组成员　1965.5.39

姓名	性别	年龄	文化程度	政治面目	家庭出身	运动中表现	备考
王永祥	男	20	初中	团员	贫农	积极	
王占玲	男	25	初小	群众	贫农	积极	党员培养对象
张秀云	女	18	初小	团员	贫农	积极	

续 表

姓　名	性别	年龄	文化程度	政治面目	家庭出身	运动中表现	备　　考
王运时	女	17	初小	群众	贫农	积极	
王恒岑	男	19	完小	群众	贫农	积极	
王文肖	男	20	初小	群众	下中	积极	
王西运	男	23	初小	群众	中农	较积极	
王艾连	女	22	文盲	群众	中农	较积极	
王树寅	男	15	完小	群众	上中	较积极	
王彦梅	女	17	文盲	群众	贫农	积极	
10 名							

门庄第一队第二批社会主义青年小组成员

队别	姓　名	性别	年龄	文化程度	政治面目	家庭出身	运动中表现	备　考
	王会英	女	18	完小	团员	漏划富农	较积极	
	王振凡	男	15	完小	群众	漏划富农	一般	
	王永进	男	19	初小	群众	富农	一般	
	王家利	男	16	初小	群众	富农	一般	
	4 名							

冀县门庄公社门庄第一队基干民兵统计表 65.3.11

姓　名	性别	年龄	家庭出身	文化程度	政治面貌	职务	备　考
王占玲	男	24	贫农	初小	群众		
王恒岺	男	19	下中	完小	群众	排长	
王永祥	男	20	贫农	初中	团员	保管	
王恒波	男	28	下中	初小	群众		
王彦梅	女	17	贫农		群众		
王运时	女	17	贫农	初小	群众		
张秀文	女	18	贫农	初小	群众		
王文肖	男	20	中农	初小	群众		
王会英	女	18	中农	完小	团员		
王西运	男	23	上中	初小	群众		
王艾连	女	22	上中		群众		
王永进	男	19	富农	初小	群众		
王永利	男	16	富农	初小	群众		
13 名							

门庄公社门庄民兵连第一排基干・普通民兵统计表 65.4.10

姓　名	性别	年龄	家庭出身	个人成分	政治面目	文化程度	民兵职务	备考
王文肖	男	20	贫中农	农民	群众	初小	排长	
王运时	女	17	贫农	农民	群众	初小	排长	
王占玲	男	25	贫农	农民	群众	初小		
王恒岺	男	19	下中	农民	群众	完小		
张秀文	女	18	贫农	农民	群众	初小		
王会英	女	18	中农	学生	团员	完小		
王永祥	男	20	贫农	学生	团员	初中		
王彦梅	女	17	贫农	农民	群众	文盲		
王恒波	男	28	下中	农民	群众	初小		
王西运	男	23	上中	农民	群众	初小		

续 表

姓　名	性别	年龄	家庭出身	个人成分	政治面目	文化程度	民兵职务	备考
王艾连	女	22	上中	农民	群众	文盲		
王永进	男	19	富农	农民	群众	初小		
王永利	男	16	富农	农民	群众	初小		
合计 13								

姓　名	性别	年龄	家庭出身	个人成分	政治面目	文化程度	民兵职务	备考
王增义	男	38	贫农	农民	群众	初小		
王淑棉	女	31	下中	农民	群众	文盲		
王新采	男	34	富农	农民	群众	初小		
3								

门庄第一队青年基本情况统计表　1965. 3. 20

姓　名	性别	年龄	家庭出身	个人成分	政治面目	文化程度	受过何种奖励与处分	运动中表现	备　考
王占玲	男	25	贫农	农民	群众	初小		积极	
王永祥	男	20	贫农	学生	团员	初中		积极	
张秀文	女	18	贫农	农民	群众	初小		积极	
王文肖	男	20	中农	农民	群众	初小		一般	
王彦梅	女	17	贫农	农民	群众	文盲		较积极	
王运时	女	17	贫农	农民	群众	初小		积极	
王恒岑	男	19	下中	农民	群众	完小		积极	
王会英	女	18	中农	学生	团员	完小		一般	
王西运	男	23	上中	农民	群众	文盲		一般	
王艾连	女	22	上中	农民	群众	文盲		一般	
王永进	男	19	富农	农民	群众	文盲		落后	
王永立	男	16	富农	农民	群众	文盲		落后	

门庄一队基干民兵登记表

姓名	性别	年龄	家庭成分	个人出身	文化程度	政治面目					复退军人	能否参加活动	备考
						党员	团员	群众	建党	建团			
王恒岑	男	20	下中	学生	完小			群众		建团		能	
王运时	女	17	贫	学生	初小			群众		建团		能	
张秀文	女	18	贫	农民	文盲		团员					能	
王永祥	男	20	贫	学生	初中		团员		建党			能	
王文肖	男	20	中	农民	初学			群众				能	
王彦梅	女	17	贫	农民	文盲			群众				能	
王西运	男	23	上中	农民	初小			群众				能	
王艾连	女	22	上中	农民	文盲			群众				不能	小孩两个
王恒波	男	28	下中	农民	初小			群众				能	
王占玲	男	25	贫	农民	初小			群众				能	跛脚
王会英	女	18	中	学生	完小		团员					能	漏化(划)富农子女

八、各种报表

门庄一队基本情况统计表(表一)　65.3.2

队别	户数	总人口	其中:		劳动力					总耕地						牲畜					农具					政治力量	
			男	女	合计	其中:				自留地	集体耕地	其中:				合计	其中:				胶轮车	铁轮车	小胶轮车	水车	耧犁耙盖	党员	团员
						整劳力	半劳力	辅助劳力	十六岁以上成人			冬小麦	春播面	菜园	林木		牛	驴	骡	马							
1	24	81	37	44	49	22	15	7	5	19.2	330.9	106	220	3.3	1.6	7	6	1			3	2	2	1	9	1	2

门庄一队阶级成分统计表(表二)　65.3.2

队别	户数	总人口	阶级成分情况表																									四类分子				
			贫农	其中:				下中	其中:				中农	其中:		上中	其中:		富农	其中:			地主	其中:			地主	富农	反革命	坏分子	右派
				户数	人口	男成人	女成人		户数	人口	男成人	女成人		户数	人口		户数	人口		户数	人口	成年人		户数	人口	成年人					
1	24	81		12	27	7	12		3	12	4	4		5	22		2	8		2	12	7						3			

成年人：指十六周岁以上的。

基本情况表 1965. 3. 1

队别	总户数	人口 数量	人口 其中：男	人口 其中：女	牲口 数量	牲口 其中：牛	牲口 其中：驴	牲口 其中：骡	牲口 其中：马	猪 集体数	猪 社员养数	羊 集体数	羊 社员养数	总地	其中：社员自留地	其中：集体耕地	其中：其中：园田	其中：其中：苜蓿地种子	其中：其中：麦田	其中：其中：春白地		65年生产计划 春杂豆	65年生产计划 谷子	65年生产计划 高粱	65年生产计划 春大豆	65年生产计划 春山芋	65年生产计划 棉花	65年生产计划 花生	65年生产计划 芝麻
1	24	81	37	44	7	6	1			1	10		5	350.1	19.2	330.9	3.3	1.6	106	220		10	57.2	18.6	5	13.2	98	12	6
2																													
合计																													

生产的基本情况

队别	春耕地数指翻二犁	耙地 一遍	耙地 二遍	积送粪 现存肥	积送粪 已送肥	积送粪 合计	现育种子 玉米种	现育种子 谷子种	现育种子 高粱种	现育种子 豆子种	现育种子 棉花种	现育种子 花生种	64年分配 农业收入	64年分配 副业收入	64年分配 其他收入	64年分配 总计收入	64年分配 劳动日数	64年分配 第个劳动工值	粮食分配 粮食面积	粮食分配 单产	粮食分配 总产	粮食分配 上交数	粮食分配 自留数	粮食分配 社员分数	粮食分配 每人平均
1	220	270	98	35	500	850	300	220	70	100	1 605	120 代皮	11 391.6	358.3	395.62	12 145.53	163 779	0.408	339.3	167	56 566	20 562	5 646.5	30 357.5	374.8
2																									
合计																									

门庄大队清政治统计报表 65.4.30

队别	揭发总条数	涉及人数	四类分子活动表现																				
			反攻倒算	造谣破坏	勾结坏人	腐蚀干部	投机倒把	姘靠妇女	打人骂人	聚赌玩钱	不参加劳动	挑拨干群关系	瓦解社员积极性	出租土地房屋	户主剥削	严重单干倾向	宗族活动	会道门活动	隐瞒出身历史	窝藏枪支武器	放火行凶杀人	其他	合计
1	21	4	2	2		2	4			4		2	2			1			2				
1	23	7	2	9		2	1		3	4	1					1				1			
1	7	4		3		1													2			1	

上表第一行前原注 5.1,第二行前原注 5.3,第三行前原注 5.5。——编者

冀县门庄民兵连队情况统计表 65.3.10

队别	民兵连长	副连长	排长	连排干部阶级成分						基干民兵					普通民兵					持枪民兵	其中阶级成分						枪支数			备考
				贫农	下中农	中农	上中农	富农	地主	合计	男	女	排	班	合计	男	女	排	班		贫农	下中农	中农	上中农	富农	地主	机枪	大枪	子弹	
1			1	1						12	7	5			9	3	6													

冀县门庄五类分子和其他不纯分子统计表

队别	五类分子	其中：					排队情况				十二种人数	其中：											
		地主	富农	反革命	坏分子	右派	好的	一般的	坏的	有破坏活动的		五类分子包括摘帽的和私改成分的	现行反革命	刑满释放保外就医犯人	投机倒把分子	伪顽军警宪特	地富反坏分子的子女（成年人）	被杀管关及外逃反革命的家属	反动会道门中的骨干分子	新的资产阶级剥削分子	蜕化变质的坏干部	巫婆神汉和迷信职业者	黑人黑户和来历不明的及社会上的不清分子（赌头破鞋）
1	3		2	1				2	1								4						

冀县门庄妇女情况统计

队别	妇女数	其中：			阶级成分						大队干部	小队干部	下台干部	排队				运动态度			老土改根子	备考
		青年	壮年	老年	贫农	下中农	中农	上中农	富农	地主				好的	比较好的	问题多的	性质严重的	好的	一般的	抵抗的		
1	29	5	16	7	13	4	6	3	3			1		20	5	4		20	5	4		

冀县门庄团员情况统计

建团年月	建支部年月	原支部类型	团员总数	其中预备	其中:男	其中:女	阶级成分:贫农	阶级成分:下中	阶级成分:中农	阶级成分:上中	阶级成分:富农	阶级成分:地主	任职:大队干部	任职:小队干部	任职:下台干部	问题性质:政治四不清	问题性质:经济四不清	问题性质:组织四不清	问题性质:思想四不清	问题性质 其中:出身成分	问题性质 其中:政治历史	问题性质 其中:入团手续	问题性质 其中:组织处理	问题排队:好的	问题排队:较好的	问题排队:问题多的	问题排队:严重的	运动态度:好的	运动态度:一般的	运动态度:抗拒的	原支部成分数	青年:总数	青年 其中:男	青年 其中:女
			2		1	1	1		1					1			1							2				2				11	7	4

贫下中农情况统计表

队别	积极分子队伍(包括青年):积极分子数	性别:男	性别:女	年龄:青	年龄:壮	年龄:老	其中中农左派	其中贫下中农骨干:根子总数	性别:男	性别:女	年龄:青	年龄:壮	年龄:老	贫下中农会员数 第一批会员:会员数	性别:男	性别:女	年龄:青	年龄:壮	年龄:老	第二批会员:会员数	性别:男	性别:女	年龄:青	年龄:壮	年龄:老	干部排队情况 生产队长:一类	生产队长:二类	生产队长:三类	生产队长:四类	指导员:一类	指导员:二类	指导员:三类	指导员:四类	生产队会计:一类	生产队会计:二类	生产队会计:三类	生产队会计:四类
1队	7	5	2	3	1	3	2	4	3	1	1	1	2	8	3	5	2	4	2	9	6	3	3	4	2		1						1			1	
1队	7	5	2	3	1	3		4	3	1	2	0	2	9	5	4	4	2	3	9	4	5	2	3	4		1						1			1	
1队	8	6	2	4	1	3	2	4	3	1	2	0	2	9	5	4	4	2	3	9	4	5	2	3	4		1					1					1
1队	12	8	4	4	4	3	3	4	3	1	2	0	2	9	5	4	4	2	3	9	4	5	2	3	4		1					1				1	

上表第一行前原注4月4号,第二行前原注4月7号,第三行前原注4月14号,第四行前原注4月18号。——编者

门庄第一生产队讨论组

青年组：王文肖、王运时、王彦梅、王西运、王艾连、王树仁、王振凡、王恒岑、王占玲、张秀文、王惠英。

贫下中农组：王计增、王同山、王怀文、赵焕印、王增义、张凤须、王恒波、李雪芬、王淑棉、杨秀群、马东雪、李春捧、许梅申、杨彦华、汲大芬、董大经、王大巧、王丙文、徐玉芝、王根申、王贵根、石大田

中农组：吕瑞林、李彦孚、王春苗、王西申、张文彩、胡民贞、王宝仁、林巧、谷大芬、魏仁萃

社会主义青年小组　1965. 5. 1

门庄大队一队出席选举大队管委会的代表名单　1965. 7. 23

姓　名	性别	年龄	家庭出身	本人成分		政治面目	文化程度	属　　别		备　考
								社员	干　部 任何职	
王占玲	男	25	贫农	农民		群众	初小		政治工作员	小队委员
王怀文	男	62	贫农	农民		群众	文盲	社员		
张秀文	女	19	贫农	农民		团员	初小		妇女队长	
王同山	男	69	贫农	农民		群众	初小	社员	小队委员	

门庄一队普通民兵登记表　65. 5. 20

姓　名	性别	年龄	家庭成分	个人出身	文化程度	政　治　面　目					复退军人	能否参加活动	备　考
						党员	团员	群众	建党	建团			
王增义	男	39	贫	工人	初学			群众				能	1947. 10—1948. 8 当国民党兵
王淑棉	女	31	下中	农民	文盲			群众				不能	
王辛未	男	34	富	农民	初小			群众				能	
王永进	男	19	富	农民	初小			群众				能	

续　表

姓　名	性别	年龄	家庭成分	个人出身	文化程度	政　治　面　目					复退军人	能否参加活动	备　考
						党员	团员	群众	建党	建团			
王永利	男	16	富	农民	初小			群众				能	
王占玲	男	25	贫	农民	初小			群众				能	跛脚

选举后产生的贫协小组及其他组织　65.7.20

1. 贫协组长：王怀文　副组长：李彦孚　组员：李雪芬

2. 治保小组：王占玲、王文肖

3. 对四类分子张彩的监督小组：

王占玲、王文肖、王根深、张秀文、李彦孚、王怀文、王计增、王同山、王运时

4. 监察组织：

王怀文、李彦孚、李雪芬

5. 妇女代表：张秀文、王运时、李彦孚

团　小　组

张秀文　王永祥　王会英

基干民兵排

排长：王文肖　　副排长：王运时

· 中 国 当 代 民 间 史 料 集 刊（一） ·

基本情况案卷 | 公元一九六五年八月八日　立

门庄第二生产队

案 卷 目 录

一、运动前后基本情况（包括各组织）

门庄第二生产队　原有干部名单情况　1956.5.10号

姓　名	性别	年龄	家庭出身	本人成分	政治面目			文化程度	任何职务	备　考
					党	团	群			
王延朝	男	51	贫农	农民	党			小学	政治指导员	
杨东明	男	28	贫农	农民			群	高小	会　计	
刘雅卿	男	32	贫农	农民			群	小学	生产队长	
王计改	男	45	贫农	农民			群	小学	保管员	
王计坛	男	31	贫农	农民	党			小学	副队长	

冀县门庄公社门庄第二生产队基本情况　65.3.2号

总户数	人口			牲口			猪		羊		总耕地	其中：						1965年生产计划							
	数量	其中：		数量	其中：		集体数	社员养数	集体数	社员养数		社员自留地	集体耕地	其中：				春玉米	谷子	高粱	春豆	春山芋	棉花	芝麻	花生
		男	女		牛	驴								园田	苜蓿	麦田	春白地								
25	88	39	49	6	6		1	12			347.8	26.4	327.4	4		101	222.4	7	48.4	18.3	17.2	20.4	99.7	1.8	9.6

各种数字统计表　65. 3. 2 号

春耕地数（指翻率）	耙地		积送肥			现有种子数							64 年全年收入分配												
																			粮食分配						
	一遍	二遍	现存肥	已送肥	合计	玉米种	谷子种	高粱种	豆子种	棉花种	芝麻种	山芋种	农业收入	副业收入	其他收入	总收入	劳动日数	劳动工值	粮食面积	单产	总产	上交数	留种数	社员分数	每人平均数
						400	200	50	550	1 215	29	1 000	10 468	281	236	10 985	15 645	0. 386	215. 2	244	52 688	19 077	3 523	26 441	293

冀县门庄公社门庄第二生产队社员登记表　65. 3. 2 号

贫农					下中农					中农				
姓　名	性别	年龄	文化程度	与户主关系	姓　名	性别	年龄	文化程度	与户主关系	姓　名	性别	年龄	文化程度	与户主关系
王计论	男	44	小学	户主	王春华	男	18	高小	户主	王乃千	男	33	初中	户主
张建琴	女	33	无	妻	郭萃文	女	60	无	母	乔淑芳	妇	25	高小	妻
王淑焕	女	17	初学	女	郭三妮	女	46	无	户主	赵三荣	女	50	无	户主
吕双进	男	53	小学	户主	吕彩巧	女	19	小学	女	王文中	男	21	无	子
何荣台	女	45	无	妻	吕宝昌	男	16	小学	子	周素卿	女	57	无	户主

续 表

贫农					下中农					中农				
姓名	性别	年龄	文化程度	与户主关系	姓名	性别	年龄	文化程度	与户主关系	姓名	性别	年龄	文化程度	与户主关系
刘力根	男	61	高小	户主	赵均房	女	22	无	户主	董坤	女	68	无	户主
张延英	女	69	无	妻	刘大萃	女	67	无	婆母	王瑞卿	女	39	无	户主
刘双振	女	33	小学	女	石秀一	女	71	无	户主	王志景	女	19	小学	女
吕森年	男	38	小学	户主	王中涛	男	52	高小	户主	王宝振	男	16	小学	子
郑淑秋	女	34	无	妻	张计良	男	67	无	户主	张红	女	57	无	户主
贾二虎	男	52	小学	户主	王巧云	女	47	无	妻	张淑蕊	女	18	无	女
贾克然	男	19	小学	子	于巧珍	女	53	无	户主	张敬恩	男	16	小学	子
王会青	女	39	无	户主						张殿臣	男	57	高小	户主
王彩芬	女	20	初中	子妻						王玉堂	女	57	无	妻
张永杰	男	18	高小	次子						张文臣	女	51	无	户主

续　表

贫农					下中农					中农				
姓　名	性别	年龄	文化程度	与户主关系	姓　名	性别	年龄	文化程度	与户主关系	姓　名	性别	年龄	文化程度	与户主关系
张计春	女	56	无	户主						张五昌	男	19	初中	长子
刘雅卿	男	33	小学	长子						张五茂	男	16	高小	次子
张风令	女	22	小学	长子妻						王景文	男	41	小学	户主
王焕改	女	25	高小	次子妻						刘风均	女	40	文盲	妻
刘淑荷	女	25	小学	女										
李红此	女	47	无	户主										
王书卜	男	31	无	长子										
吕彩苗	女	24	无	长子妻										
王书强	男	18	小学	次子										
王计坛	男	32	小学	户主										
9														

门庄大队二队组织新选干部登记表　65 年 8 月 2 号

姓　名	性别	年龄	家庭出身	个人成分	文化程度	政治面目			原任职务		新选职务		兼任什么职务	运动中的表现
						党	团	群	党内	行政	党内	行政		
王彦朝	男	51	贫农	农民	初小	党			指导员		政治工作员		治安组长	积极
刘雅青	男	35	贫农	农民	初小			群		队长		队长		一般
贾自然	男	19	贫农	农民	初小		团					副队长	治安副组长	积极
杨东明	男	28	下中	农民	小学			群		会计		会计		一般
王春华	男	18	下中	学生	小学		团					保管	大队团组织委员	积极
刘双振	女	33	贫农	农民	初小			群				妇女队长		积极
张永杰	男	18	贫农	学生	小学			群				民兵排长	治安副组长	积极
王书强	男	18	贫农	学生	小学			群				副排长	青年技术员	积极
王计伦	男	44	贫农	农民	初小			群		保管		管委		积极
王计坛	男	31	贫农	农民	初小	党				副队长		贫协组长	大队贫协委员	积极
李红此	女	47	贫农	农民	文盲			群				贫协副组长		积极
吕双进	男	53	贫农	农民	初小			群				贫协副组长		积极

注：各队干部都应填写，队委、贫协代表、正副排长都应填写。

门庄大队第二生产队社员代表名单 65.7.23日

姓　名	年龄	性别	家庭出身	个人成分	政治面目	文化程度	大队社员代表	备　考
贾克然	19	男	贫农	农民	团员	初小	代表	贫协代表三人
吕双进	51	男	贫农	农民	群众	文盲	代表	吕双进、李红此
王延朝	51	男	贫农	农民	党员	初小	代表	王计坛,7.28选
刘淑合	25	女	贫农	农民	群众	初小	代表	
								由选举产生的

门庄大队第二生产队妇女代表名单 65.7.23

姓　名	年龄	性别	家庭出身	个人成分	政治面目	文化程度	大队社员代表	备　考
李红此	47	女	贫农	农民	群众	文盲	代表	
刘双振	33	女	贫农	农民	群众	初小	代表	
王彩芬	20	女	贫农	农民	群众	初中	代表	
								由选举产生的

门庄第二生产队党团组织登记表 65年8月7日

姓　名	性别	年龄	家长成分	个人成分	文化程度	是党员还是团员	职　务		运动态度
							组 织	行 政	
王延朝	男	51	贫农	农民	初小	党员	政治工作员		积极
王计坛	男	30	贫农	农民	初小	党员		贫协组长	积极
王春华	男	19	下中农	学生	小学	团员	组织委员	保管	积极
贾自然	男	19	贫农	农民	初小	团员	队长		积极
张玉昌	男	22	中农	学生	初中	团员	俱乐部主任		积极

门庄连第二排基干民登记表 65.8.4

姓　名	性别	年龄	家庭成分	个人成分	文化程度	政治面目	备　考
张永杰	男	18	贫	学生	小学	群众	排　长
王书强	男	18	贫	农民	初小	群众	副排长
王春华	男	18	下中	学生	小学	团员	
吕宝昌	男	17	下中	学生	初小	群众	男班长
王宝振	男	16	中	学生	初小	群众	
贾自然	男	19	贫	农民	初小	团员	
张永申	男	20	贫	学生	初中	团员	
王中满	男	24	下中	农民	小学	群众	
张敬思	男	16	中	农民	初小	群众	
王书博	男	30	贫	农民	文盲	群众	
张五昌	男	19	中	学生	初中	团员	俱乐部主任
张五茂	男	16	中	学生	小学	群众	
吕彩巧	女	19	下中	农民	初小	群众	
王淑慎	女	17	贫	农民	文盲	群众	
王志景	女	19	中	学生	小学	群众	
王彩芬	女	22	贫	学生	初中	群众	
赵均房	女	23	下中	农民	文盲	群众	
王焕改	女	25	贫	学生	小学	群众	
刘淑合	女	25	贫	农民	初小	群众	
吕彩苗	女	24	贫	农民	文盲	群众	
张淑合	女	20	中	学生	小学	群众	
							共21人

门庄连第二排　普通民兵登记表　65.8.8

姓　名	性别	年龄	家庭成分	个人成分	文化程度	政治面目	备　考
吕森年	男	38	贫农	农民	初小	群众	班长
王乃千	男	32	富农	劳动者	小学	群众	

续 表

姓　名	性别	年龄	家庭成分	个人成分	文化程度	政治面目	备　考
乔淑芳	女	26	中农	学生	小学	群众	
张连琴	女	33	贫农	农民	文盲	群众	
王景文	男	40	中农	农民	文盲	群众	
刘双振	女	33	贫农	农民	文盲	群众	
张普伦	男	43	贫农	农民	小学	党员	
刘亚青	男	33	贫农	农民	初小	群众	
张风令	女	32	贫农	农民	文盲	群众	
王计坛	男	31	贫农	农民	初小	党员	
王计轮	男	44	贫农	农民	初小	群众	
							共11人

门庄第二生产队加入社会主义青年小组名单　65.8.8

批数	姓　名	性别	年龄	家庭成分	个人成分	文化程度	政治面目	备　考
1	张五昌	男	22	中	学生	初中	团员	
1	王春华	男	19	下中	学生	小学	团员	
1	王宝振	男	17	中	学生	初小	群众	
1	吕彩巧	女	19	下中	农民	初小	群众	
1	贾自然	男	19	贫	农民	初小	团员	
1	王书强	男	18	贫	农民	初小	群众	
1	张五茂	男	17	中	学生	小学	群众	
1	王淑慎	女	17	贫	农民	文盲	群众	
1	吕保昌	男	17	下中	农民	初小	群众	
1	张敬思	男	17	中	学生	小学	群众	
1	王志景	女	19	中	学生	小学	群众	
2	张永杰	男	19	贫	学生	小学	群众	
2	王彩芬	女	22	贫	学生	初中	群众	
2	赵均房	女	22	下中	学生	小学	群众	

门庄第二生产队妇女组织(选区)划分表　65年7月24号

组别	妇　女　组　员	备考
第一组 组长 刘双振	总代表　刘双振 王淑慎、乔淑芳、郭翠文、郭三妮、吕彩巧、赵三荣、周素卿、张连琴、于巧珍、张文臣 共11人	全队共33名妇女
第二组 组长 王彩芬	王志景、谢荣台、刘风均、张延黄、王瑞青、王令音、王玉堂、王巧云、张淑合、石秀一 共11人	
第三组 组长 李红此	赵均房、刘大翠、张计春、张风令、王焕改、刘淑合、张红、张敬蕊、吕彩苗、董坤 共11人	

门庄第二生产队　在四清运动中的积极分子

(一)积极分子:

李红兹、吕双进、刘双振、刘九根、张五昌、王春华、贾自然、王书强、张计良、张五茂、于巧珍

(二)积极的、较好的干部:

王计坛、王彦朝、王计伦、杨东明

1965年6月1号

门庄大队第二生产队干部安排登记表 1965年6月12号

姓名	性别	年龄	家庭出身	个人成分	文化程度	政治面目			原任职务	新安排职务		备考
						党	团	群		党内	行政	
贾志然	男	19	贫农	学生	高小		团				政治工作员	兼排长
王延朝	男		贫农	农民	初小	党			指导员		保管员	
王计坛	男	30	贫农	农民	初小	党			副队长		正队长	
刘雅卿	男	35	贫农	农民	初小			群	副队长		副队长	其舅被政府枪决,其父历史不清
王春华	男	19	下中	学生	高小		团				会计	
刘双振	女	33	贫农	农民	初小			群			妇女队长	
李红此	女	47	贫农	农民	文盲			群			贫协组长	
张永杰	男	18	贫农	学生	完小			群			副排长	

门庄大队长2生产队干部安排登记表 65.5.20

姓名	性别	年龄	家庭出身	个人成分	文化程度	政治面目			原任职务	新安排职务		备考
						党	团	群		党内	行政	
贾志然	男	19	贫农	学生	高小		团				政治工作员	兼排长
王延朝	男	51	贫农	农民	初小	党			指导员		保管员	
王计坛	男	30	贫农	农民	初小	党			副队长		正队长	
刘雅卿	男	35	贫农	农民	初小			群	队长		副队长	其舅被政府枪决,其父历史不清
王春华	男	18	下中	学生	高小		团				会计	
刘双振	女	33	贫农	农民	初小			群			妇女队长	
李红此	女	47	贫农	农民	文盲			群			贫协组长	
张永杰	男	18	贫农	学生	完小			群			副排长	

门庄大队全体党员名单　1965.7.14

10队　杨丙海　1队　汲大芬　3队　张　纯　6队　张爱菊
9队　杨庆丰　2队　张普仑　2队　王彦朝　3队　王文于
6队　付大行　10队　程秀思　6队　顾善志　2队　王计坛
4队　吕怀刚　7队　王春明　11队　赵二翠　5队　李长恩
3队　王庆云　5队　王中伏　7队　刘文景　11队　杨苗均
11队　李永凯　3队　张桂玉　6队　李俊明　9队　李长音
12队　杨丙须

7月14号提纲

1. 对共产党的认识,对党员的认识
2. 为什么在中国实现共产主义社会,怎样实现? 离开党的领导行不行?
3. 你村党支部在历次运动中起到什么作风[用]?

门庄二队社员讨论记录　1965.7.14晚上

讨论第一题

张五茂:共产党是领导革命的,是为人民服务的。

王中涛:共产党是领导人民走共产主义道路的,是领导革命的,逐步地向共产主义发展。

对党员评定优缺点:

王春华:杨丙海在四清运动后表现很好。

于巧珍:张普伦四清运动后经常参加劳动,表现很好。

贾志然:顾善志对生产上有一套,劳动观点不够好。

王春华:顾善志交待问题不老实,说了不算,对四不清问题进行翻案。

于巧珍:经过四清运动之后,对社员的态度有些转变(李长恩)。

王春华:李永凯老实忠厚很好,工作能力较差。

二、贫协会员发展情况

门庄二生产队贫协会员统计表 1965年7月30日

贫下中农成年人总数	项目 批次	入会人数	性别		成分		入会的贫下中农成年人占总数的%
			男	女	贫农	下中农	
38人	第一批	13	9	4	10	3	35%
	第二批	7	4	3	5	2	17%
	第三批	13	4	9	8	5	34%
	合　计	33	17	16	23	10	86%

说明：(1) 贫下中农成年人是指十六岁以上者。
(2) 贫农、下中农成分者是指三榜后的成分。
(3) 入会会员花名册一定要一批一张防止混淆。

公元一九六五年七月二十九日制

二队　门庄第一批入会会员统计员　1965年7月30日

姓　名	性别	年龄	家庭出身	个人成分	政治面目	文化程度	是否是积极分子	新选职务	社教中的表现
贾进亭	男	52	贫	农民	群众	初小			积极
刘喜普	男	61	贫	农民	群众	初小			积极
张计良	男	67	下中	农民	群众	无			积极
王巧云	女	47	下中	农民	群众	无			积极
吕双进	男	53	贫	农民	群众	初小	是	贫协副组长	积极
刘双振	女	33	贫	农民	群众	初小	是	妇女队长	积极
王书强	男	18	贫	学生	群众	小学			积极
吕彩苗	女	24	贫	农民	群众	无			积极
王计坛	男	43	贫	农民	党员	初小		组长，贫协委员	积极
王彦朝	男	51	贫	农民	党员	初小		政治工作员	积极
王春华	男	18	下中	学生	团员	小学	是	保管，团支委	积极
李红此	女	47	贫	农民	群众	无	是	贫协副组长	积极
贾自然	男	19	贫	农民	团员	初小	是	副队长	积极

二队　门庄第二批入会会员统计员　1965年7月30日

姓　名	性别	年龄	家庭出身	个人成分	政治面目	文化程度	是否是积极分子	新选职务	社教中的表现
杨东明	男	28	下中	农民	群众	小学		会计	一般
王计论	男	44	贫	农民	群众	初小		管委	积极
王淑慎	女	17	贫	农民	群众	初小			一般
王彩芬	女	20	贫	学生	群众	初中			一般
张永杰	男	18	贫	学生	群众	小学		民兵排长	积极
刘雅卿	男	33	贫	农民	群众	初小		队长	一般
郭翠文	女	60	下中	农民	群众	无			一般

二队　门庄第三批入会会员统计员　1965年7月30日

姓　名	性别	年龄	家庭出身	个人成分	政治面目	文化程度	是否是积极分子	新选职务	社教中的表现
张连芹	女	33	贫	农民	群众	无			一般
谢永台	女	45	贫	农民	群众	无			一般
张凤令	女	22	贫	农民	群众	小学			一般
王焕改	女	25	贫	农民	群众	小学			一般
刘淑合	女	25	贫	农民	群众	小学			一般
王书播	男	31	贫	农民	群众	无			一般
王令音	女	39	贫	农民	群众	无			一般
吕森年	男	38	贫	农民	群众	初小			一般
赵三荣	女	50	下中	农民	群众	无			一般
郭三妮	女	46	下中	农民	群众	无			一般
吕保昌	男	17	下中	农民	群众	初小			一般
王中涛	男	52	下中	农民	群众	初小			一般
吕彩巧	女	19	下中	农民	群众	初小			一般

入会申请书

我在17岁，在沈阳学徒三年后，后来回家务农，给富人扛长活5年，后来经过解放土改，我才翻了身，分了 8 亩地，当时我全家三口人，7 间房，5 亩地，被化[划]为贫农。

土改后，我又入了初级社、高级社、人民公社到现在，为了更好的建设社会主义，搞好集体经济生产，我自愿参加贫民协会，更好的与广大贫下中农群众团结紧，更好的进行生产，希各位工作队负责同志和贫民协会委员申[审]查批准，并给予指导。

亲家，东堤北，内弟谢永凯，富裕中农

本村女婿王敬浩中农

现在全家 5 口

申请人：吕双进
1965 年 3 月 18 日

入会申请书

我家解放前 4 口人，5 亩地，7 间房，生活很贫困，全指着卖力气务农来维持生活。

解放后我家分了四亩地，还分了些东西，从那以后，我家方得到了解放，生活上才越来越好。

我在 16 岁在北京五金行学徒一年，17 岁在北京学开汽车 5 年，23 岁在北京汽车公司当驾驶员十年，33 岁参加 29 军汽车队 9 年，42 岁参加第二野战军南下，曾经历了数次战斗，曾任汽车班班长，52 岁回到河北省交通厅通县公路管理段工作。53 岁回家务农，一直到现在。

我全家在 54 年参加了初级社、高级社，58 年参加了人民公社，这几年我担任第二生产队饲养员。

通过四清运动我更深刻的认识到我们的幸福是由共产党和毛主席代[带]来的，我们只有站稳立场，积极帮助四不清干部过关，才能对的[得]起毛主席，所以我代表我们全家积极要求入会，更好的搞好生产，团结贫下中农群众，把任[印]把子掌在人民手里。请工作队和贫民协会申[审]查批准。

妹妹张彦绿一口人，下中农王唯。全家五口人

代表申请人：刘九根
65 年 3 月 19 日

入会申请书

我年轻时在天津鲜货店里当伙计 4 年左右,后到沈阳洗衣房做工 5 年,后来又到石家庄修理旧鞋为生,后来由于父亲病故,我就回家务农了,当时我两口人,房六间,地 8 亩,由于生活关系,我还经常外出打短工。

自从共产党领导穷人翻身后,我们才得了解放,土改时我分了一张桌子一副门子,还有一对瓶子一个坐柜和一个女棉袍等。我被化[划]成为“下中农”。

现在经过四清运动,我更深刻的认识到只有共产党毛主席才是英明伟大的领导者,只有和广大贫下中农团结紧才能更好的建设社会主义搞好集体经济,因此我迫切的要求入会,希各位工作队同志及贫协委员申[审]查批准,并给指出前进方向。

我是 54 年参加初级社、高级社、人民公社到现在,入社时我入了一只牛腿和一些小型农具。

姐姐西堤北谢振海　贫农

妹妹张计春　贫农　本村

岳父杨天喜　贫农(现在无人)

我全家两口人

申请人:张计良　妻巧云

1965 年 3 月 18 日

申　请　书

我是个贫农成分,愿意加入贫协会,愿意和贫下中农在一起共走社会主义道路,服从贫协会的领(导)。

王计伦

1965.7.28

申　请　书

我是个贫农成分,愿意加入贫协会,愿意和贫下中农在一起共同走社会主义道路,服从贫协会的领(导)。

王淑慎

1965.7.28

申　请　书

我是个下中农成分，愿意加入贫协会，愿意和贫下中农起带头作用，共同走社会主义道路，服从贫协会的领(导)。

赵三荣
1965.7.28

申　请　书

我是个贫农成分，愿意加入贫协会，愿意和贫下中农在一起，共同走社会主义道路，服从贫协会的领(导)。

张建琴
1965.7.28

申　请　书

在这次四清革命运动中，我的思想大大提高了，本身成分是下中农，我特别迫切加入贫协会，有决心听党的话，服从生产队各级干部的领导，我还有更大的决心和信心多做对祖国和人民有利益的事情，当一个优秀的贫协会会员。

希望贫协会和四清工作队审检批准。

申请人：郭三妮
1965年7月28号

申　请　书

我在这次四清革命运动中，思想提高了，本身成分也是下中农，我特别迫切加入贫协会，我决心听党的话，服从生产队各级干部的领导，在生产劳动中起带头作用。我还要树立更大的决心和信心，做出更多的有利于祖国有利于人民的事情。做一个优秀的贫协会会员。

希望贫协会和四清工作队同志审检批准。

申请人：吕宝昌
1965年7月28日

申　请　书

在这次四清革命运动中，我的思想提高了，本身成分也是下中农，我特别迫切加入贫协会,我有决心听党的话,服从生产队各级干部的领导,在生产劳动中起带头作用,我还有决心、信心多做一些有利于祖国,有利于人民的事情,当一个优秀的贫协会会员。

希望贫协会和四清工作队审检批准。

申请人:吕彩巧
1965 年 7 月 28 日

入会申请书

我家在土改前土地 13 亩,房屋 14 间,人口 7 口,牛没有,大车 1 辆,土改后土地 13 亩,房屋 14 间,人口 7 口,牛没有,大车一辆。

我在 9 岁时在本村上小学,上了 6 年学,在 17 岁时,上沈阳学徒,在粉米铺 15 年,在 33 岁时,按[安]过一年暖气管,在 34 岁就开始登[蹬]三轮 8 年,在 42 岁回家参加农业,在 55 年加入初级社、高级社、人民公社。

我的社会关系:表哥张同伏西堤北村,家庭成分贫农。

我愿在这次运动中好好学习,积极工作,坚决和四不清干部作斗争,希领导同志批准我入会是荷。

第二队社员:王中涛
1965.3.21

入会申请书

在解放前地 7 亩,人 8 口,房 5 间,生活很苦,吃不上穿不暖,不能为此[维持]生活,我奶奶给人家作饭洗衣服多少给一点钱,全就买一点粮食为此[维持]生活,后来我奶奶我姑就纺线织卖布,卖豆府[腐],我父亲就给人家当短工,也赠[挣]一点钱,省吃检[俭]用的钱就买了点种地的农具,以前种地的农具也没有,种地就用人家的,因家里生活很苦,吃不上穿不暖,我二大伯就逃在外边了,到如今也没有影,我爷爷也被饿死了,我大、大伯就给人家扛活,织卖布扛活的钱也协[舍]不的[得]吃穿,节约的钱就买了点地,以后的生活就有点好转,后来四户又买了个牲口,我家在解放前和广大穷人是一样的,同样受着地主的剥削和压迫,在解放前穷人们受的苦是很多的,是说不完的。

自从有了共产党毛主席来了,我们才得了解放,土改时我家分地三亩,分了农具、门子、衣服等东西，那时我全家人 8 口，地十几亩，在[再]有些简单的小型农具，土改后我家一买了个破车，从土改后我家的生活就一年比一年的提高。

在入了互助组、初级社、高级社、人民公社，我家的生活就更加提高了。

在经过这次四清运动，我全家更深刻的认识到了我们的幸福是由于共产党和毛主席带来的，我想了想过去的苦，看了看现在的幸福，使我们更痛恨旧社会了，为了和广大贫下中农团结在一起，更快的从社会主义早日走向共产主义，要拥护党的三面红旗，搞好集体经济生产，我们全家保证多出工，在这次四清运动中要大胆的帮助干部洗手洗澡，早日过关，回到党的怀抱里来。我们全家都积极要求入会，希各工作同志贫协会申[审]查批准。

我姑住西张，贫农成分

我舅住西张，中农成分，我舅是党员

我姐姐，赵家庄，中农

代表全家申请人：吕宝昌
1965.3.22 号

申　请　书

我在四清革命运动中，思想大大提高了，我本身成分也是贫农，我很迫切加入贫协会，我有决心听党的话，服从生产队各级干部的领导，在生产劳动中起骨干作用。我还有更大的决心和信心，痛改前非，多做有利于祖国，有利于人民的事情，当一个优秀的贫协会会员。

希望贫协会和四清工作队同志审检批准。

申请人：王书卜
1965 年 7 月 28 号

申　请　书

贫协会是我们贫下中农组织起来的一个先进组织，我们贫农下中农是革命的先进群众性的组织，主席提出建设社会主义要依靠贫农下中农团结中农，我坚决听党的话，服从党的领导，我也申请参加贫协会的组织，并要以实际行动来参加贫协的组织,要代[带]头社员搞好生产,为六五年农业大丰收而奋斗。

申请人:王计坛
1965.7.28号

申 请 书

我在四清运动中,思想大大提高了,本身成分也是贫农,我很迫切加入贫协会,我有很大决心听党的话,服生产队各级干部的领导,提高警惕,认清敌我,在这次四清运动中,我还要起更大的积极带头作用……。下定决心和信心当一个积极的贫协会会员。

希望贫协会和四清工作队同志审请[查]批准。

申请人:谢荣台
1965年7月28日

申请入贫协会书

第二队社员王忠涛,现年54岁,家庭成分下中农,家庭成员本人一口,经过这次伟大的社教运动,提高了思想觉(悟),认清敌我界线,我坚决要跟着党走,听党的话,现在党又要扩大贫协的组织,我要求领导对我考验和批准我参加贫协会的组织。

入会后,我坚决听党的,好好劳动,搞好生产,为六五年农业大丰收而奋斗。

王忠涛
65年7月28号

三、对党员干部的鉴定讨论情况

（前无记录。——编者注）

李红慈：汲大芬劳动观点好。

王春华：王延朝对执行政策方面掌握的稳，四不清问题不多。

郭三妮：王计坛态度不好，劳动较好。

王春华：王庆云作风硬，开会多，劳动观点强，工作能力有。

贾志然：张桂玉劳动很好，比过去有改变。

于巧珍：张纯转变很好，肯参加劳动。

王春华：王文玉劳动观点好，开会不爱说话。

王春华：吕怀刚劳动观点强，工作能力有。

王春华：王中伏劳动观点好，工作能力较差。

于巧珍：李俊明劳动不很好，多占工分。

贾志然：张爱菊差的太多，不够党员条件。

李红慈：付大行劳动观点好。

贾志然：王春明劳动好，团结好，有工作能力。

贾志然：刘文景差的多，劳动比较好。

王春华：杨庆丰劳动观点好，团结好，工作态度好。

贾志然：程秀丝参加劳动好。

贾二虎：赵二翠差的多。

贾志然：杨丙须劳动好，工作能力强。

讨论为什么在中国实现共产主义社会。

王春华：因为中国共产党最坚决的，领导着中国人民建设社会主义实现共产主义，把世界上的无产者联合起来，报[抱]着为人民服务的精神。

张五茂：离开共产党建设社会主义，实现共产主义是不行的，是会迷失方向。

讨论村党支部在历次运动中起到什么作用。

王春华：共产党支部领导土改，分房屋，分土改(地)。

贾志然：四清后干群团结一致。

讨论本队干部表现。

贾志然：刘雅卿积极退赔，有工作能力，参加劳动好。

王春平：王计伦劳动观点好，有农业技术。

贾志然：杨东明经过四清后，劳动观点很好，积极退赔。

1965年7月19号晚　社员会记录

1．参加大队选举。管委会的三名人员：吕双进、贾自然、王延朝

2．党员排队：

① 好的：杨丙海、李长恩、永凯、王延朝、王春明、杨庆丰、杨丙须。

② 一般的：顾善志(前立场不稳)、王庆云、王计坛、张桂玉、王文于、吕怀刚、王中优、李俊明、付大行、程秀丝。

③ 不好、不够条件的：

汲大芬：在粗线条四清，躺倒不起，细线条四清又狡滑[猾]。

张纯：

张爱菊：一点不起党的作用，在生产上倒[捣]乱。

刘文景：(泼)妇

赵二翠：

杨苗均：

对张普伦的评议，分了三个小组，各自选了代表，代表个人意见：

亚青(雅卿)组：七个人，均认为不好

双进组：五个人，均认为不好

王书强：七人，均认为不好

对支部委员会的候选人名单，由贫协一二批会员参加讨论。

1965年7月17号　社员会

第12队对本村党员、群众评订[定]优缺点记录　65年7月17日

杨丙海：优点：能按政策办事，走群众路线，对群众态度和蔼，劳动较好，是个好党员。

缺点：有时经不住资产阶级的思想腐蚀，如61年贪污化肥款。

张普伦：优点：立场稳，按党的政策办事，能为人民服务。

缺点：贪吃喝——四清前，四清后改正了。

顾善志：四清前没站稳阶级立场，和地主富农有拉拢，四清后有了改变。该同志一贯劳动观点好。

李长思：工作好，按政策办事，可以做个党员。

李永凯：这个人也可作党员，一贯不错。

汲大芬：能为人民服务，执行政策。四清中能改政[正]错误。

缺点：说话有时噘巴些。

王延朝：优点：可以达党的标准，立场稳，有革命信心。

缺点：对四清有时随风倒。

王计坛：劳动好，执行政策好，是个党员劲头。

缺点：脾气没准，通[痛]快了怎样也行，不通[痛]快什么也办不成。

王中伏：离的远，不了解他。

张桂玉：为个人的劲头大，其他都可以。

吕怀刚：劳动好，立场好，能当党员。

王庆云：劳动好，能带动生产，按政策办事。

缺点：脾气暴。

张纯：就是好打架，其他都好，可作党员。

王文于：老实人，不起多大党员作用。

李俊明：劳动好，看大事可以，离的远不了解别的。

张爱菊：不起党员作用，又爱倒[捣]乱、打架。

付大行：基本差不多，不太起作用。

王春明：可以当党员，一切都不错。

刘文景：不能做党员，不起作用，玩钱，靠人有一套。

李长音：没有起什么作用，可是没什么毛病。

杨庆丰：立场好，有领导工作能力。

程秀思：立场不太稳，作风差。

赵二翠：不能当党员，根本不够条件。

杨苗均：就是爱打架，别的都行。

杨丙须：可以作党员，立场稳。

四、门庄二队65年作物落实方案

门庄第二队65年春耕作物落实地块表

亩数	土地坐落	丰产田			一般田												
		玉米	谷子	棉花	谷子杂豆	高粱大豆	春山芋				棉花	芝麻	花生			春茶	
7	二队场北					3					4						
1.6	一队场西										1.6						
1	一队场南																
4.7	王海渠东					4.7											
4.7	王海渠北												4.7				
33.8	小十字道南	10	5		18.8												
5.6	石碑楼东										5.6						
55.3	麦方			4							51.3						
1.8	村南南窑					1.8											
8	村南南(北)窑					8											
15.2	坎子地上岸										15.2						
1.5	村西北部地										1.5						
10.4	西堤北道						10.4										
4.2	元子地															4.2	
16.6	王坟地				16.6												
22	堤北乔道										22						
26.6	双进道						15					2.5	9.1				
220	总计	10	5	4	36.4	17.5	25.4				101.2	2.5	13.8			4.2	

门庄第二队三田落实表 65.4.22

谷子：试验田　种子田

村东王海小十字道南　5亩

施工计划：① 耕地　每亩工　2分

② 手提苗　每亩工　12分

③ 挖头过　每亩工　4分

④ 锄两遍　每亩工　8分

⑤ 中耕一遍　每亩工　15分

⑥ 施粗肥　每亩工　7分

⑦ 施细肥　每亩工　4分

⑧ 施化肥　每亩工　3分

共每亩施工　41.5分

用肥计划：① 每亩铺底肥　6车

② 计划每亩施粗肥　4车

③ 计划每亩施化肥　15斤

④ 计划每亩施磷肥　20斤

管理要求：① 耙两次　深翻一次

② 每亩施种　3斤

③ 保证苗全苗旺，出全苗。

④ 管理及时，保质保量，定时施肥，定时挖锄，中耕。

管理人员：雅卿、志然、红此、巧云、巧珍、双振、三荣、三妮、荣台、文昌。

门庄第二队三田落实表 65.4.23

玉米：试验田

村东王海道小十字道南：10亩

① 耕地　每亩施工　2分

② 挖头过　每亩施工　5分

③ 挖二过　每亩施工　4分

④ 锄两遍　　每亩施工　4 分
⑤ 中耕一遍　　每亩施工　1.5 分
⑥ 施粗肥　　每亩施工　7 分
⑦ 施细肥　　每亩施工　4 分
⑧ 施化肥　　每亩施工　3 分　总共每亩施工 30.5 分

用肥计划：① 已铺底肥粗肥　6 车
② 计划施粗肥每亩　4 车
③ 计划施细肥每亩　30 斤
④ 计划施化肥每亩　15 斤
共每亩施粗肥 10 车
共每亩施细肥 30 斤
共每亩施化肥 15 斤

管理要求：每亩施种 5 斤，棵距 1.2 尺，行距 1.4 尺，每亩平均 3 000 棵
① 苗全苗旺：保全苗保证苗旺垅直。
② 保质保量：空时施肥，空时挖锄中耕。
③ 管理及时：人工授粉一次，要科学试验。

管理人员：总负责人：全体队委人员。
延朝、雅卿、志然、红此、春华、计伦、东明、王昌、双振、计坛。

门庄第二队棉花三田落实表　65.4.23

棉花：样板田
村南麦方：4 亩

施工计划：① 耕地每亩 6 分，
② 挖头过间苗每亩 5 分，
③ 挖二过代[带]空苗 5 分，
④ 挖三过每亩 4 分，
⑤ 标毛腿掏耳寄每亩 8 分，

⑥ 整枝打杈顶尖 6 分，
⑦ 追肥一次 3 分，
⑧ 后期管理打群尖 7 分，
⑨ 中耕三次 3 分，
共每亩施工 47 分。

用肥计划：① 每亩铺底肥 3 车，
② 计划施细肥 15 斤。

管理要求：① 已耙两次，[翻]一次，
② 每施肥两车，
③ 施种 12 斤，
④ 保全苗，保苗旺，
⑤ 达到垅洁背净，不留对棵，
⑥ 整枝打杈要细后期管理及时，
⑦ 在铃期追细肥一次，保证不脱蕾，
⑧ 检查及时，开展批评与自我批评教育，
⑨ 棵距 7 寸，行距 1.4 尺，每亩达 4 000 棵。

管理人员：雅卿、志然、双振、玉昌。

门庄第二队粮食落实表

高粱、大豆　一般田

① 村南南窑计伦坟地	8.2 亩
② 村南南窑韩庄道西	1.8 亩
③ 二队场北边	3 亩
④ 王海道渠东南	4.7 亩

其他 17.7 亩　其中高粱 15 亩　大豆 2.7 亩

使用工序：① 挖头过代[带]空苗　6 分
② 挖二过　5 分

③ 追粗肥一次　　　　8 分
④ 锄两遍　　　　　　8 分
⑤ 追化肥一次　　　　3 分
共每亩施工 30 分

用肥计划:① 已铺底肥每亩 4 车
② 追粗肥每亩 2 车
③ 追化肥每亩 10 斤

管理措施:① 已耙两遍深反[翻]一遍
② 挖空苗普通下旬,不留白眼
③ 施种每亩 3 斤
④ 保全苗,苗旺
⑤ 锄两过,中耕一遍
⑥ 管理及时,检查及时

管理人员:杨东明、王春华、王瑞卿、王志景、赵均房、吕彩巧、王焕改、刘淑荷。

门庄第二队粮食落实计划表

谷子、杂豆:
① 王海道小十字道南　　18.8
② 村北王坟地　　　　　16.6
共地 35.4 亩　其中谷子 28.4 亩,　杂豆 7 亩

施肥计划:① 已铺底肥每(亩)5 车
② 追粗肥 3 车
③ 追细肥 15 斤
④ 追化肥 12 斤

使用工序:① 耕地每亩 2 分

② 挖头过带空苗 4 分
③ 挖二过 4 分
④ 锄两遍 8 分
⑤ 追粗肥一次 8 分
⑥ 追细肥一次 3 分
⑦ 追化肥一次 3 分
⑧ 中耕二次 3 分
每亩共施工 35 分

管理措施：① 已耙二过深翻一次，
② 施种 2.5 斤，
③ 保证苗全苗旺，
④ 挖锄达到垅清背净，
⑤ 管理及时，及时检查。

管理人员：刘雅卿、贾志然、王计伦、李红此、贾二虎、吕申年、吕彩苗、张五昌、张殿臣、王书卜、王春华、王景文、吕双进、王计坛。

门庄第二队粮食落实表

春山药：

① 西堤北道地	10.4
② 村东北湾	15 亩

共地 15 亩

施工计划：	① 已铺底肥	7 车
	② 追坑坷垃	2 车
	③ 追细肥	300 斤

使用工序：	① 挖头过	4 分
	② 挖二过	4 分
	③ 找草二过	3 分

④ 中耕二次　　8分
⑤ 反复五次　　15分
⑥ 追肥　　7分
共施工　　41分

管理措施:① 保重(种)保活,每亩平均4 000—4 500棵。
② 挖、中耕质量要高,追肥要匀。

管理人:王计伦、李红此。

门庄第二队棉花落实计划表

棉花　一般田

① 坑子地上岸:15.2
② 石碑楼东:5.6　共20.8　负责人:杨东明、王春华
管理人:申年2口,巧云1口,景文2口,双进1口
③ 村南麦方41.3　负责人:刘雅卿、贾志然、刘双振
管理人:五昌4口,宝昌4口,志景3口,凤令2口,淑荷1口,殿臣1口,巧珍1口,均房1口,三荣1口

④ 1队场西边1.6
⑤ 2队场北边4
⑥ 堤北乔道地22
⑦ 村北柳子地1.5
共地29.1
负责人:王计伦、李红此
管理人:王书卜4口,王计伦2口,王令音3口,张敬恩2口

施肥计划:每亩铺底肥2车

使用工序:① 挖头遍4分

② 挖二过空苗 5 分
③ 挖三过 4 分
④ 打毛腿掏耳寄 8 分
⑤ 整枝打杈顶尖 6 分
⑥ 打群尖 7 分
⑦ 中耕三次 3.5 分
每亩施工 32 分

管理措施：① 施肥 12 斤，撒均匀
② 棵巨[距]相等，每 5 寸 1 棵，每亩达 4 000 棵
③ 挖地不留白眼，不留对棵
④ 整枝打杈要及时，后期管理要及时
⑤ 及时检查。

门庄第二队油料落实计划表

芝麻：
① 东北湾地　　2.5 亩

花生：
① 村东北吕坟　　4.7 亩
② 东北湾　　9.1 亩
共计 13.8 亩

施肥计划：每亩铺底肥　　5 车

使用工序：① 挖头过　　5 分
② 挖二过　　4 分
③ 锄两遍　　8 分
④ 中耕一次　　2 分　　共施肥 19 分

管理措施：① 芝麻施种　　1.5 斤

② 花生施种　　　　　12 斤

③ 保证苗全苗旺,及时管理及时检查。

管理人员:王春华、杨东明、刘双振、王延朝、张五昌。

五、本队选举管委会的情况

门庄第二生产队选举情况

参加选举的人 53 名

地点：饲棚门前大槐树底下

发出票 53 张　收回票 53 张

这次选举是采取了民主选举、投票不记名的选举方法，使全体社员干部感到非常满意。选举结果如下：

刘雅卿　生产队长　53 票

王彦朝　政治工作员　53 票

贾自然　副队长　53 票

杨东明　会计　52 票

王春华　保管员　52 票

刘双振　妇女队长　52 票

张永杰　民兵排长　53 票

王书强　民兵副排长兼青年技术员　53 票

王计伦　老农管委委员　53 票

一九六五年七月二十一号中午选举

门家庄第二生产队候选人名单(选举用)　1965 年 7 月 21 日

原拟定候选人					不同意原候(选)人的，另选他人，填字此栏		
符号	姓　名	职　务	委员	备　考	姓　名	职务	备　考
○	王彦朝	政治工作员	委员				
○	刘雅卿	队长	委员				
○	贾自然	副队长	委员				
○	杨东明	会计	委员				
○	王春华	保管					
○	刘双振	妇女队长	委员				

续 表

原拟定候选人					不同意原候(选)人的，另选他人，填字此栏		
符号	姓　名	职　务	委员	备　考	姓　名	职务	备　考
○	张永杰	民兵排长	委员				
○	王书强	副排长		兼青年技术员			
○	王计伦		委员				

注：同意者在符号栏内画“○”，不同意者画“×”，然后在不同意，另选他人栏内选出你同意的人来，并希填写清楚职务。

(此表共计50张。——编者注)

门家庄第二生产队候选人名单(选举用)　1965年7月21日

原拟定候选人					不同意原候(选)人的，另选他人，填字此栏		
符号	姓　名	职　务	委员	备　考	姓　名	职务	备　考
○	王彦朝	政治工作员	委员		王春华	会计	
○	刘雅卿	队长	委员				
○	贾自然	副队长	委员				
×	杨东明	会计	委员				
×	王春华	保管					
○	刘双振	妇女队长	委员				
○	张永杰	民兵排长	委员				
○	王书强	副排长		兼青年技术员			
○	王计伦		委员				

注：同意者在符号栏内画“○”，不同意者画“×”，然后在不同意，另选他人栏内选出你同意的人来，并希填写清楚职务。

门家庄第二生产队候选人名单(选举用)　1965年7月21日

原拟定候选人					不同意原候(选)人的，另选他人，填字此栏		
符号	姓　名	职　务	委员	备　考	姓　名	职务	备　考
○	王彦朝	政治工作员	委员		王春华	民兵排长	

续 表

原拟定候选人					不同意原候(选)人的，另选他人，填字此栏		
符号	姓　名	职　务	委员	备　考	姓　名	职务	备　考
○	刘雅卿	队长	委员		王彩分	妇女队长	两人中选一名
○	贾自然	副队长	委员		郭三妮	妇女队长	
○	杨东明	会计	委员				
×	王春华	保管					
×	刘双振	妇女队长	委员				
○	张永杰	民兵排长	委员				
×	王书强	副排长		兼青年技术员			
○	王计伦		委员				

注：同意者在符号栏内画“○”，不同意者画“×”，然后在不同意，另选他人栏内选出你同意的人来，并希填写清楚职务。

门家庄第二生产队候选人名单(选举用)　1965年7月21日

原拟定候选人					不同意原候(选)人的，另选他人，填字此栏		
符号	姓　名	职　务	委员	备　考	姓　名	职务	备　考
○	王彦朝	政治工作员	委员				
○	刘雅卿	队长	委员				
○	贾自然	副队长	委员				
○	杨东明	会计	委员				
○	王春华	保管					
○	刘双振	妇女队长	委员				
○	张永杰	民兵排长	委员				
○	王书强	副排长		兼青年技术员			
×	王计伦		委员		张殿臣	队委委员	

注：同意者在符号栏内画“○”，不同意者画“×”，然后在不同意，另选他人栏内选出你同意的人来，并希填写清楚职务。

六、门庄大队第二生产队社员户口花名册

至66年底93人

1963.2.20

门庄大队第二队社员户口花名册

与户主之关系	姓名	性别	成分	年龄						变动日期及原因
				六三年	六四年	六五年	六六年	六七年	六八年	
户主	王计伦	男	贫	45	43	44	45			
妻	张连琴	女	中农	31	32	33	34			
子	王根泽	男		4	4	5	6			
女	王慎	女		15	16	17	18			

门庄大队第二队社员户口花名册

与户主之关系	姓名	性别	成分	年龄						变动日期及原因
				六三年	六四年	六五年	六六年	六七年	六八年	
户主	周素卿	女	中农	55	56	57	58			

门庄大队第二队社员户口花名册

与户主之关系	姓名	性别	成分	年龄						变动日期及原因
				六三年	六四年	六五年	六六年	六七年	六八年	
户主	吕双进	男	贫	51	52	53	54			
妻	谢荣台	女	中农	45	44	45	46			
子	吕计波	男		11	13	14	15			
女	吕巧月	女		8	9	10	11			
子	吕计祥	男		5	6	7	8			

门庄大队第二队社员户口花名册

与户主之关系	姓名	性别	成分	年龄						变动日期及原因
				六三年	六四年	六五年	六六年	六七年	六八年	
户主	吕宝均	男	下中农	20	21					65.2.5 参军
母	郭三妮	女		43	45	46	47	48		
弟	吕宝昌	男		14	15	16	17	18		
妹	吕彩巧	女		16	18	19	20	21		
妹	吕彩荣	女		12	13	14	15	16		
妹	吕彩凤	女		9	10	11	12	13		
弟	吕宝瑞 小四	男		6	8	9	10	11		
妹	吕彩玲 四妮	女		6	8	9	10	11		
外甥女	赵合金	女				9.26号	1	2		65.9.26号

门庄大队第二队社员户口花名册

与户主之关系	姓名	性别	成分	年龄						变动日期及原因
				六三年	六四年	六五年	六六年	六七年	六八年	
户主	董坤	女	中农	70	67	68	69	70		

门庄大队第二队社员户口花名册

与户主之关系	姓名	性别	成分	年龄						变动日期及原因
				六三年	六四年	六五年	六六年	六七年	六八年	
户主	赵三荣	女	中农	48	49	50	51	52		
子	王文中	男		18	20	21	22	23		
女	王国云	女		6	6	7	8	9		

门庄大队第二队社员户口花名册

与户主之关系	姓名	性别	成分	年龄						变动日期及原因
				六三年	六四年	六五年	六六年	六七年	六八年	
户主	王瑞卿	女	中	36	38	39	40	41		
女	王志景	女		16	18	19				迁出
子	王宝振	男		13	15	16	17	18		
女	王志荣	女		8	10	11	12	13		
次子	王振旺	男				不满一周	1	2		65.10.21号

门庄大队第二队社员户口花名册

与户主之关系	姓名	性别	成分	年龄						变动日期及原因
				六三年	六四年	六五年	六六年	六七年	六八年	
户主	张普伦	男	贫	42	42	43	44	45		
妻	王会音	女		37	38	39	40	41		
子	张永价	男		15	17	18	19	20		
媳	王彩芬	女		18	19	20	21	22		
子	张永申	男		19	19	20	21	22		
孙	张甲君	男				1	2	3		64年5月份生
孙女	张明霞	女					不满周	1		66年8月2日

门庄大队第二队社员户口花名册

与户主之关系	姓名	性别	成分	年龄						变动日期及原因
				六三年	六四年	六五年	六六年	六七年	六八年	
户主	吕申年	男	贫	36	37	38	39	40		
妻	郑淑敬	女		32	33					65.3.15死亡

续 表

与户主之关系	姓 名	性别	成分	年龄						变动日期及原因
				六三年	六四年	六五年	六六年	六七年	六八年	
女	吕兰阁	女		10	12	13	14	15		
女	吕兰琴	女		8	9	10	11	12		
子	吕俊奎	男		5	6	7	8	9		
女	吕兰伏	女			0					64 年 10 月份死亡

门庄大队第二队社员户口花名册

与户主之关系	姓 名	性别	成分	年龄						变动日期及原因
				六三年	六四年	六五年	六六年	六七年	六八年	
户主	贾近亭	男	贫	50	51	52	53	54		
子	贾志然	男		16	18	19	20	21		

门庄大队第二队社员户口花名册

与户主之关系	姓 名	性别	成分	年龄						变动日期及原因
				六三年	六四年	六五年	六六年	六七年	六八年	
户主	王春华	男	贫	15	17	18	19	20		
母	郭萃文	女		59	59	60	61	62		
姐	王苗珍	女		18						迁赵家庄

门庄大队第二队社员户口花名册

与户主之关系	姓 名	性别	成分	年龄						变动日期及原因
				六三年	六四年	六五年	六六年	六七年	六八年	
户主	王经文	男	贫	38	40	41	42	43		
妻	刘凤均	女	富农	37	39	40	41	42		
子	王存永	男		9	10	11	12	13		
女	王存蕊	女		6	7	8	9	10		

续 表

与户主之关系	姓　名	性别	成分	年龄						变动日期及原因
				六三年	六四年	六五年	六六年	六七年	六八年	
女	王存娟	女			1	2	3	4		
次子	王存金	男				1	2	3		64年11月19日生

门庄大队第二队社员户口花名册

与户主之关系	姓　名	性别	成分	年龄						变动日期及原因
				六三年	六四年	六五年	六六年	六七年	六八年	
户主	刘几根	男	贫	60	60	61	62	63		
妻	张彦黄	女		66	68	69	70	71		
女	刘双振	女		31	32	33	34	35		
外孙女	王桂申	女		5	6	7	8	9		
甥	王广辰	男			0	1	2	3		64年4月份生

门庄大队第二队社员户口花名册

与户主之关系	姓　名	性别	成分	年龄						变动日期及原因
				六三年	六四年	六五年	六六年	六七年	六八年	
户主	王中涛	男	下中农	49	51	52	53	54		

门庄大队第二队社员户口花名册

与户主之关系	姓　名	性别	成分	年龄						变动日期及原因
				六三年	六四年	六五年	六六年	六七年	六八年	
户主	王中满	男	下中农	21	23	24	30	31		
母	刘大萃	女		64	66	67				65.8.29号死
妻	赵均房	女		20	21	22	23	24		

续 表

与户主之关系	姓名	性别	成分	年龄						变动日期及原因
				六三年	六四年	六五年	六六年	六七年	六八年	
子	王长辉	男			0	2	3	4		
二子	王长明	男					不满周	1		66年3月10日生

门庄大队第二队社员户口花名册

与户主之关系	姓名	性别	成分	年龄						变动日期及原因
				六三年	六四年	六五年	六六年	六七年	六八年	
户主	石秀一	女	下中农	68	70	71	72	73		

门庄大队第二队社员户口花名册

与户主之关系	姓名	性别	成分	年龄						变动日期及原因
				六三年	六四年	六五年	六六年	六七年	六八年	
户主	张萃红	女	中农	54	56	57	58	59		
子	张敬恩	男		14	15	16	17	18		
女	张敬蕊	女		16	17	18	19	20		

门庄大队第二队社员户口花名册

与户主之关系	姓名	性别	成分	年龄						变动日期及原因
				六三年	六四年	六五年	六六年	六七年	六八年	
户主	刘雅卿	男	贫	31	32	33	34	35		
母	张计春	女		53	55	56	57	58		
妻	张凤玲	女		20	21	22	23	24		
弟	刘次卿	男		25						已死
弟媳	王焕改	女			24	25	26	27		

续 表

与户主之关系	姓 名	性别	成分	年龄						变动日期及原因
				六三年	六四年	六五年	六六年	六七年	六八年	
侄	刘根水	男			1	2	3	4		
侄女	刘俊香	女			0					已迁出，堤北乔
妹	刘淑会	女			24	25				已迁走由河南叶县迁来

门庄大队第二队社员户口花名册

与户主之关系	姓 名	性别	成分	年龄						变动日期及原因
				六三年	六四年	六五年	六六年	六七年	六八年	
户主	张计来	男	下中农	61						已亡故
妻	于巧珍	女		51	52	53	54			67 年走已迁走

门庄大队第二队社员户口花名册

与户主之关系	姓 名	性别	成分	年龄						变动日期及原因
				六三年	六四年	六五年	六六年	六七年	六八年	
户主	张计良	男	下中农	64	64	65	66	67		
妻	王巧云	女		45	46	47	48	49		

门庄大队第二队社员户口花名册

与户主之关系	姓 名	性别	成分	年龄						变动日期及原因
				六三年	六四年	六五年	六六年	六七年	六八年	
户主	张五昌	男	中	16	18	19	20	21		
母	张文臣	女		49	50	51	52	53		

续 表

与户主之关系	姓名	性别	成分	年龄						变动日期及原因
				六三年	六四年	六五年	六六年	六七年	六八年	
姐	张素合	女		17	19	20	21	22		
弟	张五茂	男		13	15	16	17	18		
妹	张素芳	女		11	13	14	15	16		
妹	张素芬	女		10	11	12	13	14		
妹	张素英	女		4	5	6	7	8		
妻	王成苗	女					22	23		由7队转来
子	张震安	男					不满周	1		由7队转来
父	张泽远	男					57	58		由津转来

门庄大队第二队社员户口花名册

与户主之关系	姓名	性别	成分	年龄						变动日期及原因
				六三年	六四年	六五年	六六年	六七年	六八年	
户主	张殿臣	男	中	55	56	57	58	59		
妻	王玉堂	女		55	56	57	58	59		

门庄大队第二队社员户口花名册

与户主之关系	姓名	性别	成分	年龄						变动日期及原因
				六三年	六四年	六五年	六六年	六七年	六八年	
户主	刘运淑	女	贫	71						已亡故

门庄大队第二队社员户口花名册

与户主之关系	姓名	性别	成分	年龄						变动日期及原因
				六三年	六四年	六五年	六六年	六七年	六八年	
户主	王计坛	男	贫	29	31	32	33	34		

门庄大队第二队社员户口花名册

与户主之关系	姓　名	性别	成分	年龄						变动日期及原因
				六三年	六四年	六五年	六六年	六七年	六八年	
户主	李红此	女	贫	45	46	47	48	49		
媳	吕彩苗	女		22	23	24	25	26		
子	王书强	男		15	17	18	19	20		
子	王书成	男		12	13	14	15	16		
孙	王春建	男		5	6	7	8	9		
孙	王春生	男			1	2	3	4		
长子	王书卜	男				30	31	32		由石庄迁来
三孙	王秋生	男					不满周	1		出生

门庄大队第二队社员户口花名册

与户主之关系	姓　名	性别	成分	年龄						变动日期及原因
				六三年	六四年	六五年	六六年	六七年	六八年	
户主	王乃谦	男	中	32.2.19	32	33	34	35		
妻	乔淑芳	女		39.7.3	24	25	26	27		
女	王海燕	女		62.7.20	1	2	3	4		
子	王海林	男				1	2	3		64年9月9日生

· 中　国　当　代　民　间　史　料　集　刊（一）·

基本情况档案｜

门庄四队

案卷目录

编号	文件作者	文件题目	起止题号	文件日期	备注
1	工作队	门庄四队基本情况统计表	1	65.3.1	
2	工作队	门庄四队成年人登记表	2—3	65.3.1	
4	工作队	门庄四队花名册	4—28	65.3.1	
29	工作队	门庄四队干部排队及解放情况	29	65.3.1	
30	工作队	门庄四队原来干部架子	30	65.3.1	
31	工作队	门庄四队原本小队贫协代表	31	65.3.1	
32	工作队	门庄四队第一批会员登记表	32	65.4	
33	工作队	门庄四队第二批会员登记表	33	65.5	
34	工作队	门庄四队第三批会员登记表	34—35	65.7	
36	社员	门庄四队贫下中农入会申请书	36—46	65.7	
47	工作队	门庄四队组织新选干部登记表	47	65.7	
48	工作队	门庄四队管委会候选名单票	48—54	65.9.21	
55	工作队	门庄四队团员登记表	55	65.8	
56	工作队	门庄四队建党建团登记表	56	65.4	
57	工作队	门庄第四生产队	57	65.5	
58	工作队	门庄四队青年简历登记表	58—59	65.3	
60	工作队	门庄四队妇女简历登记表	60—61	65.3	
62	工作队	门庄四队贫下中农情况统计表	62	65.3	
63	工作队	门庄四队经济落实进度表	63	65.3	
64	工作队	门庄四队退赔情况统计表	64	65.5	
65	工作队	门庄四队干部三空落实统计表	65	65.5	
66	工作队	粮、款、物、查证落实表	66		
67	社员	讨论记录	67—82		

门庄四队基本情况统计表(表一) 65.3.2

队别	户数	总人口	其中:		劳动力					总耕地						牲畜					农具				党团员	
			男	女	合计	其中:				自留地	集体耕地	其中:				合计	其中:				胶轮车	铁轮车	小胶轮车	耧犁耙盖	党员	团员
						整劳力	半劳力	辅助劳力	十六岁以上成人			冬小麦	春播面	菜园	林木		牛	驴	骡	马						
4	24	88	45	43	104	32	16	1	55	22.7	338.5	113	219.4	6.1		7	6	1			1	2	4	11	1	2

门庄四队阶级成分统计表(表二) 65.3.2

队别	户数	总人口	阶级成分情况表																									四类分子				
			贫农	其中:				下中	其中:				中农	其中:		上中	其中:		富农	其中:			地主	其中:			地主	富农	反革命	坏分子	右派
				户数	人口	男成人	女成人		户数	人口	男成人	女成人		户数	人口		户数	人口		户数	人口	成年人		户数	人口	成年人					
4	24	88		5	15	6	5		5	9	3	5		7	34		5	24						2	7	6	2				

成年人:指十六周岁以上的。

门庄四队成年人登记表 1965.3.3号

姓 名	年龄	男	女	成分	备 考	姓 名	年龄	男	女	成分	备 考
王忠奎	46	男		地主		杨付根	28	男		上中农	
王 英	79		女	地主		韩大次	26		女	上中农	
解二群	50		女			钮振书	45		女	上中农	
王文河	18		女		地主子女	王淑肖	18		女	上中农	振书之女
王长文	17	男		贫农		杨付生	33	男		上中农	
张明珠	71		女	贫农		冯中义	50		女	上中农	
王忠贵	28	男		贫农		牛二段	37		女	上中农	
王成普	51	男		中农		王长清	52	男		下中农	
王继根	17	男		中农		谢书凤	39		女	下中农	
王丙瑞	50	男		中农		王彦君	20		女	下中农	
娄二存	53		女	中农		王长生	56	男		下中农	
王振安	21	男		中农		王丙周	48	男		中农	
王彦朝	51	男		贫农		刘书占	38		女	中农	
薛贵所	35		女	贫农		王忠坤	40	男		贫农	
王文雪	59	男		下中农	四类分子	王英才	72	男		贫农	
谢巧稳	52		女	下中农	（文雪之妻）	位 花	63		女	贫农	
耿印庄	58		女	贫农		王丙义	41	男		中农	
宋福泉	69	男		贫农		李振书	29		女	中农	
韩 巧	67		女	贫农		王贵中	58	男		中农	
王忠朋	40		女	地主		刘二果	62		女	中农	
苏秀妍	18		女	地主	忠朋之女	王丙俊	32	男		中农	
位彩君	47		女	下中农		王丙林	21	男		中农	
李彦芝	22		女	下中农		王冬月	21		女	中农	
杨玉凯	58	男		上中农		王丙坤	19	男		中农	
刘翠义	54		女	上中农		王春景	17		女	中农	

计50人

门庄第四队成年人登记表　65. 3. 4

杨玉会	男	56 岁	上中农
李　恋	女	46 岁	上中农
杨付存	男	19 岁	上中农
王中雨	男	51 岁	上中农
王敬业	男	25 岁	上中农之子
王敬柳	女	20 岁	上中农
王丙洞	男	29 岁	中农
张春省	女	28 岁	中农

小计：8 人

总计 58 人

一、第四生产队人口登记花名册

24户

1965年3月3号

门庄四队社员花名册

户主姓名	王中奎	性别	男	年龄	46	政治面目		文化程度	初小	本人成分	地主
家庭出身	地主	全家人口	5	政治表现							
有无历史问题											

全家人口主要简历	与户主关系	姓名	性别	年龄	政治面目	家庭出身	文化程度	有无历史问题		
	母	王　英	女	79		地主			地主	
	妻	解二群	女	50						
	长女	王贝河	女	18			高小			
	次子	王长存	男	15			高小			

门庄四队社员花名册

户主姓名	王长文	性别	男	年龄	17	政治面目		文化程度	初小	本人成分	
家庭出身	贫农	全家人口	2	政治表现							
有无历史问题											

全家人口主要简历	与户主关系	姓名	性别	年龄	政治面目	家庭出身	文化程度	有无历史问题		
	祖母	张明妹	女	71						

门庄四队社员花名册

户主姓名	王中贵	性别	男	年龄	28	政治面目		文化程度	初小	本人成分	
家庭出身	贫农	全家人口	1	政治表现							
有无历史问题											

门庄四队社员花名册

<table>
<tr><td>户主姓名</td><td>王成普</td><td>性别</td><td>男</td><td>年龄</td><td>51</td><td>政治面目</td><td></td><td>文化程度</td><td>初小</td><td>本人成分</td><td>中农</td></tr>
<tr><td>家庭出身</td><td>中农</td><td colspan="2">全家人口</td><td colspan="2">8</td><td colspan="2">政治表现</td><td colspan="4"></td></tr>
<tr><td colspan="2">有无历史问题</td><td colspan="10"></td></tr>
</table>

<table>
<tr><td rowspan="10">全家人口主要简历</td><td>与户主关系</td><td>姓名</td><td>性别</td><td>年龄</td><td>政治面目</td><td>家庭出身</td><td>文化程度</td><td>有无历史问题</td><td></td><td></td></tr>
<tr><td>长子</td><td>王继根</td><td></td><td>17</td><td></td><td></td><td>初中</td><td></td><td></td><td></td></tr>
<tr><td>长女</td><td>王巧君</td><td></td><td>14</td><td></td><td></td><td>初小</td><td></td><td></td><td></td></tr>
<tr><td>次子</td><td>王继川</td><td></td><td>11</td><td></td><td></td><td>初小</td><td></td><td></td><td></td></tr>
<tr><td>次女</td><td>王巧媛</td><td></td><td>9</td><td></td><td></td><td></td><td></td><td></td><td></td></tr>
<tr><td>三女</td><td>王巧合</td><td></td><td>6</td><td></td><td></td><td></td><td></td><td></td><td></td></tr>
<tr><td>三子</td><td>王继虎</td><td></td><td>2</td><td></td><td></td><td></td><td></td><td></td><td></td></tr>
<tr><td>四子</td><td>王继豹</td><td></td><td>1</td><td></td><td></td><td></td><td></td><td></td><td></td></tr>
<tr><td></td><td></td><td></td><td></td><td></td><td></td><td></td><td></td><td></td><td></td></tr>
<tr><td></td><td></td><td></td><td></td><td></td><td></td><td></td><td></td><td></td><td></td></tr>
</table>

门庄四队社员花名册

<table>
<tr><td>户主姓名</td><td>王丙瑞</td><td>性别</td><td>男</td><td>年龄</td><td>50</td><td>政治面目</td><td></td><td>文化程度</td><td>初小</td><td>本人成分</td><td></td></tr>
<tr><td>家庭出身</td><td>中农</td><td colspan="2">全家人口</td><td>5</td><td colspan="2">政治表现</td><td colspan="5"></td></tr>
<tr><td colspan="2">有无历史问题</td><td colspan="10"></td></tr>
</table>

<table>
<tr><td rowspan="10">全家人口主要简历</td><td>与户主关系</td><td>姓名</td><td>性别</td><td>年龄</td><td>政治面目</td><td>家庭出身</td><td>文化程度</td><td>有无历史问题</td><td></td><td></td></tr>
<tr><td>妻</td><td>娄二存</td><td>女</td><td>53</td><td></td><td></td><td>文盲</td><td></td><td></td><td></td></tr>
<tr><td>长子</td><td>王振安</td><td>男</td><td>21</td><td></td><td></td><td>初中</td><td></td><td></td><td></td></tr>
<tr><td>次子</td><td>王振民</td><td>男</td><td>14</td><td></td><td></td><td>初小</td><td></td><td></td><td></td></tr>
<tr><td>三子</td><td>王振辉</td><td>男</td><td>7</td><td></td><td></td><td></td><td></td><td></td><td></td></tr>
<tr><td></td><td></td><td></td><td></td><td></td><td></td><td></td><td></td><td></td><td></td></tr>
<tr><td></td><td></td><td></td><td></td><td></td><td></td><td></td><td></td><td></td><td></td></tr>
<tr><td></td><td></td><td></td><td></td><td></td><td></td><td></td><td></td><td></td><td></td></tr>
<tr><td></td><td></td><td></td><td></td><td></td><td></td><td></td><td></td><td></td><td></td></tr>
<tr><td></td><td></td><td></td><td></td><td></td><td></td><td></td><td></td><td></td><td></td></tr>
</table>

门庄四队社员花名册

户主姓名	王彦朝	性别	男	年龄	51	政治面目		文化程度	初小	本人成分	
家庭出身	贫农	全家人口		6		政治表现					
有无历史问题											

全家人口主要简历	与户主关系	姓名	性别	年龄	政治面目	家庭出身	文化程度	有无历史问题		
	妻	薛贵所	女	35			文盲			
	子	王振庄	男	13						
	长女	王棉音	女	10						
	次女	王瑞房	女	5						
	三女	王瑞乔	女	2						

门庄四队社员花名册

户主姓名	王文雪	性别	男	年龄	59	政治面目		文化程度	文盲	本人成分	中农
家庭出身	下中农	全家人口		2		政治表现					
有无历史问题		小商贩									

全家人口主要简历	与户主关系	姓名	性别	年龄	政治面目	家庭出身	文化程度	有无历史问题		
	妻	谢巧稳	女	52			文盲			

门庄四队社员花名册

户主姓名	耿印宏	性别	女	年龄	58	政治面目		文化程度	文盲	本人成分	
家庭出身	贫农	全家人口		1		政治表现					
有无历史问题											

门庄四队社员花名册

<table>
<tr><td>户主姓名</td><td>宋福全</td><td>性别</td><td>男</td><td>年龄</td><td>69</td><td>政治面目</td><td></td><td>文化程度</td><td>文盲</td><td>本人成分</td><td></td></tr>
<tr><td>家庭出身</td><td>贫农</td><td colspan="2">全家人口</td><td colspan="2">2</td><td colspan="2">政治表现</td><td colspan="4"></td></tr>
<tr><td colspan="2">有无历史问题</td><td colspan="10"></td></tr>
</table>

<table>
<tr><td rowspan="10">全家人口主要简历</td><td>与户主关系</td><td>姓名</td><td>性别</td><td>年龄</td><td>政治面目</td><td>家庭出身</td><td>文化程度</td><td>有无历史问题</td><td></td><td></td></tr>
<tr><td>妻</td><td>韩巧</td><td>女</td><td>67</td><td></td><td></td><td>文盲</td><td></td><td></td><td></td></tr>
<tr><td></td><td></td><td></td><td></td><td></td><td></td><td></td><td></td><td></td><td></td></tr>
<tr><td></td><td></td><td></td><td></td><td></td><td></td><td></td><td></td><td></td><td></td></tr>
<tr><td></td><td></td><td></td><td></td><td></td><td></td><td></td><td></td><td></td><td></td></tr>
<tr><td></td><td></td><td></td><td></td><td></td><td></td><td></td><td></td><td></td><td></td></tr>
<tr><td></td><td></td><td></td><td></td><td></td><td></td><td></td><td></td><td></td><td></td></tr>
<tr><td></td><td></td><td></td><td></td><td></td><td></td><td></td><td></td><td></td><td></td></tr>
<tr><td></td><td></td><td></td><td></td><td></td><td></td><td></td><td></td><td></td><td></td></tr>
<tr><td></td><td></td><td></td><td></td><td></td><td></td><td></td><td></td><td></td><td></td></tr>
</table>

门庄四队社员花名册

户主姓名	王中朋	性别	女	年龄	40	政治面目		文化程度	文盲	本人成分	地主
家庭出身	地主	全家人口		2		政治表现					
有无历史问题											

全家人口主要简历	与户主关系	姓名	性别	年龄	政治面目	家庭出身	文化程度	有无历史问题		
	女	苏秀妍	女	18			高小			

门庄四队社员花名册

户主姓名	位彩君	性别	女	年龄	47	政治面目		文化程度	文盲	本人成分	
家庭出身	下中农	全家人口		2		政治表现					
有无历史问题											

全家人口主要简历	与户主关系	姓名	性别	年龄	政治面目	家庭出身	文化程度	有无历史问题		
	子妻	李彦芝	女	22			高小			

门庄四队社员花名册

户主姓名	杨玉凯	性别	男	年龄	58	政治面目		文化程度	初小	本人成分	
家庭出身	上中农	全家人口	7	政治表现							
有无历史问题											

全家人口主要简历

与户主关系	姓名	性别	年龄	政治面目	家庭出身	文化程度	有无历史问题		
妻	刘翠义	女	54			文盲			
子	杨付根	男	28			文盲			
子妻	韩大次	女	26			文盲			
长孙	杨保林	男	2						
次孙	杨保中	男	1						
三女	杨香均	女	20			初小			

门庄四队社员花名册

<table>
<tr><td>户主姓名</td><td>钮振书</td><td>性别</td><td>女</td><td>年龄</td><td>45</td><td>政治面目</td><td></td><td>文化程度</td><td>文盲</td><td>本人成分</td><td></td></tr>
<tr><td>家庭出身</td><td>上中农</td><td colspan="2">全家人口</td><td colspan="2">2</td><td colspan="2">政治表现</td><td colspan="4"></td></tr>
<tr><td colspan="2">有无历史问题</td><td colspan="10"></td></tr>
<tr><td rowspan="10">全家人口主要简历</td><td>与户主关系</td><td>姓名</td><td>性别</td><td>年龄</td><td>政治面目</td><td>家庭出身</td><td>文化程度</td><td>有无历史问题</td><td></td><td></td></tr>
<tr><td>次女</td><td>王淑肖</td><td>女</td><td>18</td><td></td><td></td><td>高小</td><td></td><td></td><td></td></tr>
<tr><td></td><td></td><td></td><td></td><td></td><td></td><td></td><td></td><td></td><td></td></tr>
<tr><td></td><td></td><td></td><td></td><td></td><td></td><td></td><td></td><td></td><td></td></tr>
<tr><td></td><td></td><td></td><td></td><td></td><td></td><td></td><td></td><td></td><td></td></tr>
<tr><td></td><td></td><td></td><td></td><td></td><td></td><td></td><td></td><td></td><td></td></tr>
<tr><td></td><td></td><td></td><td></td><td></td><td></td><td></td><td></td><td></td><td></td></tr>
<tr><td></td><td></td><td></td><td></td><td></td><td></td><td></td><td></td><td></td><td></td></tr>
<tr><td></td><td></td><td></td><td></td><td></td><td></td><td></td><td></td><td></td><td></td></tr>
<tr><td></td><td></td><td></td><td></td><td></td><td></td><td></td><td></td><td></td><td></td></tr>
</table>

门庄四队社员花名册

户主姓名	杨付生	性别	男	年龄	33	政治面目		文化程度	初小	本人成分	
家庭出身	上中农	全家人口		7		政治表现					
有无历史问题											

全家人口主要简历	与户主关系	姓名	性别	年龄	政治面目	家庭出身	文化程度	有无历史问题		
	母	冯中义	女	50			文盲			
	妻	牛二霞	女	37			文盲			
	长子	杨文才	男	13			初小			
	次子	杨文学	男	11			文盲			
	三子	杨文朋	男	9			初小			
	四子	杨文其	男	1						

门庄四队社员花名册

户主姓名	王长清	性别	男	年龄	52	政治面目		文化程度	文盲	本人成分	
家庭出身	下中农	全家人口		4		政治表现					
有无历史问题											

全家人口主要简历	与户主关系	姓名	性别	年龄	政治面目	家庭出身	文化程度	有无历史问题		
	妻	谢书凤	女	39			文盲			
	女	王彦君	女	20			文盲			
	子	王根学	男	1						

门庄四队社员花名册

户主姓名	王长生	性别	男	年龄	56	政治面目		文化程度	文盲	本人成分	
家庭出身	贫农	全家人口				政治表现					
有无历史问题											

门庄四队社员花名册

户主姓名	王丙周	性别	男	年龄	48	政治面目		文化程度	初小	本人成分	
家庭出身	中农	全家人口		5		政治表现					
有无历史问题											

全家人口主要简历	与户主关系	姓名	性别	年龄	政治面目	家庭出身	文化程度	有无历史问题		
	妻	刘书占	女	38			文盲			
	次女	王秀娟	女	11						
	三女	王秀茹	女	7						
	子	王振水	男	3						

门庄四队社员花名册

户主姓名	王忠坤	性别	男	年龄	40	政治面目		文化程度	文盲	本人成分	
家庭出身	贫农	全家人口		3	政治表现						
有无历史问题											

	与户主关系	姓名	性别	年龄	政治面目	家庭出身	文化程度	有无历史问题		
全家人口主要简历	父	王英杯	男	72			初小			
	母	位　花	女	63			文盲			

门庄四队社员花名册

户主姓名	王丙义	性别	男	年龄	41	政治面目		文化程度	初小	本人成分	
家庭出身	中农	全家人口		6		政治表现					
有无历史问题											

全家人口主要简历	与户主关系	姓名	性别	年龄	政治面目	家庭出身	文化程度	有无历史问题		
	妻	李振书	女	29			初小			
	长女	王秋绵	女	15			初小			
	长子	王振祥	男	10			初小			
	次女	王秋英	女	2						
	次子	王振洁	男	1						

门庄四队社员花名册

户主姓名	孙井彦	性别	女	年龄	14	政治面目		文化程度	文盲	本人成分	
家庭出身	中农	全家人口		1		政治表现					
有无历史问题											

门庄四队社员花名册

<table>
<tr><td>户主姓名</td><td>王贵中</td><td>性别</td><td>男</td><td>年龄</td><td>58</td><td>政治面目</td><td></td><td>文化程度</td><td>初小</td><td>本人成分</td><td></td></tr>
<tr><td>家庭出身</td><td>中农</td><td colspan="2">全家人口</td><td colspan="2">7</td><td>政治表现</td><td colspan="5"></td></tr>
<tr><td colspan="2">有无历史问题</td><td colspan="10"></td></tr>
</table>

<table>
<tr><td rowspan="10">全家人口主要简历</td><td>与户主关系</td><td>姓名</td><td>性别</td><td>年龄</td><td>政治面目</td><td>家庭出身</td><td>文化程度</td><td>有无历史问题</td><td></td><td></td></tr>
<tr><td>妻</td><td>刘二果</td><td>女</td><td>62</td><td></td><td></td><td>文盲</td><td></td><td></td><td></td></tr>
<tr><td>三子</td><td>王丙俊</td><td>男</td><td>23</td><td></td><td></td><td>初中</td><td></td><td></td><td></td></tr>
<tr><td>四子</td><td>王丙林</td><td>男</td><td>21</td><td></td><td></td><td>初中</td><td></td><td></td><td></td></tr>
<tr><td>四子妻</td><td>王冬月</td><td>女</td><td>21</td><td></td><td></td><td>初中</td><td></td><td></td><td></td></tr>
<tr><td>五子</td><td>王丙申</td><td>男</td><td>19</td><td></td><td></td><td>初中</td><td></td><td></td><td></td></tr>
<tr><td>三女</td><td>王春景</td><td>女</td><td>17</td><td></td><td></td><td>高小</td><td></td><td></td><td></td></tr>
<tr><td></td><td></td><td></td><td></td><td></td><td></td><td></td><td></td><td></td><td></td></tr>
<tr><td></td><td></td><td></td><td></td><td></td><td></td><td></td><td></td><td></td><td></td></tr>
<tr><td></td><td></td><td></td><td></td><td></td><td></td><td></td><td></td><td></td><td></td></tr>
</table>

门庄四队社员花名册

<table>
<tr><td>户主姓名</td><td>杨玉会</td><td>性别</td><td>男</td><td>年龄</td><td>56</td><td>政治面目</td><td></td><td>文化程度</td><td>文盲</td><td>本人成分</td><td>上中农</td></tr>
<tr><td>家庭出身</td><td>上中农</td><td colspan="2">全家人口</td><td colspan="2">5</td><td colspan="2">政治表现</td><td colspan="4"></td></tr>
<tr><td colspan="2">有无历史问题</td><td colspan="10"></td></tr>
<tr><td rowspan="10">全家人口主要简历</td><td>与户主关系</td><td>姓名</td><td>性别</td><td>年龄</td><td>政治面目</td><td>家庭出身</td><td>文化程度</td><td>有无历史问题</td><td></td><td colspan="2"></td></tr>
<tr><td>妻</td><td>李 恋</td><td>女</td><td>46</td><td></td><td></td><td></td><td></td><td></td><td colspan="2"></td></tr>
<tr><td>长子</td><td>杨福存</td><td>男</td><td>19</td><td></td><td></td><td></td><td></td><td></td><td colspan="2"></td></tr>
<tr><td>次子</td><td>杨福全</td><td>男</td><td>10</td><td></td><td></td><td></td><td></td><td></td><td colspan="2"></td></tr>
<tr><td>三女</td><td>杨香火</td><td>女</td><td>7</td><td></td><td></td><td></td><td></td><td></td><td colspan="2"></td></tr>
<tr><td></td><td></td><td></td><td></td><td></td><td></td><td></td><td></td><td></td><td colspan="2"></td></tr>
<tr><td></td><td></td><td></td><td></td><td></td><td></td><td></td><td></td><td></td><td colspan="2"></td></tr>
<tr><td></td><td></td><td></td><td></td><td></td><td></td><td></td><td></td><td></td><td colspan="2"></td></tr>
<tr><td></td><td></td><td></td><td></td><td></td><td></td><td></td><td></td><td></td><td colspan="2"></td></tr>
<tr><td></td><td></td><td></td><td></td><td></td><td></td><td></td><td></td><td></td><td colspan="2"></td></tr>
</table>

门庄四队社员花名册

户主姓名	王中禹	性别	男	年龄	51	政治面目		文化程度	初小	本人成分	上中农
家庭出身	上中农	全家人口	3	政治表现							
有无历史问题											

全家人口主要简历	与户主关系	姓名	性别	年龄	政治面目	家庭出身	文化程度	有无历史问题		
	子	王敬业	男	25			高小			
	女	王敬柳	女	20			初中			

门庄四队社员花名册

户主姓名	王丙洞	性别	男	年龄	29	政治面目		文化程度	高小	本人成分	
家庭出身	中农	全家人口	3	政治表现							
有无历史问题											

全家人口主要简历	与户主关系	姓名	性别	年龄	政治面目	家庭出身	文化程度	有无历史问题		
	妻	张春省	女	28			高小			
	子	王振球	男	1						

四队　干部的排队解放情况

好　的	比较好的	问题多的	第一批解放	第二批解放	第三批解放
王中贵	吕中伏	王贵中	王中贵	吕中伏	
吕怀刚	王敬叶		吕怀刚	王敬叶	
				王贵中	

吕怀刚调到三队任正队长以后,其余四名干部均在四队任干部,属下台干部。

门庄四队　原来干部架子

姓　名	性别	年龄	家庭出身	本人成分	政治面目	文化程度	原在本队职务	备　　考
吕怀刚	男	54	贫农	农民	党员	文盲	四队指导员	四清运动中表现积极
王中贵	男	29	贫农	农民	群众	高小	四队副队长	四清运动中积极工作、热情

续 表

姓 名	性别	年龄	家庭出身	本人成分	政治面目	文化程度	原在本队职务	备 考
吕中伏	男	53	下中	商人	群众	高小	四队会计	四清运动中比较积极老实
王贵中	男	58	下中	农民	群众	初小	四队正队长	四清运动中比较积极老实
王敬叶	男	25	上中	学生	团员	初中	四队保管	四清运动中比较积极

四队 原本小队贫协代表

姓 名	性别	年龄	本人成分	政治面目	家庭出身	职 务
宋福泉	男	69	农民	群众	贫农	贫协代表
王彦均	女	20	学生	团员	贫农	贫协代表

以往主张表现一般(二人均是)

四队 门庄第一批会员登记表

姓 名	性别	年龄	家庭出身	个人成分	政治面目	文化程度	运动中的表现
宋福泉	男	69	贫农	农民	群众	文盲	四清运动中始终表现积极、热情负责
李彦花	女	23	贫农	学生	团员	高小	四清运动中积极
王长久	男	18	贫农	学生	团员	高小	四清运动中积极
王彦均	女	20	贫农	学生	团员	初小	四清运动中积极
王长生	男	56	贫农	农民	群众	文盲	四清运动中一般
谢淑凤	女	41	贫农	农民	群众	文盲	四清运动中一般
张明妹	女	71	贫农	农民	群众	文盲	四清运动中一般
位 花	女	66	贫农	农民	群众	文盲	四清运动中一般
耿印红	女	58	贫农	农民	群众	文盲	四清运动中一般
王中贵	男	29	贫农	学生	群众	高小	四清运动中积极热情、工作负责

共计 10 人

四队　门庄第二批会员登记表

姓　名	性别	年龄	家庭出身	个人成分	政治面目	文化程度	运动中的表现
位彩均	女	49	贫农	农民	群众	文盲	运动中表现一般
崭贵昕	女	37	贫农	农民	群众	文盲	运动中表现一般

共计 2 人

四队　门庄第三批会员登记表　65. 7. 13

队别	姓　名	性别	年龄	家庭出身	个人成分	政治面目	文化程度	职　务		运动中的表现
								行政	组织	
4	王成甫	男	51	下中	农民	群众	初小			运动中表现比较积极
4	王继根	男	18	下中	学生	群众	初中			运动中表现一般
4	王巧均	女	16	下中	学生	群众	文盲			运动中表现一般
4	王丙瑞	男	50	下中	农民	群众	初小			运动中表现一般
4	娄二存	女	53	下中	农民	群众	文盲			运动中表现一般
4	王振民	男	65	下中	农民	群众	文盲			运动中表现一般
4	王文雪	男	59	下中	农民	群众	文盲			运动中表现一般 伪军
4	谢巧文	女	52	下中	农民	群众	文盲			运动中表现一般
4	王丙州	男	48	下中	农民	群众	初小			运动中表现一般 打死猪牛
4	刘杰台	女	38	下中	农民	群众	文盲			运动中表现一般
4	王中坤	男	40	贫农	农民	群众	文盲			运动中表现一般 皇协军案件未破掉
4	王丙义	男	41	下中	农民	群众	初小			运动中表现一般
4	李振玉	女	29	下中	农民	群众	初小			运动中表现一般

四队　门庄第三批会员登记表　65. 7. 13

队别	姓　名	性别	年龄	家庭出身	个人成分	政治面目	文化程度	职　务		运动中的表现
								行政	组织	
4	王秋绵	女	16	下中	学生	群众	文盲			运动中表现一般
4	孙井彦	女	15	贫农	农民	群众	文盲			运动中表现一般
4	王贵中	男	58	下中	农民	群众	初小			运动中表现一般
4	刘二果	女	62	下中	农民	群众	文盲			运动中表现一般
4	王冬月	女	22	下中	学生	群众	初中			运动中表现一般
4	王春井	女	18	下中	学生	群众	高小			运动中表现一般
4	王丙林	男	29	下中	学生	群众	高小			运动中表现一般
4	张春省	女	28	下中	学生	群众	高小			劳动不积极，开会不参加

共计 21 人

二、门庄第四队贫下中农入会申请书

申　请　书

申请人王忠坤，男，年龄41岁，贫农出身，在家为农，经过四清运动，提高了思想，认清了组织的精神，在这次收会员时，我请原加入组织入会，条件如下：

(1) 分清阶级站稳立场坚决和坏人坏事斗争。

(2) 个人要在劳动中积极生为农业丰收而奋斗。

(3) 并要帮助干部工作把生产搞好。

(4) 为提高思想多学主席著作。

王忠坤
1965.7.26号

申　请　书

第四小队贫农委员会小组，服从党的领导，服从贫民协会组织的领导，团结中农和其他中农，监督坏人坏事，坚决和坏人坏事作斗争，决心把生产领导好，以身作则起骨干作用。

王延均
1965.3.13号

申　请　书

第四队贫民委员会小组，服从党的领导，服从贫民协会组织的领导，团结中农和其他中农，坚[监]督坏人坏事，坚决和坏人坏事作斗争，决心把生产搞好，以身作则起骨干作用。

吕怀刚
1965.3.13号

申　请　书

第四队贫民委员会小组，服从党的领导，服从贫民协会组织的领导，团结中农和其他中农，监督坏人坏事，坚决和坏人坏事作斗争，决心把生产领导好，以身作则起骨干作用。

宋福全
1956.3.13号

申　请　书

我愿意加入我们贫下中农的组织贫协会，保证做到协会的意[义]务、权利，听党和毛主席的话，当个好会员。

申请人：孙景彦
1965.7.28号

入会申请书

通过农村社会主义教育，提高了阶级认识，使农村的广大贫下中农团结起来，成立贫下中农委员会，今申请参加我们贫下中农的组织协会，经各次的学习明确了协会组织的意义、条件、义务和权利，听党的话时刻学习主席著作按党的指事办，化[划]清阶级接[界]限，认清敌我，站稳立场，在各项运动中起骨干作用，争取做好的会员。

申请人：王秉栋
1965.7.28

申　请　书

通过社会主义教育提高了阶级觉悟，原[愿]意加入贫协会，明确了协会的权利、意义和义务，听党的话，在各项运动中和工作上起代[带]头作用，争取做个好会员。

申请人：王冬月

申　请　书

王炳周，男，49岁，家庭出身下中农，本人出身农民，自愿参加贫协会组织，为了搞好集体生产，国家增加收入，各人提高生活，一切服从组织领导。

申请人：王炳周

申　请　书

刘淑台,女,40岁,家庭出身下中农,本人出身农民,自原[愿]参加贫协组织,为了搞好集体生产,国家增加收入,各人提高生活水平,一切服从组织领导。

申请人:刘淑台

申　请　书

娄二存,年55岁,经四清学习,愿意加入贫协会的会员。

65.7.25

申　请　书

我坚决申请加入贫协会组织,加入自己的组织,坚决跟党走,按党的指示办事,积极参加各向[项]革命活动,完成党交给的任务。表示决心如下:

1. 听党话跟党走;
2. 积极参加劳动生产,起模范带头作用;
3. 热爱集体、关心集体;
4. 四清运动中,积极参加,热烈发言;
5. 揭发四不清盖子,去掉顾虑;
6. 坚决与坏人坏事作斗争。

最后请组织考验,坚决作到。

第四小队　魏彩均　李彦芝

申　请　书

我坚决申请加入贫协会组织,坚决跟党走,执行党的方针政策,按党的指示办事,积极参加劳动生产,热爱集体,本次运动中要积极参加,协助工作组共同搞好这次革命运动,决心大胆揭发四不清的盖子,向四不清干部、坏人坏事作斗争。

最后请组织考验,说到作到。

第四小队　耿任红

申 请 书

我愿意加入贫协小组，能提高人民的思想觉悟，能使人进步，能为祖国多出一份力量，能提高我们的积极性，我要表表自己的决心，我决不说一句空话，我要把毛主席的话牢牢的记在心上，“老实人敢讲真话的人归根到底，于人民事业有利，于自己也不吃亏，爱讲假话的人一害人民而[二]害自己，总是吃亏，干劲一定要有，假话一定不可讲。”为了社会的飞跃前进，我是青年一代，我要发扬自己爱社如爱家的好传通[统]，起着臣大服从党的正确领导，热爱劳动，积极参加生产，站稳无产阶级立场，分清敌我路线，不怕牺牲，坚决跟着党走，永[勇]往直前，为了建设伟大光荣的新中国贡献力量，保证丰收，做好社会主义接班人，实现共产主义。敌人这野心狼狂想侵犯，我们这和平自由的社会主义国家，它这都是忘[妄]想，全国人民团结起来走光明大路，永远跟着党和毛主席，决不回头，给敌人一个沉重的打击，混敌起的战争总会得不到好结果，一定会被中国人民打的落花流水。现在我们要搞好生产，做好一切准备，我要做好民兵工作，劳任配合，祖国召唤我们妇女的时候，我就挺身而出，坚决跟它打个你死我活，我要做好革命时代的尖兵。

王春景

敬礼：请全体领导和会员批准

1965. 7. 27

申 请 书

申请人王忠贵，男，年龄29岁，贫农成分。在近几年中，在阶级斗争、在政治思想、在工作、在生产上，都没有发徽[挥]出我的阶级斗争作用，更没有感觉到我们的阶级是在农村中是光荣的，是党最可靠的有利助手。

但是，在这次社教工作中，使我才觉悟过来，深深的认清了现在国家的大好行[形]势，确实农村中还存再[在]有我们的阶级敌人和一些坏分子罪恶活动，那么我们更要时时刻刻加以注意，严防敌坏活动行伪[为]。

在学习了贫协组织条例后，使我感到这贫协会是在农村最尖锐最光荣的组织，我情原[愿]申请加入协会，作为一个会员，原[愿]把个人的一生之力贡献给国家，在农村中要起到代[带]头作用，把集体经济搞好，听党的一且[切]政策,要和阶级敌人作无情的斗争,并要帮助会外人员积极生产,教育他们热爱集体事业,要把祖国建设成为一个现代机械、现代政治、现代思想、现代文化、现代科学的新的国家,使国家面貌全新的各方面大发展而奋斗。

公元一九六五年三月十三号

申 请 书

申请人吕中秋,53岁,成分下中农,性别男,我经这次四清运动,使我在思想上提高,觉悟,我愿和贫下中农站在一起,参加农下中协会,提高一切党给我们任务:

1. 按照党的政策办事,一心一意为人民服务;
2. 分清阶级路线,站稳立场,坚决和坏人坏事作斗争;
3. 在各种劳动中积极参加集体工作搞好生产;
4. 坚决听党的话,走社会主义道路;
5. 服从领导,遵守贫协一切制度和规章。

申请人:吕中秋
1965.7.27

申 请 书

现在我们村正在搞四清,我要在这次运动中起到一定的作用,大揭四不清的盖子,起带头保证搞好这次运动,还要团结中农,大节四不清的盖子,我这是头一次申请入会,如果上级批准我入会,以后我还要保证做一个模范会员,保证做到会里的一切行动,遵守纪律,听从指导,要帮助没有入会的人员做好工作。

长久
1965年3月13号

申 请 书

现在我们村里正在搞四清,这次运动是很好的,我早就希望你们来到,我要在这次运动中起到一定的作用,大节[揭]四不清的盖子,积极提一些意见,现在我要申请入会，如果批准我能入会，那就好了，入会以后要做一个模范会员，作好会员的一些工作，遵守纪律，听领导的话。

张明妹
1965年3月13号

入贫协申请书

敬爱的贫协组织负责同志们：

在党和毛主席的英明领导下，在这次伟大的四清革命运动中的学习和教育下，提高了我的政治思想觉悟，前些日子我听说成立了贫协会，贫下中农有了组织，我特别高兴，我看到那些加入了贫协会的同志们，我特别羡幕[慕]人家，以前我不能加入这个光荣的组织，现在我们成了下中农，我特别兴奋，在这次吸收贫协员时，我这次迫切要求自愿加入这个光荣组织和那些光荣组员们站在一起，共同携起手来建设社会主义，见申请后，希组织负责同志们多加以批评与指导。

申请人：李振淑
1965.7.28号

为申请入贫协组织

通过伟大的四清革命运动，使我在思想上大有提高，认清了今后社会主义的幸福生活，想我青年一辈是今后建设社会主义社会的接班人，在保证搞好生产的基础上和为国家建设为广大人民服务的红色接班人，故申请加入贫下中农协会，当好人民的勤务员。

申请人：王秋绵
1965.7.25号

入贫协会申请书

我志[自]愿加入贫协会，是为了更好的建设社会主义，早日达到人类最理想的社会——共产主义，为了多为广大贫下中农做一些事情，为了防备一切敌人的种种破坏，为了搞好我们的农业生产，使农业生产产量步步提高，实现国家的粮食过关的努力方向，坚决的在农业战线上献出自己一身的力量，坚决的站稳无产阶级立场，立场分明，坚决跟党走，按党的政策办事，听毛主席的指示办事,以毛泽东思想武装自己的头脑,做到活到老学到老,坚决打破旧框框,和一切坏人坏事作坚决的彻底的斗争,保卫我的国家和国家的安全,保卫我们胜利的果实,防止我们贫下中农阶级队伍里出现修正主义和发生,贫协会当然是为了贫下中农办事的组织了,是贫下中农说话的场面,是教育和指导广大贫下中农,立稳立场,分清敌我,坚决走社会主义光明大道的组织,所以我代表我一家所够条件的志愿加入贫协会。

申请人:王成普

1965.7.12

门庄大队四队组织新选干部登记表

姓名	性别	年龄	家庭出身	个人成分	文化程度	政治面目			原任职务		新选职务		兼任什么职务	运动中的表现
						党	团	群	党内	行政	党内	行政		
王忠贵	男	29	贫农	农民	初小			群		副队长		正队长	大队管委会委员	积极
王贵中	男	56	下中	农民	初小			群		正队长		副队长		较积极
吕中秋	男	53	下中	商人	高小			群		会计		会计		较积极
王长久	男	18	贫农	学生	高小		团					工作员	民兵正排长	积极
李彦蕊	女	23	贫农	学生	初小		团					妇女主任	本小队妇女队长	积极
王敬叶	男	25	上中	学生	初中		团			保管		保管		一般
杨付存	男	20	中	学生	初小			群				副民兵排长		积极
杨付根	男	28	中	农民	文盲			群				小队委员		一般
王成甫	男	54	下中	农民	初小			群				小队委员		较积极
宋福泉	男	69	贫农	农民	文盲			群			贫协组长		大队贫协主席(副)	积极
王彦均	女	20	贫农	农民	文盲		团				贫协副组长		团组织委员	积极

注：各队干部都应填写，队委、贫协代表、正副排长都应填写。

三、门庄四队管委会候选名单票

门庄大队第四生产队全体社员选举干部大会

地点：四队办公室

时间：一九六五年七月二十一号

参加人数：45 人，应到 47 人，缺席 2 人

签票员：宋福泉　王敬肖

候选人员票数：

王中贵　45 票　　王长久　45 票　　王成普　45 票

杨付存　45 票　　王贵中　44 票　　杨付根　44 票

吕中秋　45 票　　王敬业　43 票　　李彦蕊　23 票

门庄大队第四生产队管委会候选人名单　1965. 7. 20

符　号	姓　名	性　别	拟任职务	是否管理委员	才拟任姓名	计划安排职务	是否管委
○	王中贵	男	生产队长	管委			
○	王贵中	男	生产副队长	管委			
○	王长久	男	政治工作员	管委			
○	李延蕊	女	妇女队长	管委			
○	吕中秋	男	会计	管委			
○	王敬业	男	保管				
○	杨付根	男		管委			
○	王成普	男		管委			
○	杨付存	男	民兵副排长				

注意：同意者可在符号栏内画“○”；不同意者画“╳”；另在后栏填写同意人姓名。

(此票共计 22 票。——编者注)

门庄大队第四生产队管委会候选人名单 1965. 7. 20

符 号	姓 名	性 别	拟任职务	是否管理委员	才拟任姓名	计划安排职务	是否管委
○	王中贵	男	生产队长	管委			
○	王贵中	男	生产副队长	管委			
○	王长久	男	政治工作员	管委			
×	李延蕊	女	妇女队长	管委	王延均		
○	吕中秋	男	会计	管委			
○	王敬业	男	保管				
○	杨付根	男		管委			
○	王成普	男		管委			
○	杨付存	男	民兵副排长				

注意：同意者可在符号栏内画"○"；不同意者画"×"；另在后栏填写同意人姓名。
（此票共计19票。——编者注）

门庄大队第四生产队管委会候选人名单 1965. 7. 20

符 号	姓 名	性 别	拟任职务	是否管理委员	才拟任姓名	计划安排职务	是否管委
○	王中贵	男	生产队长	管委			
○	王贵中	男	生产副队长	管委			
○	王长久	男	政治工作员	管委			
	李延蕊	女	妇女队长	管委	王彦均	妇女队长	
○	吕中秋	男	会计	管委			
×	王敬业	男	保管		王成普	保管	
○	杨付根	男		管委			
○	王成普	男		管委			
○	杨付存	男	民兵副排长				

注意：同意者可在符号栏内画"○"；不同意者画"×"；另在后栏填写同意人姓名。

门庄大队第四生产队管委会候选人名单　1965. 7. 20

符　号	姓　名	性　别	拟任职务	是否管理委员	才拟任姓名	计划安排职务	是否管委
○	王中贵	男	生产队长	管委			
○	王贵中	男	生产副队长	管委			
○	王长久	男	政治工作员	管委			
╳	李延蕊	女	妇女队长	管委	王彦均		
○	吕中秋	男	会计	管委			
○	王敬业	男	保管				
╳	杨付根	男		管委	王丙洞		
○	王成普	男		管委			
○	杨付存	男	民兵副排长				

注意：同意者可在符号栏内画“○”；不同意者画“╳”；另在后栏填写同意人姓名。

门庄大队第四生产队管委会候选人名单　1965. 7. 20

符　号	姓　名	性　别	拟任职务	是否管理委员	才拟任姓名	计划安排职务	是否管委
○	王中贵	男	生产队长	管委			
○	王贵中	男	生产副队长	管委			
○	王长久	男	政治工作员	管委			
╳	李延蕊	女	妇女队长	管委	王彦均	妇女队长	管委
○	吕中秋	男	会计	管委			
╳	王敬业	男	保管				
○	杨付根	男		管委			
○	王成普	男		管委			
○	杨付存	男	民兵副排长				

注意：同意者可在符号栏内画“○”；不同意者画“╳”；另在后栏填写同意人姓名。

四队团员登记表

姓　名	性别	年龄	本人成分	家庭出身	政治面目	文化程度	现任职务	备　考
王彦均	女	20	学生	贫农	团员	初小	团组织委员	兼贫协小组长
王长久	男	18	学生	贫农	团员	高小	政治工作员	兼民兵排长
李彦蕊	女	23	学生	贫农	团员	初小	妇女队长	兼大队副妇女主任
王计根	男	20	学生	下中	团员	初中	团支委员	
王敬叶	男	25	学生	上中	团员	初中	小队保管	

门庄第四队建党、建团对象表

姓　名	性别	年龄	本人成分	家庭出身	政治面目	文化程度	四清运动中表现	建党对象	建团对象
王中贵	男	29	农民	贫农	群众	高小	积极热情负责	/	
李彦蕊	女	23	学生	贫农	群众	初小	积极热情负责		/
王彦均	女	20	学生	贫农	群众	初小	积极热情负责		/
王计根	男	20	学生	下中	群众	初中	积极热情负责		/
王丙林	男	23	学生	下中	群众	初中	积极热情负责		/
王长久	男	18	学生	贫农	群众	高小	积极热情负责		/

门庄第四生产队

第一批加入共产主义青年团的：王彦均

第二批加入共产主义青年团的：王长久、王继根、李彦蕊

第一批加入社会主义青年小组名单：

姓　名	性　别	年　龄	家庭出身	本人成分	政治面目	备　考
王长久	男	18	贫	学生	团员	
王彦均	女	20	贫	学生	团员	
李彦蕊	女	23	贫	学生	团员	
王春井	女	20	下中	学生	群众	
王丙林	男	23	下中	学生	群众	
王敬肖	女	19	上中	学生	群众	
王敬柳	女	21	上中	学生	群众	

续 表

姓 名	性 别	年 龄	家庭出身	本人成分	政治面目	备 考
杨秀均	女	21	中	学生	群众	
杨付存	男	20	中	学生	群众	
王秋绵	女	16	下中	学生	群众	
王巧均	女	16	下中	学生	群众	
王敬业	男	25	上中	学生	团员	

第二批参加社会主义青年小组名单：王久合、王长石、苏秀岩

四队青年简历登记表

姓 名	性别	年龄	本人成分	家庭出身	文化程度	政治面目	政治表现			历史问题
							积极	一般	落后	
李彦蕊	女	22	农	下中农	初小	团员				基兵
杨继根	男	28	农	上中农	文盲	群众				普兵
韩大次	女	26	农	上中农	文盲	群众				普兵
杨秀均	女	20	农	上中农	初小	群众				基兵
王敬肖	女	18	农	上中农	高小	群众				基兵
杨付生	男	33	农	上中农	初小	群众				普兵
王彦君	女	20	农	下中农	文盲	团员				基兵
李振书	女	29	农	中农	初小	群众				普兵
王秋绵	女	15	农	中农	初小	群众				基兵
孙井彦	女	14	农	中农	文盲	群众				
王丙俊	男	23	农	中农	初中	群众				
王丙林	男	21	农	中农	初中	群众				基兵
王冬月	女	21	农	中农	初中	群众				基兵
王丙申	男	19	农	中农	初中	群众				(服兵役)
王春景	女	17	农	中农	高小	群众				基兵
杨福存	男	19	农	上中农	文盲	群众				基兵(外工)
王敬叶	男	25	农	上中农	高小	团员				基兵
王敬柳	女	20	农	上中农	初中	群众				基兵

续 表

姓　名	性别	年龄	本人成分	家庭出身	文化程度	政治面目	政治表现			历史问题
							积极	一般	落后	
王丙洞	男	29	农	中农	高小	群众				普兵
张春肖	女	28	农	中农	高小	群众				普兵
合　计										

四队青年简历登记表

姓　名	性别	年龄	本人成分	家庭出身	文化程度	政治面目	运动中表现	备考
王久和	女	18	学生	地主	高小	群众	一般	基兵
王长石	男	15	学生	地主	高小	群众	一般	基兵
王长久	男	18	学生	贫农	高小	团员	积极	基兵
王中贵	男	29	学生	贫农	高小	群众	积极	普兵
王计根	男	20	学生	下中	初中	团员	积极	基兵
王巧均	女	16	学生	下中	初小	群众	一般	基兵
苏彦岩	男	19	学生	地主	高小	群众	一般	基兵

四队妇女简历登记表

姓　名	性别	年龄	本人成分	家庭出身	政治面目	政治表现	历史问题
解二群	女	50	农民	地主	群众		
王久合	女	18	农民	地主	群众		
王巧君	女	14	农民	下中	群众		
崭贵昕	女	35	农民	贫农	群众		
谢巧文	女	52	农民	下中	群众		
耿印红	女	58	农民	贫农	群众		

四队妇女简历登记表

姓　名	性别	年龄	本人成分	家庭出身	政治面目	文化程度	政治表现			历史问题
							积极	一般	落后	
苏秀妍	女	18	农	地主	群众	高小				
位彩君	女	47	农	下中农	群众	文盲				

续 表

姓　名	性别	年龄	本人成分	家庭出身	政治面目	文化程度	政治表现			历史问题
							积极	一般	落后	
李彦蕊	女	22	农	下中农	团员	高小				
刘翠义	女	54	农	上中农	群众	文盲				
韩大次	女	26	农	上中农	群众	文盲				
杨秀均	女	20	农	上中农	群众	初小				
钮振青	女	45	农	上中农	群众	文盲				
王敬肖	女	18	农	上中农	群众	高小				
冯中义	女	50	农	上中农	群众	文盲				
牛二改	女	31	农	上中农	群众	文盲				
谢淑凤	女	39	农	下中农	群众	文盲				
王彦君	女	20	农	下中农	团员	文盲				
刘书占	女	38	农	中农	群众	文盲				
李振书	女	29	农	中农	群众	初小				
王秋绵	女	15	农	中农	群众	初小				
孙开彦	女	14	农	中农	群众	文盲				
王冬月	女	21	农	中农	群众	初中				
王春景	女	17	农	中农	群众	高小				
李　恋	女	46	农	上中农	群众	文盲				
王敬柳	女	20	农	上中农	群众	初中				
张春省	女	28	农	中农	群众	高小				

贫下中农情况统计表

队别	积极分子队伍(包括青年)													贫下中农会员数												干部排队情况											
	积极分子数	性别		年龄			其中中农左派	其中贫下中农骨干						第一批会员						第二批会员						生产队长				指导员				生产队会计			
		男	女	青	壮	老		根子总数	性别 男	性别 女	年龄 青	年龄 壮	年龄 老	会员数	性别 男	性别 女	年龄 青	年龄 壮	年龄 老	会员数	性别 男	性别 女	年龄 青	年龄 壮	年龄 老	一类	二类	三类	四类	一类	二类	三类	四类	一类	二类	三类	四类
4	9	4	5	5	1	3	2	5	3	2	3	1	1	11	3	8	6	1	4	6	2	4	2		2			1			1				1		
4	9	4	5	5	1	3	2	6	4	2	3	2	1	11	3	8	6	2	3	6	2	4	2		2			1			1				1		

(此表第一行前注明1965.3.20,第二行前注明1965.4.14——编者注)

队别四　经济落实进度表

日期		原落实定案			已提出翻案数			已查证落实水分						备考
月	日	四不清干部数	粮食斤数	款数	四不清干部数	粮食斤数	款数	人数	占定案%	粮食	占定案%	款数	占定案%	
		5	985	59				1	1%	100				

门庄干部三定落实情况统计表(表一)

队别	干部总数	推翻			有三定任务的干部	粮食(斤)	现金(元)	棉花(籽)	布票	油料	工分			其他折款	县案			备考
		笔数	粮食	款数							数量	折粮	折款		笔数	粮食	款数	
4	5				5	1 030	66.5	20	24	20	533	510	186.6	22.6				
4	5				5	925	66.5	20	24	30	533	510	186.6	22.6				
合计																		

(此表第一行前注明 1965.4.18,第二行前注明 1965.4.22。——编者注)

门庄干部退赔情况统计表(表二)

队别	干部总数	有退赔任务的干部	应退数(包括工分)			免数			减数			实退数			已退赔					缓数		应交未交的	
			粮食	现金	其他折款	笔数	粮食	现金	笔数	粮食	现金	粮食	现金	其他折款	粮食	现金	棉花	布票	其他折款	粮食	现金	现金	粮食
4	5	3	1 605	66.5	209.1	4	115	33.5	5	220	55.35	1 490	66.5	175.6	225	76			279	30	84.5	9	
4	5	3	1 505	66.5	224.1	6	250	33.5	5	220	55.35	1 235	66.5	190.6	225				279	30	84.5	9	
	5	3	1 305	66.5	52.5	7	275	81	2	60	110	975	66.5	156.5	285	74		4	210	30	84.5	9	
				270.7																			
合计																							

(此表第一行前注明 1965.4.18,第二行前注明 1965.4.22,第三行前注明 1965.4.24。——编者注)

粮款物查证落实

填表日期	队别	粮食(粮票)(斤)					现金(元)					布(布票)(尺)			多占劳动果实	棉花					油料					其他折款					已退赔				
		贪污盗窃	多吃多占	超支挪用	铺张浪费	投机倒把	贪污盗窃	多吃多占	超支挪用	铺张浪费	投机倒把	贪污盗窃	投机倒把	多占		贪污盗窃	多吃多占	超支挪用	铺张浪费	投机倒把	贪污盗窃	多吃多占	超支挪用	铺张浪费	投机倒把	贪污盗窃	多吃多占	超支挪用	铺张浪费	投机倒把	粮食(斤)	现金(元)	布(尺)	棉花(斤)	其他折款(元)
月日	(1)	(2)	(3)	(4)	(5)	(6)	(7)	(8)	(9)	(10)	(11)	(12)	(13)	(14)	(15)	(16)	(17)	(18)	(19)	(20)	(21)	(22)	(23)	(24)	(25)	(26)	(27)	(28)	(29)	(30)	(31)	(32)	(33)	(34)	(35)
3.20	4	1 102					23					23			500							10					15				60				23.5
3.25	4	1 225					37					27			540							10					20								
3.28	4	1 225					62					27			540							15					20								
4.1	4	1 500					62					27			540							15					20				60	6			
4.4	4	2 412					88					26			563	20						37					20				310	36	4	270	
4.14	4	1 120					87					24			533	20						30					20				310	86	4		319
4.18	4	1 120					88					24			533	20						30					20				225	76	4		319
4.22	4	1 165					66.5					24			533	20						30					22.5				225	120	4		319

四、讨 论 记 录

调查会记录

参加人：宋福泉、王中贵、王贵中、吕中秋、李彦蕊、王长久

地点：四队办公室

时间：1965.7.31 晚

一、地共计　338.5 亩(总耕地面积)

自留地共计　22.7 亩

合计　361.2 亩

闲散地　本队无

二、中型农具

王丙瑞：一个耧

杨玉凯：一个单轮(口字)小土车、一个蹓轴、一个合子、车上装一个

三、树木：枣树

王长久：多

王中坤：3～4 棵

王彦朝：三队场边

杨玉凯、杨玉会：在四队场东边的树

丙州、丙瑞、中雨、敬肖：在四队场

贵中枣树在场的北部，宋福泉 3 棵枣树

四、羊的、牲畜无

五、单干副业除了王成甫手工作业外，其他无。

六、单干私朝(原文如此——编者注)，无这样的户(王文雪过去卖菜，现

在也没那种情况)

讨论记录 1965.7.16

王贵忠:通过四清对工作生产更负责任了,在各项生产上都很认真,操心大,干活也很积极主动,以生产代动生产,由落后队变为先进队,成绩很大,从思想上大大提高了一步,干群团结,在生产上有了新气象,缺点:不大胆的去安排社员,小手小脚,不是大踏步向前走,而是在怕犯错误,所以有点小顾虑。

王中贵:从前是保管,对保管队里东西工具不太负责马虎,现任队长,又通过四清从思想上提高了,认识了从前的缺点,改变了过去的毛病,对工作生产认真了,干劲十足,以身做[作]则,能起到先进作用,在各项工作上都干出了成绩,劳动观点不错。从前当保管浪当,不爱参加劳动,经过四清从思想上来了 90 度大转弯,可能说是干劲十足,起到骨干作用。

吕忠秋:在从前劳动差,不参加劳动,报着账本子,经过四清了,有好转,现对工分,思想很大,认为干活记工,不干活不记工,所以参加劳动,把账就部拾天半月记不上工,忘工现象严重,社员找工时,有时动态度,不是向社员和爱[蔼]的回答,缺点认识不到,希他今后对会计工作做好,主观性大。

王敬业:通过四清思想提高了,工作能干,脾气不好,有时说落后话,在种山药时大发脾气,说些落后话,现他任保管,对保管东西、粮食钱财方面没有差错,在这方面是负责任,缺欠说话时往往使人很难接受。

党员排队:

好的:杨丙海、张普伦

(一般的)比较好的:王庆云、吕怀刚、王延朝、王记谭

不好的:

不够条件的:王文于、张贵玉、张纯

1965.7.16 晚 四队全体社员大会

党员干部鉴定会

王贵中

宋福泉:王贵中

优点:四清运动以来,工作负责,把大家的干劲带动起来,劳动能积极参

加,有事能和大家商量,能为大家操心,思想提高了,四清前不干活,工作不负责任,与[遇]事不能和大家商量,不能很好参加劳动。

缺点:不敢大胆指示群众。

杨福生:贵中思想提高了,能参加劳动。

杨福根:贵中遇(事)与大家商量,劳动好。

王丙周:过去队里的一切是我说了算,主观,不爱劳动,经四清后思想提高了,对队里的计划一切很负责,现在能劳动了,现在四队搞的不坏,是领导干部的负责。

王中贵

王丙周:过去当保管,工作上不够负责,对工具保管不够好,去年后半年任副队长,干活较好,工作较负责,四清以来,能认真负责,肯干苦干,种山药时,自己卖力气是好的,点种玉米挑水、打水,很累,自己很卖劲。

杨福存:以前保管不负责,经粗细线条,干活中起带头作用,劳动干劲大,为社员服务的思想。

吕中秋

王长久:四清前劳动差,不大干活,整天拿着账本算,劳动不了,四清后队里的账搞不很清,整天拿着账本,工分搞不清。

王丙周:任会计,四清以前劳动观点差,会计有一摊,四清后,劳动好多了,工分弄错了,也不完全在于会计,劳动强了,爱急燥[躁],小主观。

宋福泉:记工分的错,也不都在于会计身上,也不能在一方面。

杨福存:经四清运动,劳动好些了,记账比以前强些了,账目方面还差些,思想提高了,工作较前负责了。

王敬业

杨福存:四清运动中,工作较前负责,财物也管理较起来,思想进步了,缺点:种山芋那次,事情是为了个人,脾气急燥[躁]。

王丙周:保管的账目比以前强多了,保管比以前好,负责任。

杨丙海:

好的:忠诚老实,工作负责,按党政策办事

张普伦：嘴快心直，工作负责

比较好的：一般的

王庆云：工作能力强，能搞出一定的成绩来

吕怀刚：执行党政策好

极大芬、王延朝、王计坛：劳动差，好人主义

不够条件的：

王文于：消极、待[怠]工，搞不团结，起不了党的作用。

张贵玉、张　纯

干部鉴定会　1965.7.18

时间：1965.7.18晚

地点：四小队队部院里

参加人：贫协组：李彦蕊、王长久、王彦均

干部组：王贵中、王中贵、王敬业、吕中秋

吕中秋：

王中贵：提工作负责，工分压的多，工作中爱着急，思想觉悟提高了。

王中贵：

能执行党的政策，工作认真负责，批评与自我批评做的好。

王长久：劳动积极，工作热情主动，认真负责，工作中马虎，四清后的生产抓的很紧。

吕中秋：工作马虎，劳动好，热情

王敬叶：

能和社员共同劳动，自己的工作管理不妥[托]当，特别是农具，和干部顶嘴，个人英雄主义。

吕中秋：工作上应负起责任来，作到青年团模范作用。

王中贵：出入库清白，队里农具不管理。

王长久：劳动中和工作中有托[拖]拉思想。

王中贵：

吕中秋：现在劳动上干的不坏，操心稍差。

王长久：不要以(原文如此——编者注)

王中贵：劳动好，思想提高了，能操心，工作负责。

讨论记录 1965.7.15

杨福根：共产党和国民党的区别，共产党是为人民服务的，不是为了升官发财骑在人民头上，国民党不然，专门为了升官享受。

王丙周：共产党是为了集体，走社会主义，领导广大劳动人民打倒了地主恶霸，翻了身，求得解放，提高生活，共产党员是立场坚定，遵守党的纲领和三面红旗，按党的指示办事。

王成普：对党员来说，在运动前有的党员干部不爱参加劳动，通过四清运动多数都能积极的参加劳动，有的党员干部近几个月劳动的比从前一二年来干的活都多，也能和社员同甘苦了，深入群众，说明运动来的成绩是伟大的。

队的党员张贵玉、张纯实际是党员，可是没有为党做些工作，在生产上干的也不突出，她两人从中[来]不团结，不说话，闹意见，给党的事叶[业]带来的不太好。

党员张普伦在大队做工作认真能干，可是有点缺点，爱吃吃喝喝，受点行会[行贿]找他办事就好办。

党员吕怀刚不爱干活，和群众发皮[脾]气，他和社员承[曾]说过这样的话，我是上级党委派来的，是官[管]你们的，我不干活你们不能说，自私自利，队里使他的坏母[模]子，要代价，他去三队当干部，群众对他意见很大，就拿上给的救给[济]钱物来说，整个三队的东西都给了他家，他满心高兴，可是有一回没给他就说不合理，闹情绪，从以上说明自私自利，不走群众路线。

干部组讨论记录

王敬叶：家庭出身，受剥削家庭的影响，自己当保管，我父亲不愿意，恐怕误了自己的工，为此，自己对工作是不够负责的，自己在场里吃生果，这样影响了收成，思想不负责，队里的线今年丢了二十多条等小物件，这样对集体的财产损失很大。

宋福泉：队里的布袋丢的不少，是不负责任的。

王敬叶：布袋丢了，自己未主动积极去找，只是和队长说说，认为就可以了。

王长久：当保管时间不长，错误也不很大，自从当保管以来，想想过去工分问题如何。

王敬叶：自从当保管计三月整时间，在此当中盖过自己的房，结婚等，干活算多的。

王中贵：原来我认为自己干工作两年来没什么错误，自从自查以来，自己的阶级敌人分不开，没有和贫下中农站在一起，63 年因自己不负责任，谷子 90 多斤给烂掉了，高粱丢了，64 年库里有 50 斤麦子，粗线条自己退了 7.50 元，工分自己应退 80 分，今年春节打过几次牌。

宋福泉：队里的事，不是负责的精神。

王中贵：今年花了队里 7 元钱，直到今年绝[决]算才还，属超支挪用，64 年当中开会 7—8 次。

门庄第一战区干部讨论记录

时间：1965 年 6 月 29 日晚上

地点：王贵中家

记录摘要：

① 中国共产党是无产阶级的政党，是为无产阶级办事的，是打倒封建主义、资本主义、修正主义的，打倒资本家、地富的，反对一切剥削阶级，为咱们穷人们办事的，他和其他党派是不一样的。

共产党是咱们最高领导阶层，如果要改变共产党来领导我们，就会走错路的，只有共产党领导我们才会走到共产主义社会上去的。

中国共产党有四十多年的历史，只有共产党领导才能打垮国民党和一切剥削阶级，咱们穷人们才能有了翻身的日子。

② 实行民主集中制，是少数服从多数，个人服从整体，有什么事先有民主才能有集中。

③ 党员的义务和权利，按照党的指示办事，听党的话，时时刻刻的为人民服务，坚决和坏人坏事作斗争，党员的义务是靠拢贫下中农，为贫下中农服务，

不能骑在人民头上做老爷,按照党的指示办事,立场站稳,一心一意跟着党走,全心全意的为人民服务。

④ 咱村的党支部办的是那一社会主义道路的,那一些事是走资本主义道路。

(一) 其中有一部分又是走了资本主义道路上去的,他的原因是受了一些资产阶级的侵蚀,受了一些坏人的当。

(二) 我们村党支部具体说是比较好的,对于生产方面,支援国家建设方面,都是比较不错的,但是,其中有一些党支部的党员受了资产阶级侵蚀,上了走资本主义道路人的当,犯了一些四不清的问题,贪污盗窃,多吃多占,投机倒把等等一系列的问题。

⑤ 拿我们村的党员来说,是数支部书记杨丙海是比较不错的,对执行党的政策,是按党的政策办事的,其次是张普伦、李长恩,对党忠诚老实,就是有主观性,顾善志对于领导生产,为群众服务是很好的,就是自私自利,骄傲自满,是很严重的。

讨论记录　1965. 5. 29

王成甫:

王同经自私自利的个人主义思(想)过大,想法挽套,搞贪污盗窃,以[依]仗个人权势,任意贪污集体财产,通过这次伟大的四清革命运动,不但改造了王同经个人,更重要的是使我们明确的认识了阶级斗争的复杂性,我们必须时刻提高警惕,监督阶级敌人的破坏活动。

王敬肖:

我们必须站稳无产阶级立场,坚决同阶级敌人划清界线。

王长久:

坚决同敌人划清界线,对敌人必须恨起来,如顾善志就是被地主分子王成勋拉下水去了。

杨福根:

通过这次四清运动,使我明确地认识了阶级敌人是不甘心死亡的,他们时刻想把社会主义搞垮,我们必须提高警惕,监督他们的破坏行动,坚决同他们一刀两断。

杨福生:

拿枪的敌人被打倒了,暗藏的敌人并不甘心死亡,我们必须提高警惕,防止他们的破坏。

王中坤：

我坚决站稳无产阶级立场，同坏人坏事作斗争。

王丙栋：

通过这次社会主义教育，使我明确地认识了阶级敌人是存在的，我们贫下中农必须握住印把子，擦亮眼睛，坚决同坏人坏事、阶级敌人作无情的斗争。

三四队妇女讨论记录

位彩君：迷信是发财制[致]富，完全是懒婆们光想吃好的。

杨秀均：迷信对生产上也有害处，一心想搞迷信，不安心生产。

位彩君：迷信人光想要人民的财产，拿神来吓唬人们，夺取人的财产。

李　卯：越一个小孩的越吓唬，说是童故意说，来要财钱。

张　存：我考虑着这迷信走的是资产阶级路线，骗取人们的财产，破坏人们的生产，现在我什么神也不供奉了。

王敬肖：咱这儿人们家家也有神像那小人什么的，通过学习就能把它烧了，一定不再要了。

李运表：我娘按那老理，说：我奶奶留下的，我娘也就供奉，我经常说她，她说人家要就给人家，现在已交出来。

李　卯：我那女儿病了，叫神看，结果一点不见好，使我得到了教育。

王淑珍：我从早就迷信过，工作队一来了，我就烧了。

耿印红：供奉神没用，工作队一来，我明白了，那个没用，就把它烧了。

贵　兰：我爹听说我家那神不吃肉，他总是把肉放在桌上，结果什么事也无[没]有，工作队来后，讲明白了，我爹把神烧了，我娘也很高兴，感到上供是白费时间。

讨 论 记 录

李运表、王敬肖：迷信完全是害人，毒害青年，那都是敌人留下的，我们都要破除迷信。

王敬柳：过去想[相]信迷信的完全都是为了骗取人民财产，发财制[致]富，剥削人民。

苏秀严：算卦是小破财，被他说一屯[顿]，使他得了财。

冯总义：封建迷信净是害处，没点好。

李　卯：完[玩]钱没好处，对个人身体有害处，完[玩]钱人不可交，完[玩]起来毙大尿(原文如此——编者注)，对别人发皮[脾]气，又耽误生产，没办法了就偷倒[盗]。

彦均、敬肖：运表、小方、贵兰：玩钱敬[净]害人，回家后，闹不团结，卖房卖衣，偷鸡[投机]倒把，闹的一家生活难保，耽误生产。

印红、连表：谁家有毒[赌]卦物，一定拿出来，不再留下，以后再完[玩]。

李　卯：结婚早了，孩子多了，大人受累，孩子也不能保身体，又耽误生产，婆婆喜[媳]妇要和睦，回家后抢着做家务。

振　淑：过去从十几就给女儿找婆家，没点好处，现在是新事新办，最好了。

四队讨论记录

娄二存：我听了报告后，打通了思想，说什么我也不信神，而也并没有神，怎么也得干活吃饭，信神食不会到手的。

李　卯：我保证不信神，因我那小女孩有病时，叫神看过，几次，也未好，现已死了，此事教育了我。

钮振淑：过去，只是婆婆给留下的神就供奉着才为好，不知道供奉神没用，现在听会后明白了，知道并没神。

翠　仪：我香合小时病了，去神婆家去，她说给看看，说是个童，我记根不信，也没看，后来慢慢好了，神婆说我：哪天换童你去吧，我两句话就说了他走了，我就一点也不相信神。

魏彩君：要是不叫共产党，63 年就得饿死，37 年闹灾荒卖儿女的很多，也无人管，还饿死很多，也没神，也没鬼，那完全都是骗人，现在我早已烧了。

婆媳两方和睦，你敬我一尺，我敬你一丈，有活抢着做，有福气享受，劳动报酬多了就吃好的穿好的，媳妇要尊敬婆婆，现在新社会了，有闺女的保证结婚不要财[彩]礼。

选举干部情况 | 于一九六五.八.装订

冀县门家庄工作队第六工作组

案卷目录

编号	文件作者	文件题目	起止题号	文件日期	备注
1	门庄第六工作组	选举情况说明	1—2	65.7.23	
2	门庄第六工作组	门庄第六生产队组织新选干部登记	3—6	65.8.2	
3	门庄第六工作组	选票(47张)	7—30	65.7.21	

立卷人：寇庆来

选举情况说明

门家庄第六生产队管委会选举记录

时间：一九六五年七月二十三号

地点：王满迎家

参加人员：应参加人数共54人(男女)

因事或病未参加者：6人

实计人数48人，其中男20人，女28人。

主持会人员：贫协组长杨根玉

监票员：刘明望

唱票记票员：王中满、王满囤

(材料中实际票数为47张。——本书编者注)

选举结果：

李俊明　45票　任政治工作员

王延通　46票　任生产队长

杨同亮　45票　任副队长

李永锡　45票　任会计

王中年　43票　任保管

王中礼　45票　任排长兼技术员

杨大栾　45票　副排长

付大引　45票　妇女队长

王春双　37票　队委老农

以上九人大家选举超过半数以上，向群众宣布职务，均为队委，正式通过，从此门庄第六队管委会建立起来。

其也[他]社员投票情况：

杨孟思4票　老农

杨根玉 3 票　保管
王海国 1 票　会计
王苗月 1 票　妇女队长
杨大栾 1 票　排长
杨大俊 1 票　副排长

一、贫协小组的选举情况：
时间：一九六五年七月二十四号
地点：王满迎家
参加人员：应到人员 35 名会员。
　　　　　实到人数 35 名。

在充分酝酿的基础上，大家一致赞成下列人为贫协小组委员：
杨根玉　贫协组长
杨孟思　贫协副组长
李玉臣　贫协副组长
杨庆来　委员
王淑君　委员

二、同日广大社员群众选出政治可靠，认真负责的治保小组成员。
名单如下：
杨孟思　治保小组组长
李俊明　治保小组委员
王中礼　治保小组委员

门庄大队第六生产队组织新选干部登记表 1965. 8. 2

姓名	性别	年龄	家庭出身	个人成分	文化程度	政治面目			原任职务		新选职务		兼任什么职务	运动中的表现
						党	团	群	党内	行政	党内	行政		
李俊明	男	37	贫农	农民	初小	党员			指导员	无	政治工作员	无	队委、治保小组委员	积极
王延通	男	34	贫农	农民	文盲			群	无	无	无	生产队长	队委	
杨同亮	男	53	贫农	农民	文盲			群	无	生产副队长	无	生产副队长	队委	
李永锡	男	51	中农	商人	高小			群	无	会计	无	会计	队委	
王中年	男	32	中农	商人	小学			群	无	无	无	保管	队委	
王中礼	男	18	中农	学生	高小		团		无	无	无	排长	队委	
杨大栾	女	18	下中农	学生	高小			群	无	无	无	副排长	队委、技术员、治保委员	
付大行	女	42	下中农	农民	文盲	党			无	无	无	妇女队长	队委	
王春双	男	49	下中农	农民	小学			群	无	无	无	队委	老农	
杨根玉	男	58	贫农	工人	小学			群	无	无	无	贫协组长	无	
杨孟思	男	37	贫农	工人	文盲			群	无	无	无	贫协副组长	无	
李玉臣	男	54	贫农	工人	文盲			群	无	无	无	贫协副组长	无	
杨庆来	男	49	贫农	工人	文盲			群	无	无	无	贫协委员	无	

注：各队干部都应填写，队委、贫协代表，正副排长都应填写。

第六生产队　门庄大队　组织新选干部登记表　1965. 8. 2

姓　名	性别	年龄	家庭出身	个人成分	文化程度	政治面目			原任职务		新选职务		兼任什么职务	运动中的表现
						党	团	群	党内	行政	党内	行政		
王淑君	女	35	贫农	农民	文盲			群	无	无	无	贫协委员	无	
杨孟经	男	33	贫农	农民	文盲			群				治保委员	组长	

注：各队干部都应填写、队委、贫协代表，正副排长都应填写。

门家庄第六生产队管委会成员表　1965. 7. 23

姓　名	性别	年龄	家庭出身	个人成分	文化程度	政治面貌	新选职务	兼任职务	是否队委	原任职务	备　注
李俊明	男	37	贫农	农民	初小	党员	政治工作员	无	是	指导员	
王延通	男	34	贫农	农民	文盲	群众	生产队长	无	是	贫协组长	
杨同亮	男	53	贫农	农民	文盲	团员	副生产队长	无	是	副队长	
李永锡	男	51	中农	农民	高小	团员	会计	无	是	会计	
王中年	男	32	中农	农民	小学	团员	保管	无	是	社员	
王中礼	男	18	中农	学生	高小	团员	排长	技术员	是	社员	大队委员
杨大栾	女	18	下中农	学生	高小	群众	副排长	无	是	社员	

续 表

姓　名	性别	年龄	家庭出身	个人成分	文化程度	政治面貌	新选职务	兼任职务	是否队委	原任职务	备　注
付大行	女	42	下中农	农民	文盲	党员	妇女队长	无	是	社员	
王春双	男	49	下中农	农民	小学	群众	队委	老农	是	社员	
	贫协治保										

门家庄第六生产队管委会成员表　1965. 7. 23

姓　名	性别	年龄	家庭出身	个人成分	文化程度	政治面貌	新选职务	兼任职务	是否队委	备　注
李俊明	男	37	贫农	农民	初小	党员	政治工作员	无	是	
王延通	男	34	贫农	农民	文盲	群众	生产队长	无	是	
杨同亮	男	53	贫农	农民	文盲	群众	副生产队长	无	是	
李永锡	男	51	中农	农民	高小	群众	会计	无	是	
王中年	男	32	中农	农民	小学	群众	保管	无	是	
王中礼	男	18	中农	学生	高小	团员	排长	技术员	是	
杨大栾	女	18	下中农	学生	高小	群众	副排长	无	是	
付大行	女	42	下中农	农民	文盲	党员	妇女队长	无	是	
王春双	男	49	下中农	农民	小学	群众	队委	老农	是	

门庄大队第六队管委会候选人名单　1965. 7. 21

符号	姓名	性别	拟定职务	重拟姓名	安排职务	备注
○	李俊明	男	指导员			
○	王延通	男	队长			
○	杨同亮	男	副队长			
○	李永锡	男	会计			
○	王中年	男	保管			
○	王中礼	男	排长			
○	杨大栾	女	副排长			
○	付大行	女	妇女队长			
						○王春双老农
说明	同意候选者在符号栏内画“○”，不同意候选人者在符号栏内画“×”，重拟姓名栏中填写自己同意的人和安排职务。					

（此票共计 33 票。——编者注）

门庄大队第六队管委会候选人名单　1965. 7. 21

符号	姓名	性别	拟定职务	重拟姓名	安排职务	备注
○	李俊明	男	指导员			
○	王延通	男	队长			
○	杨同亮	男	副队长			
○	李永锡	男	会计			
×	王中年	男	保管	○根玉		
○	王中礼	男	排长			
○	杨大栾	女	副排长			
○	付大行	女	妇女队长			○杨孟师
						×老农王春双
说明	同意候选者在符号栏内画“○”，不同意候选人者在符号栏内画“×”，重拟姓名栏中填写自己同意的人和安排职务。					

（此票共计 3 票。——编者注）

门庄大队第六队管委会候选人名单　1965.7.21

符号	姓　名	性别	拟定职务	重拟姓名	安排职务	备　注
○	李俊明	男	指导员			
○	王延通	男	队长			
○	杨同亮	男	副队长			
○	李永锡	男	会计			
×	王中年	男	保管	○根玉		
○	王中礼	男	排长			
○	杨大栾	女	副排长			
○	付大行	女	妇女队长			
×	王春双	男	老农			孟师○
说明	同意候选者在符号栏内画“○”，不同意候选人者在符号栏内画“×”，重拟姓名栏中填写自己同意的人和安排职务。					

门庄大队第六队管委会候选人名单　1965.7.21

符号	姓　名	性别	拟定职务	重拟姓名	安排职务	备　注
○	李俊明	男	指导员			
○	王延通	男	队长			
○	杨同亮	男	副队长			
○	李永锡	男	会计			
○	王中年	男	保管			
○	王中礼	男	排长			
○	杨大栾	女	副排长			
×	付大行	女	妇女队长	王苗月	队长	
						○王春双老农
说明	同意候选者在符号栏内画“○”，不同意候选人者在符号栏内画“×”，重拟姓名栏中填写自己同意的人和安排职务。					

门庄大队第六队管委会候选人名单 1965.7.21

符号	姓名	性别	拟定职务	重拟姓名	安排职务	备注
○	李俊明	男	指导员			
○	王延通	男	队长			
×	杨同亮	男	副队长			
○	李永锡	男	会计			
○	王中年	男	保管			
○	王中礼	男	排长			
○	杨大栾	女	副排长			
×	付大行	女	妇女队长			
○	王春双	男	老农			
说明	同意候选者在符号栏内画"○",不同意候选人者在符号栏内画"×",重拟姓名栏中填写自己同意的人和安排职务。					

门庄大队第六队管委会候选人名单 1965.7.21

符号	姓名	性别	拟定职务	重拟姓名	安排职务	备注
○	李俊明	男	指导员			
○	王延通	男	队长			
○	杨同亮	男	副队长			
○	李永锡	男	会计			
○	王中年	男	保管			
×	王中礼	男	排长			
○	杨大栾	女	副排长	杨大俊		
○	付大行	女	妇女队长			
						○王春双老农
说明	同意候选者在符号栏内画"○",不同意候选人者在符号栏内画"×",重拟姓名栏中填写自己同意的人和安排职务。					

门庄大队第六队管委会候选人名单　1965. 7. 21

符号	姓　名	性别	拟定职务	重拟姓名	安排职务	备　注
○	李俊明	男	指导员			王仲礼兼支
○	王延通	男	队长			
○	杨同亮	男	副队长			
○	李永锡	男	会计			
○	王中年	男	保管			
○	王中礼	男	排长			
×	杨大栾	女	副排长			
○	付大行	女	妇女队长			
						○王春双老农
说明	同意候选者在符号栏内画"○",不同意候选人者在符号栏内画"×",重拟姓名栏中填写自己同意的人和安排职务。					

(此票共计4票。——编者注)

门庄大队第六队管委会候选人名单　1965. 7. 21

符号	姓　名	性别	拟定职务	重拟姓名	安排职务	备　注
×	李俊明	男	指导员			王中礼兼支
○	王延通	男	队长			
○	杨同亮	男	副队长			
○	李永锡	男	会计			
○	王中年	男	保管			
○	王中礼	男	排长			
○	杨大栾	女	副排长			
○	付大行	女	妇女队长			
○	王春双	男	老农			
说明	同意候选者在符号栏内画"○",不同意候选人者在符号栏内画"×",重拟姓名栏中填写自己同意的人和安排职务。					

门庄大队第六队管委会候选人名单 1965. 7. 21

符号	姓　名	性别	拟定职务	重拟姓名	安排职务	备　注
○	李俊明	男	指导员			
×	王延通	男	队长			
○	杨同亮	男	副队长			
○	李永锡	男	会计			
○	王中年	男	保管			
○	王中礼	男	排长			
○	杨大栾	女	副排长			
○	付大引	女	妇女队长			○王考双老农
说明	同意候选者在符号栏内画“○”，不同意候选人者在符号栏内画“×”，重拟姓名栏中填写自己同意的人和安排职务。					

（此票共计 2 票。——编者注）

基本情况｜1965年8月4日

门庄公社、门庄大队第七队

案卷目录

顺序编号	内　容　摘　要	材料页数
1号	第七队基本情况统计表	1
2号	社员花名册	2—3
3号	四清运动中清经济阶段分批解放干部名单	4
4号	七队原来管委会干部花名册	5
5号	七队原来贫协会贫协代表统计表	6
6号	七队原贫下中农代表简历表	7—8
7号	七队建贫协队伍分排入会花名册	9
8号	七队第三批入会会员登记表	10—11
9号	入贫协会申请书	12—19
10号	七队新选干部登记表	20
11号	选干部时，划分小组讨论侯选人名单	21—22
12号	门庄七队选举队委会选票	23—24
13号	七队贫下中农选举贫协组织选候选人名单	25
14号	选举贫协组长的结果	26
15号	选举贫协组长的选票	27—29
16号	门庄第七生产队党团员登记表	30
17号	门庄七队成年妇女登记表	31
18号	门庄七队妇女小组划分表	32
19号	门庄七队分批加入社会主义青年小组统计表	33
20号	富农子女申请书	34—35
21号	门庄七队基干民兵登记表	
22号	生产队介绍情况记录	36—39
23号	组织贫协代表讨论记录	40
24号	组织贫协代表介绍本队情况	41—42
25号	向检查组汇报材料	43—48
26号	七队模范干部材料	49—50
27号	门庄大队七小队之结合班人	51

门庄第七队基本情况统计表(表一)　65.3.2

队别	户数	总人口	其中		劳动力					总耕地						牲畜					农具					政治力量	
			男	女	合计	其中				自留地	集体耕地	其中				合计	其中				胶轮车	铁轮车	小胶轮车	水车	耧犁耙盖	党员	团员
						整劳力	半劳力	辅助劳力	16岁以上成人			冬小麦	春播面	菜园	林木		牛	骡	驴	马							
7	20	75	39	36	50	27	18	5	50	15	306	98	203	3	2		3	1	3	0	1	2	4	$\frac{1}{2}$	218	3	1

门庄第七队阶级成分统计表(表二)　65.3.2

队别	户数	总人口																									四类分子				
			贫农	其中				下中	其中				中农	其中		上中	其中		富农	其中			地主	其中			地主	富农	反革命	坏分子	右派
				户数	人口	男成人	女成人		户数	人口	男成人	女成人		户数	人口		户数	人口		户数	人口	成年人		户数	人口	成年人					
7	20	75		8	32	8	11	4	4	21	7	7		6	20					2	4	4						2			

社员花名册登记表

姓名	性别	年龄	家庭成分	个人出身	文化程度	政治面目			现任职务	原任职务	备考
						党	团	群			
刘文井	女	37	贫	农民	半文盲	党					
王世英	男	16	贫	农民	初小			群			
门丙千	男	62	贫	农民	文盲			群			
王同秋	男	47	贫	农民	初小			群			
王二黑	男	16	贫	农民	文盲			群			
杨相爱	女	78	贫	农民	文盲			群			
王同杰	男	51	贫	农民	初小			群			
杨焕彩	女	59	贫	农民	文盲			群			
王武真	男	48	贫	农民	初小			群			
王菜秀	女	17	贫	农民	文盲		团		排长		
李春巧	女	35	贫	农民	初小			群	妇女队长		
魏翠省	女	39	贫	农民	文盲			群			
李俊淑	女	16	贫	农民	文盲			群			
庞书存	女	70	贫	农民	文盲			群			
董大路	男	37	贫	农民	初小			群			
刘秀宏	女	31	贫	农民	半文盲			群			
李三密	女	66	贫	农民	文盲			群			
王春明	男	35	贫	农民	初小	党			工作员	指导员	
谢宏俊	女	37	贫	农民	初小			群			娘家贫农
杨联营	男	56	下中	农民	高小			群			
杨春生	男	16	下中	学生	高小			群	技术员		
刘淑	女	52	下中	农民	文盲			群			
杨联合	男	48	下中	农民	初小			群	老农		
杨春旺	男	20	下中	学生	高小			群	排长		

社员花名册登记表 1965.8.1

姓名	性别	年龄	家庭成分	个人出身	文化程度	政治面目			现任职务	原任职务	备考
						党	团	群			
杨东秀	女	16	下中	农民	文盲			群			
王三尼	女	40	下中	农民	文盲			群			
郑福多	男	43	下中	农民	初小			群		贫代表	
刘二云	女	71	下中	农民	文盲			群			
郑爱春	女	37	下中	农民	半文盲			群			
郑根旺	男	16	下中	农民	半文盲			群			
韩淑稳	女	27	下中	农民	初小			群			
李淑芳	女	21	下中	学生	完小			群			
王砚群	男	40	下中	农民	初小			群	队长	队长	
纪大芬	女	55	中	农民	半文盲	党				指导员	
门丙坤	男	66	中	农民	半文盲			群			
门福浩	男	19	中	学生	完小			群			
王同怀	男	67	中	农民	初小			群			
李　敏	女	55	中	农民	文盲			群			
王中光	男	19	中	学生	初中			群			代课
王同禾	男	29	中	学生	初中			群	会计	会计	
刘秀苗	女	35	中	农民	文盲						
王成瑞	男	18	富农	学生	高小			群			农业劳动者
王成苗	女	21	富农	学生	高小			群			农业劳动者
王春淮	男	53	富农	农民	初小			群			富农分子
牛淑祯	女	50	富农	农民	文盲			群			富农分子

四清运动中清经济阶段分批解放干部名单

本队共有5名干部,其中两名下台干部:

在职干部:王砚群队长、王同禾会计、王春明指导员

下台干部:王成帮保管、王中光副队长

第一批解放的:王中光、王成帮

第二批解放的：王春明

第三批解放的：王砚群、王同禾

(原来管委会)门家庄大队第七生产队管委会统计表　1965.3.3

姓　名	性别	年龄	成分	出身	文化程度	政治面目	职务	是否委员	备　考
王砚群	男	40	下中	农民	初小	群众	队长	委员	
王春明	男	35	贫	农民	初小	党员	指导员	委员	
王同禾	男	29	中	学生	初中	群众	会计	委员	
王成帮	男	27	贫	学生	初中	群众	保管	委员	下台干部(64年冬季下台)
王中光	男	20	中	学生	初中	群众	副队长	委员	(64年秋当代课教师)
郑殿远	男	21	中	学生	初中	群众	排长	委员	有名无实不工作
这是1963年至1965年3月的生产队常委会情况									

原来贫协代表统计表(1965年3月8号摸底情况)

姓　名	性别	年龄	成　分		文化程度	政治面目	备　注
			贫农	下中			
董大路	男	36	贫农		初小	群众	
郑福多	男	43		下中	初小	群众	
李秀巧	女	35	贫农		初小	群众	

工作情况说：

原来的这个贫协组力量不够坚强，没有真正的执行贫协会内部的工作，不能起到代表的作用，这个组织是有名无实，尤其是贫下中农代表郑福多，群众称他是聋子耳朵摆着的，最严重的问题是得不到大队贫协的支持，所以工作起来没有方向，甚至有的受到干部的打击，另外一个问题是这三个同志内部并不团结，所以群众威信不高，奋斗方向不明确。

七队,原来贫下中农代表简历表 65.3.2

<table>
<tr><td>姓　名</td><td>董大路</td><td>性别</td><td>男</td><td>年龄</td><td>36</td><td>文化程度</td><td colspan="2"></td></tr>
<tr><td>家庭出身</td><td>贫农</td><td>本人成分</td><td>农民</td><td>政治面目</td><td>群众</td><td>现任职务</td><td colspan="2">贫协代表</td></tr>
<tr><td>主要社会关系</td><td colspan="2"></td><td colspan="2">家庭主要成员</td><td colspan="4">母亲现年 66 岁,妻刘秀洪 32 岁,本县陈庄人,娘家贫农,另外还有 3 个小孩。</td></tr>
<tr><td>家庭有无被关管杀斗与本人参加过何种反动组织会道门</td><td colspan="4"></td><td colspan="2">受过何种奖历[励]或处分</td><td colspan="2"></td></tr>
<tr><td>土改前后家庭经济状况</td><td colspan="8">土改前:即 1938 年至 1945 年三口人,3 亩地,9 间房子,生产资料不齐全。
土改后:即从 1945 年至 1953 年,4 口人,9 间房,9 亩地(土改分了 6 亩)生产资料不很齐全。</td></tr>
<tr><td>在历次革命运动中的表现和现在的表现如何</td><td colspan="8">在历次革命运动中表现一般,现在对这次运动表现积极。</td></tr>
<tr><td colspan="9">家庭简历:1938 年全家三口人,有父亲、母亲和我,9 间房子,没有牲口中,没车,总之生产资料不全,父亲常常出外给人家打短工,自己有 3 亩地,1945 年土改时,4 口人,3 亩地,有父母,我也结了婚,分得土地 6 亩,另外还分了很多零用东西,和别人伙买一头牛,生活渐渐提高。
现在全家六口人,母亲、妻子、三个孩子和我,长子不是自己生养的,这个小孩,3 个月父母双亡,没人照顾,哥哥不在家(本县陈庄),所以我妻就养活到现在。</td></tr>
</table>

七队,原来贫下中农代表简历表 65.3.2

<table>
<tr><td>姓名</td><td>郑福多</td><td>性别</td><td>男</td><td>年龄</td><td>43</td><td>文化程度</td><td colspan="3"></td></tr>
<tr><td>家庭出身</td><td>贫农</td><td>本人成分</td><td colspan="3"></td><td>政治面目</td><td></td><td>现任职务</td><td></td></tr>
<tr><td>主要社会关系</td><td colspan="2">外祖母家:梢村,全家无人断绝关系</td><td colspan="3">家庭主要成员</td><td colspan="4">全家两口人,我和母亲</td></tr>
<tr><td>家庭有无被关管杀斗与本人参加过何种反动组织会道门</td><td colspan="4"></td><td colspan="2">受过何种奖[励]或处分</td><td colspan="3"></td></tr>
<tr><td>土改前后家庭经济状况</td><td colspan="9">土改前:1938 年全家 5 口人,25 亩地,农具较全,4 间房子,土改后,1945 年全家 2 口人,6 亩地,生产资料不全,土改时分到一些零用东西。</td></tr>
<tr><td>在历次革命运动中的表现和现在的表现如何</td><td colspan="9"></td></tr>
<tr><td colspan="10">家庭简历:在 1938 年,父亲给伯父过继,有 25 亩地,5 口人,一头牛,4 间房子,和别人合伙一辆大车,主要农具齐全,父亲在保定开钟表铺,常年不在家,家里无干活的人,地又多,经常顾[雇]短工。在 1945 年死去了祖父、父亲。</td></tr>
</table>

门家庄第七队成立阶级队伍,建贫协会,分批入会名单

姓　名	成分	第一批	姓　名	成分	第二批	姓　名	成分	第三批
董大路	贫	第一批	魏翠省	贫	第二批	王同杰	贫	第三批
刘秀宏	贫	第一批	刘二云	下中	第二批	杨焕彩	贫	第三批
王武真	贫	第一批	李三密	贫	第二批	王砚群	下中	第三批
王叶秀	贫	第一批	刘文井	贫	第二批	杨春旺	下中	第三批
李春巧	贫	第一批	王世英	贫	第二批	杨春生	下中	第三批
门丙千	贫	第一批	郑根旺	下中	第二批	杨东秀	下中	第三批
郑福多	下中	第一批	王春明	贫	第二批	刘　淑	下中	第三批
郑爱春	下中	第一批				王三妮	下中	第三批
李俊淑	贫	第一批				杨联合	下中	第三批
						杨联营	下中	第三批
						王同秋	贫	第三批
						杨相爰	贫	第三批
						王二黑	贫	第三批
						庞书存	贫	第三批
						谢宏俊	贫	第三批
						韩淑稳	下中	第三批
						李淑芳	下中	第三批

门庄第三批会员登记表　65.7.13

队别	姓　名	性别	年龄	家庭出身	个人成分	政治面目	文化程度	职务		运动中的表现
								行政	组织	
7	王同秋	男	48	贫		群众	初小	无	无	一般
	王二黑	男	16	贫	农民	群众	文盲	无	无	一般
	王同杰	男	52	贫		群众	初小	无	无	一般
	李焕彩	女	59	贫	农民	群众	文盲	无	无	一般

续 表

队别	姓　名	性别	年龄	家庭出身	个人成分	政治面目	文化程度	职务		运动中的表现
								行政	组织	
	杨联营	男	54	下中	商人	群众	初小	无	无	比较不错
	刘　淑	女	52	下中	农民	群众	文盲	无	无	比较不错
	杨春生	男	16	下中	学生	群众	高小	无	无	一般
	杨联合	男	47	下中	农民	群众	初小	无	无	一般
	王树芬	女	42	下中	农民	群众	文盲	无	无	一般
	杨春旺	男	20	下中	学生	群众	高小	排长	无	比较积极
	杨东秀	女	16	下中	农民	群众	文盲	无	无	比较不错
	王砚群	男	42	下中	农民	群众	初小	队长	无	表现积极
	杨相爰	女	77	贫	农民	群众	文盲	无	无	一般(耳朵不灵敏)
	庞书存	女	70	贫	农民	群众	文盲	无	无	表现一般(耳朵不灵敏)

入贫协会申请书

通过四清革命运动,使我提高了思想觉悟,认清了帝[敌]我借[界]线,画[划]清了大是大非,只有在社会主义国家里,贫下中农团结起来,才能对付阶级敌人,才能更好的更认真的执行无产阶级专政,更好的为人民服务,为此我申请自愿参加自己的先进组织——贫下中农协会,以更好的为建设社会主义贡献自己的一切力量,为共产主义社会早日到来。

特此

申请人:李淑芳
65.7.28

入贫协会申请书

我王彦群现年41岁,下中农成分,农民出身,通过了伟大的四清学习,解放了思想,放下包袱,团结对敌,为了今后更好的工作,立场更坚定起来,和广大贫下中农团结在一起,我自愿参加贫协组织,特申请加入贫协会。

王彦群
65.7.24

入贫协会申请书

通过这次四清革命运动,使我认清了阶级敌人,认清了大是大非,只有在社会主义国家里,贫下中农团结起来,才能对付阶级敌人,才能更好的执行无产阶级专政,更好的为人民服务,为此我全家申请自愿参加自己的先进组织——贫下中农协会,以更好的为建设社会主义贡献出自己的一切力量,使共产主义早日到来。

特此申请

杨连合、杨春旺、杨秀东、王三妞
1965.7.27

入贫协会申请书

通过这次伟大的社会主义教育,四清革命运动,使我认清了阶级敌人,分清了敌我界线,使我深刻的认识到:在社会主义国家里只有贫下中农团结起来,才有巧妙的方法来对付阶级敌人,才能更好的执行无产阶级专政,更好的为人民服务。为此,我申请自愿参加这支为群众服务,和阶级敌人做斗争的革命队伍——贫下中农协会。以更好的为建设社会主义贡献出自己的毕生力量,使共产主义早日到来。

特此申请

谢红俊
1965.7.28

入贫协会申请书

通过了四清学习,解放了思想,分清了大是大非,懂得了只有贫下中农团结起来才能对付阶级敌人,才能更好的执行无产阶级专政,为此我全家申请自愿参加自己的先进组织“贫下中农协会”,以更好的为建设社会主义贡献力量,特此申请。

杨连迎、刘淑、杨春生
1965.7.26

入贫协会申请书

通过四清学习，解放思想，分清了大是大非，懂得了贫下中农团结起来共同对付阶级敌人，我自愿参加自己的组织“贫农协会”以发挥我的积极力量，特此申请。

韩淑文
1965.7.26

入贫协会申请书

第七队社员经过这次四清运动学习后，思想提高了，认清阶级路线，急知(原文如此——编者注)团结贫下中农，搞好生产，服从领导，愿为人民服务，愿参加贫协会，遵守贫协会的一些纪律。

申请人：王同秋、杨香爰、王振伯
一九六五年七月廿八日

自愿入会申请书

申请入会人王同杰、杨焕彩遵守会内一切制度，服从领导分配，特此申请，希大队贫协批准。

第七队社员　王同杰
1965.7.25

门庄大队七队组织新选干部登记表

姓　名	性别	年龄	家庭出身	个人成分	文化程度	政治面目			原任职务		新选职务		兼任什么职务	运动中的表现
						党	团	群	党内	行政	党内	行政		
王砚群	男	40	下中	农民	初小			群		队长		队长	大队管委	运动中表现积极
王春明	男	35	贫农	农民	初小	党				指导员		工作员	大队治保委员	运动中表现积极
王同禾	男	29	中农	学生	初中			群		会计		会计		运动中表现不错
李春巧	女	35	贫农	农民	初小			群				妇女队长		运动中表现积极
杨春旺	男	20	下中	学生	高小			群				排长	副队长	运动中表现不错
王菜秀	女	17	贫农	农民	文盲		团					副排长		运动中表现积极
杨春生	男	16	下中	学生	高小			群				技术员	队委委员	运动中表现不错
杨联合	男	48	下中	农民	初小			群				老农	队委委员	运动中表现一般
郑福多	男	43	下中	农民	初小			群		代表		贫协组长		比较积极
郑爱新	女	37	下中	农民	初小			群				副组长		比较不错
王同秋	男	47	贫农	农民	初小			群				副组长		比较不错

注：各队干部都应填写，队委、贫协代表，正副排长都应填写。

7 月 20 号小组讨论候选人名单

第一组：杨联营全家、杨联合、郑电彬、电远

第二组：宏俊、淑文、文井、位省、成苗

第三组：丙千、大芬、秀苗

第四组：武真、大路、同怀、大芬

第五组：福多、爱春、同秋、同杰

第六组：同禾、砚群、春明、春巧

1965 年 7 月 22 号中午全体群众

讨论候选人名单　共分为五组

砚群　5

同禾　5

春巧　5

春明　4　保管　1　5

福多　保管　2　队长　1　3

春旺　排长　5　副队长　2　5

菜秀　5　兼政治工作员

同杰　副队长　1

武真　副队长　1

同秋　2

联合　2

丙千　3

　　　2

电远　技术员 3

春生　2

最后定为候选人：

王砚群　5 票

王同禾　5 票

李春巧　5 票

王春明　5 票

杨春旺 5票

王菜秀 5票

联合 3票

春生 2票

门庄第七生产队选举队委会选票

第七队7月23号选举情况详细说明　1965年

一、本队应参加选举的41人，实际参加选举的37人，缺席4人。

二、唱票社员郑殿远，记票员社员王五真，监票员王同怀。

三、选举结果：砚群37票、春明36票、同禾35票、春巧36票、春旺36票、菜秀37票、联合37票、春生(技术员)36票。

四、本选票：符号一格内，同意者画"○"，不同意画"╳"。

五、候选人名单是由群组润[酝]酿，然后把群众分成五个小组，由小组选举后(候)选人名单，发出选票37张，收回37张。

弃权1人。

(材料中实际有38张票。——本书编者注)

门庄第七队干部候选人名单

符号	姓　名	性别	拟任职务	是否管委	拟提姓名	计划职务	是否管委
○	王砚群	男	队长	管委			
○	王春明	男	政治工作员	管委			
○	王同禾	男	会计	管委			
○	李春巧	女	妇女队长	管委			
○	杨春旺	男	排长兼副队长	管委			
○	王荣秀	女	妇女排长				
○	杨联合	男	老农	管委			
○	杨春生	男	技术员	管委			

(此票共计31票。——编者注)

门庄第七队干部候选人名单

符号	姓　名	性别	拟任职务	是否管委	拟提姓名	计划职务	是否管委
○	王砚群	男	队长	管委			
○	王春明	男	政治工作员	管委			

续 表

符 号	姓　名	性别	拟任职务	是否管委	拟提姓名	计划职务	是否管委
×	王同禾	男	会计	管委	郑殿远	会计	委员
○	李春巧	女	妇女队长	管委			
○	杨春旺	男	排长兼副队长	管委			
○	王荣秀	女	妇女排长				
○	杨联合	男	老农	管委			
○	杨春生	男	技术员	管委			

（此票共计3票。——本书编者注）

门庄第七队干部候选人名单

符 号	姓　名	性别	拟任职务	是否管委	拟提姓名	计划职务	是否管委
○	王砚群	男	队长	管委			
○	王春明	男	政治工作员	管委			
○	王同禾	男	会计	管委			
×	李春巧	女	妇女队长	管委			
○	杨春旺	男	排长兼副队长	管委			
○	王荣秀	女	妇女排长	管委			
○	杨联合	男	老农	管委			
○	杨春生	男	技术员	管委			

门庄第七队干部候选人名单

符 号	姓　名	性别	拟任职务	是否管委	拟提姓名	计划职务	是否管委
○	王砚群	男	队长	管委			
○	王春明	男	政治工作员	管委			
○	王同禾	男	会计	管委			
○	李春巧	女	妇女队长	管委			
×	杨春旺	男	排长兼副队长	管委	王五珍	副队长	委员
○	王荣秀	女	妇女排长				
○	杨联合	男	老农	管委			
○	杨春生	男	技术员	管委			

门庄第七队干部候选人名单

符号	姓名	性别	拟任职务	是否管委	拟提姓名	计划职务	是否管委
○	王砚群	男	队长	管委			
×	王春明	男	政治工作员	管委	纪大芬	政治工作员	委员
○	王同禾	男	会计	管委			
○	李春巧	女	妇女队长	管委			
○	杨春旺	男	排长兼副队长	管委			
○	王荣秀	女	妇女排长				
○	杨联合	男	老农	管委			
○	杨春生	男	技术员	管委			

门庄第七队干部候选人名单

符号	姓名	性别	拟任职务	是否管委	拟提姓名	计划职务	是否管委
○	王砚群	男	队长	管委	殿远	技术员	
○	王春明	男	政治工作员	管委			
○	王同禾	男	会计	管委			
○	李春巧	女	妇女队长	管委			
○	杨春旺	男	排长兼副队长	管委			
○	王荣秀	女	妇女排长				
○	杨联合	男	老农	管委			
×	杨春生	男	技术员	管委			

1965 年 8 月 7 号晚上贫下中农选举候选人名单

地点：七队办公室

王同杰　4

王同秋　15

谢宏俊　10

董大禄　10

郑福多　19

郑爱春　13

位省　1

选举贫协组织的结果

时间：1965 年 8 月 9 日

地点：李宝瑞的后院

主持人员有大队贫协主席杨增堂

参加选举人员：全体贫下中农成年人

应参加选举人员 33 名，实到 27 名。

选举结果：正组长郑福多 27 票，副组长郑爱春 22 票，王同秋 19 票。

唱票人：杨联营，检[监]票人：王同杰，记票人：王五真。

门庄七队贫协代表选票

符　号	姓　名	正或副组长	
	郑福多	○	
正	王同秋	○	
	郑爱春	○	
	董大路	×	
	谢洪俊	×	

(此票共计 19 票。——编者注)

门庄七队贫协代表选票

符　号	姓　名	正或副组长	
	郑福多	○	
	董大路	×	
	郑爱春	○	
正	王同秋	○	
	谢洪俊	○	

门庄七队贫协代表选票

符　号	姓　名	正或副组长	
正○	郑福多		
×	董大路		
×	郑爱春		
○	王同秋		
○	谢洪俊		

门庄七队贫协代表选票

符　号	姓　名	正或副组长	
○	郑福多	正	
	董大路		
○	王同秋		
	郑爱春		
○	谢洪俊		

门庄七队贫协代表选票

符　号	姓　名	正或副组长	
○	郑福多	正	
	董大路		
○	王同秋		
	郑爱春		
○	谢洪俊		

门庄七队贫协代表选票

符　号	姓　名	正或副组长	
○	郑福多		
×	王同秋		
○	郑爱春		
○	董大路		
×	谢洪俊		

门庄七队贫协代表选票

符　号	姓　名	正或副组长	
○	郑福多		
○	郑爱春		
×	王同秋		
○	董大路	正组长	
×	谢洪俊		

门庄七队贫协代表选票

符　号	姓　名	正或副组长	
○	郑福多		
×	王同秋		
○	郑爱春		
○	董大路	正组长	
×	谢洪俊		

门庄七队贫协代表选票

符　号	姓　名	正或副组长	
○	郑福多		
×	王同秋		
○	董大路	正组长	
○	郑爱春		
×	谢洪俊		

门庄七队贫协代表选票

符　号	姓　名	正或副组长	
○	郑福多		
×	王同秋		
○	郑爱春		
○	董大路	正组长	
×	谢洪俊		

门庄七队贫协代表选票

符　号	姓　名	正或副组长	
○	郑福多		
○	郑爱春		
×	王同秋		
○	董大路	正组长	
×	谢洪俊		

门庄七队贫协代表选票

符　号	姓　名	正或副组长	
	郑福多○		
	王同秋×		
	谢洪俊○		
	郑爱春×		
	董大路○	正	

门庄七队贫协代表选票

符　号	姓　名	正或副组长	
	郑福多	○	
	郑爱春	○	
	王同秋	×	
	董大路	○正	
	谢洪俊	×	

门家庄第七生产队党团员登记表　1965.7.1

姓　名	性别	年龄	家庭成分	个人出身	文化程度	政治面目		现任职务	备　考
						党	团		
纪大芬	女	55	中	农民	半文盲	党			原在一队任职，现落选
王春明	男	35	贫	农民	初小	党		指导员	
刘文井	女	37	贫	农民	半文盲	党			劝出党员
王菜秀	女	17	贫	农民	文盲		团	副排长	新吸收的
运动当中培养团员对象王菜秀(已批准) 杨春明(正在培养)									

门家第七队成年妇女登记表

姓　名	年龄	娘家成分				婆家成分				结婚时间		政治面目	备　考
		贫	下中	中	富农	贫	下中	中	富农	土改前	土改后		
刘文井	37	贫				贫					土改后		劝出党员
杨焕彩	59	贫				贫					土改后	群	改嫁到七队
谢宏俊	36	贫						中			土改后	群	
李春巧	35	贫				贫					土改后	群	妇女队长
王菜秀	17	贫										团	排长
魏翠省	39	贫				贫				土改前		群	
李俊淑	16	贫				贫						群	
庞书存	70	贫				贫				土改前		群	
杨相爱	77			中		贫				土改前		群	
刘　淑	52			中			下中			土改前			
王三尼	41	贫					下中			土改前		群	
杨东秀	16	贫								土改前		群	(原文如此——编者注)
郑爱春	36		下中			贫						群	
刘二云	71			中			下中			土改前		群	
刘秀宏	31	贫				贫					土改后	群	
李三密	65	贫				贫				土改前		群	
韩淑稳	27		下中					中			土改后	群	
刘秀苗	35			中				中		土改前		群	
纪大芬	55	贫						中		土改前		党	
李淑芳	20		下中					中			土改后	党	
王成苗	20				富农			中			土改后	党	
牛淑祯	50			中					富农				富农分子
刘焕文	63			中				中			土改后	党	

门家庄第七生产队妇女小组划分表 65.4.20

妇女小组长姓名	妇　女　姓　名		
王荣秀、李俊淑	魏翠花、庞书存、李俊淑、刘焕文、刘二云、郑爱春、李敏、李春巧、王荣秀		
刘文井	刘秀洪、董三密、韩淑文、刘秀苗、刘文井、杨焕彩		
谢洪俊	谢洪俊、刘淑、王三妞、杨采秀、门淑真、李淑芳、王成苗、杨香爱		
出席代表	李春巧、谢红俊	妇女积极分子	李春巧、王莱秀、谢宏俊、郑爱春

门家庄第七队分批加入社会主义青年小组登记表 1965.6.1

第一批参加社会主义青年小组的							第二批参加社会主义青年小组的						
姓　名	性别	年龄	家庭成分	政治面目	文化程度	运动中表现	姓　名	性别	年龄	家庭成分	政治面目	文化程度	运动中表现
杨春旺	男	20	下中	群	高小	比较积极	王成苗	女	20	富农	群	高小	比较不错（农业劳动者）
杨春生	男	16	下中	群	高小	比较积极	王成瑞	男	18	富农	群	高小	比较不错（农业劳动者）
杨东秀	女	16	下中	群	文盲	一般	门福浩	男	19	中	群	高小	比较散慢[漫]
王莱秀	女	17	贫	团员	文盲	积极	王二黑	男	16	贫	群	文盲	比较散慢[漫]
王世英	男	15	贫	群	初小	比较不错	王中光	男	20	中	群	初中	积极（第一批漏掉没批）
郑根旺	男	15	下中	群	初小	一般							
李俊淑	女	16	贫农	群	文盲	一般							
郑电远	男	21	中农	群	初中	一般							
郑电彬	男	25	中农	群	初小	一般							
李淑芳	女	20	中	群	高小	一般							

申请书(富农子女)

各位领导、全体青年同志们:

今天社会主义青年小组正式成立了,我十分高兴。

我听了付同志的报告,知道农村要建立社会主义青年小组的消息后,我非常高兴,我很愿意参加这个光荣组织,参加这个组织,可以受到社会上的教育,学习政治文化,科学知识,指引我前进的方向,但是我第一批没批准,我很惭愧,我看到很多青年同志们都入了组织,我想你们一定是思想觉悟高的、进步的知识青年。我是非常羡慕你们的,我决心向你们学习。我要争取二批加入组织,和广大青年同志们共同受到社会上的教育,共同学习主席著作,学习政治文化、科学知识。用主席思想武装自己的头脑,坚决和自己的剥削家庭划清阶级界线,坚决和资产阶级剥削阶级做无情的斗争,坚决和资产阶级思想一刀两断,向贫下中农靠拢,和贫下中农广大青年同志们紧密团结起来,共同搞好社会主义革命和三大革命。

我要积极参加这次四清运动,大量揭发阶级敌人和四类分子的破坏活动,和政治不清的干部做坚决斗争,要改造他们,帮助他们,把他们拉回来,共同搞革命。

我今后一定听党的话,有决心信心按党的政策办事,和贫下中农、广大青年同志们团结起来,共同搞好社会主义革命和三大革命。我要多看报纸,多看主席著作。在生产上要起好带头,多出工多积肥,多做累脏活,一定听干部的领导,不挑肥拣廋[瘦],做出活来要质量好数量高,提前完成任务。以后同志们要看我的具体表现,我还是不够好的,希望各位领导青年同志们多多帮助我,和同志们共同前进。我坚决做一个社会主义上的好青年。我希望领导青年同志们对我进行考验。

王成苗

65.4.25 日晚

申请书(富农子女)

我听到付同志的报告,知道农村要建立社会主义青年小组的消息后,我非常高兴,我很愿意参加这个组织,我参加这个光荣的组织,我可以得到社会的教育，提高我的思想觉悟，可以把我培养成一个社会上有用的人。

社会主义青年小组组织起来，在党和团的领导下，我们广大青年朋友们共同学习主席著作，学习政治文化、科学知识，可以用主席思想武装起自己的头脑，我坚决和自己的剥削家庭划清阶级界线，坚决和资产阶级思想一刀两断，向贫下中农靠拢，和贫下中农广大青年同志们紧密团结起来，共同搞好社会主义革命和三大革命，我要积极参加这次四清运动，大量揭发阶级敌人和四类分子的破坏活动，和四不清的干部做斗争，要帮助他改造他，把他们拉回来共同搞革命。

我表明决心，今后一定听党的话，有决心按党的政策办事，更好的和贫下中农，广大青年同志们团结起来共同搞革命。在生产上要起带头作用，不怕苦累多干脏、累活，多出工多积肥，不挑肥捡[拣]瘦，干出活来要质量好数量高，按期完成任务，希望各位领导各位青年同志多多帮助我和你们共同前进，把我培养成社会主义上的好青年，请各位负责同志批准。

王成瑞

65.4.25 日

门家第七队基干民兵登记表

姓名	性别	年龄	家庭成分				政治面目			文化程度				现任职务
			贫农	下中	中农	富农	党	团	群	文盲	初小	高小	初中	
杨春旺	男	20		下中					群			高小		排长
杨春生	男	16		下中					群			高小		技术员
王世英	男	16	贫农						群		初小			
王二黑	男	16	贫农						群	文盲				
门福浩	男	18			中农				群			高小		
郑根旺	男	16		下中					群		初小			
郑殿远	男	21			中农				群			初中		
郑殿彬	男	26			中农				群		初小			

续 表

姓 名	性别	年龄	家庭成分				政治面目			文化程度				现任职务
			贫农	下中	中农	富农	党	团	群	文盲	初小	高小	初中	
王同乐	男	29			中农				群				初中	会计
王中光	男	19			中农				群				初中	代课教师
王成瑞	男	18				富农			群			高小		
王菜秀	女	17	贫农					团		文盲				妇女排长
杨东秀	女	16		下中					群	文盲				
李俊淑	女	16	贫农						群	文盲				
王成苗	女	21				富农			群			高小		
李淑芳	女	20		下中					群			高小		

生产队介绍情况记录

七队成分

贫农：

郑付多　42岁　2口人　母亲

魏翠省　女　38岁　5口人　三女一子　男的在吉林工人　女儿大的15　二的12岁

庞书存　女　67岁　1口人　翠花的婆

郑爱春　女　37岁　3口人　儿郭根旺13岁　女郭淑君4岁

董大路　男　35岁　6口人　有他娘65岁　妻31岁　娘家陈庄，贫(农)，儿子7岁

王保训　男　51岁　7口人　妻36岁　汗林庄　长子15岁　次子11岁　三子6岁　四子2岁　长女才生

王五真　男　45岁　7口人　妻35岁 李春巧(代表)　大女17岁　王永秀　长子14岁　二次子12岁　次女7岁　三子2岁

下中：

王同杰　男　51岁　2口人　妻57

门丙坤　男　62岁　5口人　妻季大芬54　党员　女儿23岁　团员　嫁于灵口　户口在本村，儿子门付浩20岁　儿媳19　娘家野庄头

门丙濂　男　60岁　1口人

中农：

郑殿斌　男　24岁　3口人　有弟弟、母亲

王同怀　男　65岁　3口人　有妻和儿子王中光

韩淑文　女　26岁　3口人　2个小孩　男的在外是工人

谢洪俊　女　34岁　4口人　二个女儿一个儿子，娘家东堤北，贫农，父在这里过活

王同秋　男　46岁　3口人　娘和侄子

杨连合　男　47岁　7口人　妻和五个孩　长子19杨春旺　大女16杨采秀　三子9岁　二女7岁

杨连盈　男　56岁　5口人　媳夫[妇]和三个孩子，长子17杨春生　三女13岁　二子9岁

中学生二个　王忠光　王同粟

下放工人　王保训

戴帽富农　王春维　牛淑贞　没参加过会

干部情况：

62年春天和8队分开，没分队时的干部

61年指导员　李永凯(现任11队指导员)61年底去老6队任干部

　　队长　杨恒双(现任12队队长)61年底去6队任干部

　　会计　杨丙瑞(现任8队长)兼保管

62年指导员李恒印(已死)

　　队长　王彦群

副队长　王永祥

会计　王丙瑞

保管　王丙瑞(兼)

(上述到春天分队为止)

分队后

指导员(没有)有大队张普伦包办

队长　王彦群

会计　王同杰(兼保管,63 年上半年交给王成邦)

账目是王同粟任会计的旧账有　在前的账在大队

党员:刘文景　女　36 岁　王保熏的爱人

王春令　36 岁

团员:门淑真　23 岁

民兵:排长　王中光(本村代课教员)　现没有定干部

基干民兵　王中光　郑殿远　杨春旺　门付浩

普通民兵

贫协代表　董大路　郑付多　李春巧

董大路　35 岁　48 年参军　逃亡战士因其母去看他回来不去了,其父被日本抓去当过劳工,老实庄稼人

郑付多　42 岁　农民　其父在保定修表,当时和其父学徒,后回家为农

李春巧　35 岁　娘家本村　贫农　弟　李金路　现任 11 队当队长

社会情况:

魏翠省　娘家宋家庄　父亲被我政府枪杀

贫协代表讨论记录　65. 3. 3 日晚

经过粗线条以后,干部都有怒气,有的说不参加了。后来县委来了通知,支书又各自说好的,强拉硬扯的,8 队的指导员退了 6. 30 元,5 斤山芋干;会计退了 6 元,6 斤山芋干;生产队长退了 11 元;7 队指导退了 80 分,5 元,粮 5 斤;延群退了一张袷子,折 20 元,应 9 元,3 尺布票;会计退了 9 元,

山芋干 17 斤。

现在干部们干活的多了。搞粗线条时查出来的问题不少,总是稀里糊涂。7 队查账的有郑殿元、王武尉针,7 队 63 年开过油坊说赔了不知多少,粗线也没查,油坊有王同路和王长帮二人管着。油坊里丢过 1 条口袋,依干部说是空口袋。64 年干部每平均争 5 000 多分,不算粪工;殿元 2 个劳力(整的)争 8 000 多分,包括粪分。买卖东西由 7 队长经手,8 队杨开名、杨兰平、杨桂芬,油坊里用香油换的花生不知去向了。杨连营当过一段的快[会]计,中农成分,和干部的关系不错。

在八路军开辟以后,王五臻村民兵小队长,后来出去了。

7 队王春卫富农扫地出门,王同路见献田户 40 多亩地,顾[雇]短工,租给别人一部分,8 队门春井、王同辞、杨俊普、李中秋、张同音、解秀敏、门春和、李永利、门春华、门春房、王秀平、杨占东(大队会计)、解大珍;7 队:王武臻、董大路、卫春省;郑爱春,此人父亲被我枪决,没分东西;王宝训,郑福多。

伪完[顽]军这两队没有。

1965 年 3 月 2 号晚上八队办公室

由七八两队贫协代表介绍两个队的情况:

参加人员有:李春巧、郑福多、董大陆(七队)

李永力、门春井、杨俊普(八队)

粗线条四清时社员们提出来的干部的工分问题已经做了退赔。

提出来的态度已经改了,8 队指导员退工分。款 6.30 元,5 斤山芋干;会计 6.00 元,山芋干 6 斤;队长退 11.00 元。

七队指导员退款 5.00 元,5 斤山芋干;砚群(退)9.00 元至 12.00 元,山芋干 7 斤,布票 3 尺;会计退 12.00 元,山芋干 17 斤。

八队队长以前不爱参加劳动,现在劳动。

七队队长、会计不参加劳动,后来参加了,原来查账王五真、郑电元。

63 年搞完了油这账没清,时间不到一年,当时会计王同落保管员;

油赔钱,还掉了一个口袋,可是油房没好人。

七队,64 年干部每人 5 000 多分,可是社员们,弟兄俩社员二个劳动争 8 000多分,包括粪分,油房用香油换的花生不知干什么用了。

杨连营清过账，当过会计，中农买卖出身，到 60 年为止。

土改时被斗户，王成淮富农，王同罗献田，助出一部分，短工。

八队最苦的户，门春井、大同池、俊普、李中秋、张同音、谢秀敏、门春合、李永力、门春华、王秀平、杨占东、谢大真。

七队受苦：董大陆、王五真、魏春苗、保训、福多、郑爱春。

向检查组汇报材料

门庄大队第七生产队共有 20 户，人口 76，男女各半，劳力 35 名，辅助劳力 3 名，其中贫下中农 12 户，人口 50(成人 30)，占全队人口的65.7%；中农 6 户，22 人(成人 16)，占全队的 28.1%；富农 2 户。成人占全队的 54%。党员 3 名，团员 1 名。

土地：总耕地 321(集体耕地 306 亩)，自留地 15 亩；其中麦田 98 亩，棉花 98 亩，花生 16 亩，春播作物 94 亩(大玉米 7 亩)。麦子单产 173 斤，总产 16 956斤；上交 3 452 斤(原文如此——编者注)，口粮 8 250 斤(原文如此——编者注)，每人平均每天 1 斤。储备粮 3 000 斤，饲料 630 斤，麦种 1 200斤。

牲畜牛驴 7 头，母畜 3 头。

工作组 3 月 1 号进村，进村后深入了群众，发动群众，通过发动群众，找到贫下中农积极分子作为贫下中农代表(原来的代表，通过审查都可以用)，其中女 1 名，男 2 名。在找到依靠对象的同时，找到有查账能力的 3 人，其中贫农 2 人，中农 1 人。3 月 12 号开始清理经济，查账、查库等。结合群众学习中央 23 条和双十条，干部在随着学习的同时，个别进行了自我革命的教育，这个队上台上干部 3 名，下台两名，下台干部有一名无有四不清问题，其他多少不同的都有经济四不清的问题。

这些干部在政策的感召下，在群众的帮助下，提高了思想觉悟，先后交待四不清问题，四个干部共交待贪污盗窃多吃多占，粮食 2 437 斤，款 585 元，棉花 74 斤，芝麻 15 斤，布票 14 尺，其他折款 60 余元。本着 23 条的指示精神，根据干部的态度和问题性质，贫协和群众同意对各干的经济问题作了减缓免，接着进行了退赔。在退赔方面，由于干部下狠心改正以前的错误，在退赔上表现的比较积极。现将 4 名干部，已将退清的两名(这两名问题大的)，其余两名也退赔了一部分，并作退赔计划；在四月十号左右分批得到了解放，在四月下旬对这些粮款物也作了处理。处理的方法是:凡是贫农、下中农、中农、上中农以及地富子弟干部,都参加分配,按人分份。本75、74人(原文如此——编者注)参加分配,每人分现金2.93元,粮食14.30斤。但对退赔的实物也作了适当的扣留,款和物扣留36%(都是实物,木料、农具、牲畜等),粮食原计划根(据)大队意见提取15%照顾贫下中农困难户,后来贫下中农不同意这样作,一致表示,贫下中农这次不需要照顾,生活没什么问题,因此粮食全部分给全体社员。

一、在清经济的基础上群众得到了发动,贫下中农敢于当家作主了,敢于揭发问题,在此基础上进行清政治。在清政中,干部没有什么政治四不清问题,该队有两个富农分子,原来就戴着帽子。

二、清政治开始以后,发动群众和干部,揭发他们的破坏活动和罪恶事实。在揭盖时间先后揭出50余条,对四类分子进行中型会和小型会斗争。在斗争中群众感受到一次活的思想教育,通过外斗敌人内查立场,干部找到了犯错误的原因,病在自己身上,根在敌人身上。有的群众说:幸亏这次四清,教育了我们,原来我就看着地富们老实劳动,经过这斗争,真是扒外皮看到真象[相],他们真是善在表面,狠在心里,要不我这麻痹轻敌思想会上当的。对青年更是一切教育。在人民群众起来同时,富农分子在大势所趋的情况下,低头认了罪。在此基础建立了监督改造四类分子小组,本着10个好人监督一个坏的办法,建了小组,小组有组长,四类分子外出,来客,向组长报告。

清政治时,结合进行了复议阶级成分。原来20户,有8户贫下中农,经过复议增加到12户(增加2户贫农,2户下中),一户上中现改为中农。扩大了阶级队伍,增加了革命力量,使这个队的贫下中农按户算占全队的60%,按人口数占全队人口的65.7%,对进步一孤立、打击监督阶级敌人起着重大作用,使贫下中农喜笑眼[颜]开。有两个地富子弟因为表现比较不错,也改为农业劳动者。

三、清经济清政治取得决定性的胜利,在六月下旬进行了建设,从始至终抓住了阶级斗争这条纲,搞臭了资本主义,制服了敌人,深刻教育了群众,最大限度的调动了群众积极性,出现干群团结的新高潮,使社教运动进一步深入和发展。各个组织建设,路子大体分为三步,第一步,思想建设,现在正在教训阶段，先后召开了三次社员大会，总结了四清成果，大讲了党的性质、权利和义务。第一次会下去以后，干部、党团员、贫协会员、社员及基干民兵分系统进行讨论，时间每天晚上 2 个钟头。报告一次讨(论)3—4 个晚上。一方面进行教育，同时亮出干部条件，润[酝]酿候选人名单，方法而[自]下而上，由上而下，反复润[酝]酿，反复比较，使社员选好自己的管家人。除有一定时间的讨论外，工作队利用吃派饭、参加劳动等各种场合，听取了群众的呼声。我们也召开了数次的座谈会、交谈会、团结会等，解决干群之间的矛盾，贫协与干部或群众的矛盾，作了个别人的工作，达到共同搞组织建设的新局面，现在我又重新和干部作了三定三允许，把水问题解决的选举以前(原文如此——编者注)，这队上的实际情况，干部提出 64 年工分扣的多了一些，其他无[没]有翻案。根据我们掌握的材料，还是比较真实，材料可靠。干部翻案的问题，先提给本队贫协小组，然后拿到群众中，讨论查实，最后定案。这个工作我们在进行。

关于干部架子和候选人的问题，根据现在的情况，这个队共需有七名队委会干部。按现在润[酝]酿，三名老干部仍然能当选，有四个是新干部。这七名干部，有贫农三名，下中农 2 名，中农一名，现在保管还未润[酝]酿成熟。

青年民兵工作，该队共有青年 15 周岁到 30 岁的男女共有 15 名，贫下中农 9 名，中农 4 名，富农 2 名，分男女正副排长各一名。他们活动的不错，4 个队合建一个俱乐部，有 60 多本图书，毛著单行本，小画书，革命故事书等。他也学会了十多支革命歌曲。学会了走步子等，和民兵迅速集合等。下地代[带]毛选、代[带]手榴弹，基本作到劳武结合，现在他们的情绪很高。

妇女工作共有成年妇女 24 人，划分为三个选区，每个选区有个妇女代表，每逢半月召开一次全体妇女会，10 天召开一次代会。

补充：贫下中共成人共 30 名，在 4 月 10 号成立贫下中农筹备委员会第一批吸会员 9 名，第二批 7 名，准备第三批吸收的 14 个。

第七队模范干部　26 号

王砚群，男，现年 42 岁，中农成分，农民出身，初小毕业。

该同志从 14 上学，19 岁下学，下学后在家从事农业生产。

20 岁到在郑定福信共学徒 3 年，在 23 岁那年回家务农，一直到现在，现任七队生产队长。

该同志从运动一开始，经过学习中央有关文件，提高了思想，交待许多四不清问题，并做了积极退赔，认清了当前四清的必要性，并检查过来犯错误的根源，从此坚定了走社会主义的道路思想，还表示在今后的工作中立功折罪，秘[弥]补以前在工作上的损失，坚决和贫下中农团结起来，共同搞六五年生产，夺取六五年农业大丰收，由于树立了正确的思想，鉴[坚]定了为人民服务的决心和信心，从生产上确实做出了不成少成绩，使这个劳力又少又弱的生产队，在生产上成了红旗小队，他的具体作法是：农活安排合情合理，妥当安排劳力，因活因人的安排农活，最促使人们生产积极性的地方，是对农活实行小段包工，按劳取酬，每天起早捡晚，出勤时间早，在生产上以身做[作]则，以生产代[带]动生产，这样一来，工效很高，使这个队上的各项生产直线上升，在收割小麦的时候，本队麦田 98 亩，能割麦子的只有 15 个人，他认为必须抢收，不然遇风雨雹就会减产。在劳力少的情况下，怎么办呢，就是出勤时间特早，第一天他早 3 点就起床，挨户的走了一遍把社员喊起来，第二天听说傍晚有大风，他 1 点 45 分就起床，2 点人们就都割上了小麦，这样 98 亩麦子，15 张镰收割，就在第二天的上午 10 点钟，完成了割麦任务，使小麦没受到任何的灾害的侵袭。

社员对他的看法也有了很大幅度的转变，工作队一进村，群众就纷纷叫嚷，这个队上长短不能让砚群再当队长，有的说，他如果在这队，我长短不在这队，等一些言论，恨之如[入]骨，把他看成一成不变，经过近阶段的生产和各项工作中由于打了漂亮仗，群众对他的看法有了 95 度的大转弯。

绝大多的群众，尤其贫下中农群众对他有了好评，有的说砚群的确是个好干部，生产真有计划性，好干将，贫下中农代表郑福曾说：俺这个队上如果没有砚群，生产非得落后不可，这样一来干群会了师，大家齐心奔向努力增产的方向。

门庄大队三结合小组和领导班子统计表 65. 4. 12

姓　名	性别	年龄	家庭出身	个人成分	政治面目	文化程度	原任职务	初选职务	原来在几队任职	干部的是否解放	三　结　合　小　组				
											组别	姓名	原职务	贫协分子	运动中表现
王春明	男	32	贫	农民	党	无	指导员	指导员	七队	解放		董大路	贫代表	贫协分子	积极
董大路	男	36	贫	农民	群	无	贫代	队长	七队			李春巧	贫代表	贫协分子	积极
李春巧	女	32	贫	农民	群	无	贫代	妇女队长	七队			王春明	指导员		
王保熏	男	53	贫	农民	群		会计	会计	八队	解放		王彦群	队长		
郑殿元	男	20	中	学生	群	初中	保管		本队						
杨春明	男	19	中	学生	群	完小	排长		本队						
王永秀	女	17	贫	农民	群		副排长		本队						

基本情况 | 公元一九六五年八月五日

门庄大队第八生产队

案 卷 目 录

顺序编号	内 容 摘 要	财 料 页 数
1	团员基本情况	1
2	团员发展对象	2—6
3	妇女小组	7—8
4	成年妇女登记表	9
5	积极分子名单	10
6	社会主义青年小组表	11
7	基干民兵表	12
8	普通民兵表	13
9	社员讨论记录	14—26
10	党员讨论记录	27—30

八队团员基本情况

姓　名	性别	年龄	家庭出身	个人成分	政治面目	文化程度
门春合	女	18	贫	学生	团	小学
杨振西	男	21	贫	学生	团	小学
杨开名	男	21	下中	学生	团	高小

团员对象

<table>
<tr><td rowspan="2">姓　名</td><td>现名</td><td>杨振秀</td><td>性别</td><td>女</td><td>家庭出身</td><td>贫农</td></tr>
<tr><td>原名</td><td></td><td>民族</td><td>汉</td><td>本人成分</td><td>学生</td></tr>
<tr><td colspan="2">出生年月</td><td>46年11月18日</td><td>籍贯</td><td colspan="3">冀县门庄公社门家庄村</td></tr>
<tr><td colspan="2">现有文化程度</td><td>小学</td><td>现在职业</td><td colspan="3">农业</td></tr>
<tr><td colspan="2">解放前后家庭经济状况及主要成员姓名、职业、政治态度和本人关系</td><td colspan="5">解放前家庭经济很贫困。主要成员父亲杨俊甫母亲马怀女祖母相大从土地6.7亩房5间,以农业为生。
解放后11.1亩,其中分地4.4亩,房5间。主要成员没变,农业为主,拥护党的政策。</td></tr>
<tr><td colspan="2">何时何地参加过何种党派社团宗教团体和军队任何职务?现在关系如何</td><td colspan="5"></td></tr>
<tr><td colspan="2">主要亲友的阶级成分社会职业有否参加反动党派社团组织者</td><td colspan="5">亲友主要是姑母家,贫农,去世。姥姥、舅舅、妹妹、贫农。老娘、舅舅,贫农。舅舅现在工人,老娘无劳动能力。</td></tr>
<tr><td colspan="2">何时何地受过何种奖历或处分原因如何</td><td colspan="5">无</td></tr>
</table>

本人简历

何年何月至何年何月	在何地何单位	主要职业及任职	证明人
56年上学至60年退校	冀县门庄村小学	学生	杨苗秀
61年至现在农业	冀县门庄村四队	农业社员	杨苗秀
本人现在的优、缺点	工作积极，思想进步，学习好，特别是参加民兵活动较为积极，劳动好，不怕苦，团结比较好。 缺点：个性较强。		
为什么要求入团	入团是为了建设社会主义思想进步成为一个有社会主义觉悟的有文化的劳动者。中国共青团是先进青年的群众组织是中国共产党的助手共青团是热爱祖国忠于人民有知识守纪律勤劳勇敢不怕任何困难的。中国共青团是围绕着中国共产党而成长起来的。		

姓名	现名	门春台	性别	女	家庭出身	农
	原名		民族	汉	本人成分	学生
出生年月		47年11月26日	籍贯	冀县门家庄公社门家庄村		
现有文化程度		高小	现在职业			
解放前后家庭经济状况及主要成员姓名、职业、政治态度和本人关系		解放前家庭很贫。主要成员有父亲门忠路，母亲李氏。 土地4.5亩，房两间，以农为主。 解放后地8.5亩，其中分地4亩，两间房，父是党员，拥护党的政策。				
何时何地参加过何种党派社团宗教团体和军队任何职务？现在关系如何						
主要亲友的阶级成分，社会职业有否参加反动党派社团组织者		主要亲友舅舅，陈家庄人，是贫农，农业为主。				
何时何地受过何种奖历或处分原因如何		无				

本人简历

何年何月至何年何月	在何地何单位	主要职业及任职	证明人
56年上学到61年退学	冀县门庄村	学生	杨桂珍
62年到现在参加农业	冀县门庄村	农业社员	杨桂珍
本人现在的优、缺点	劳动好，不怕艰苦，思想进步，能积极参加各种革命的运动，四清运动，民兵等活动很积极，团结同志好。 缺点：有时个性较强。		
为什么要求入团	入团是为了建设社会主义，思想进步成为一个有社会主义搅[觉]悟的有文化的劳动者。中国共青团是先进青年的群众组织是中国共产党的助手。共青团是热爱祖国忠于人民、有知识守纪律勤劳勇敢不怕任何困难的。中国共青团是围绕着中国共产党而成长起来的。		

妇女小组

组长：门春合、杨桂珍	杨桂珍、王秀平、石砚君、刘平俊、程桂森、桂芬、秀云、刘秀臣、杨冬雪、门春合、苏延习、李台臣、李三密、付秀梅
	杨振秀、杨苗秀、崔月真、羡延存、刘平俊、张同音、谢秀、张梅菊、马怀女、位彦合、张令彩、石彦君
	杨瑞英、门春台、王九至、杨玉隐、张秀君、谢大珍、刘秀君、杨大音、羡彦存、门二棉

成年妇女登记表

姓　名	性别	年龄	家庭出身	个人成分	文化程度
杨玉稳	女	76	贫	农	无
王秀平	女	63	贫	农	无
石延均	女	49	下中	农	无
刘平俊	女	59	下中	农	无
杨东雪	女	29	下中	农	初小
程桂申	女	56	下中	农	无
郑爱旺	女	42	下中	农	初小
李台臣	女	40	中	农	无

续 表

姓　名	性别	年龄	家庭出身	个人成分	文化程度
李三密	女	53	下中	农	无
杨苗秀	女	18	下中	农	高小
位延合	女	58	中	农	无
杨瑞英	女	19	中	农	初小
张令采	女	39	贫	农	无
张同音	女	45	贫	农	无
羡延存	女	55	下中	农	无
王九志	女	30	下中	农	无
杨桂珍	女	18	下中	农	高小
崔月珍	女	22	下中	农	无
张秀君	女	67	贫	农	无
谢秀文	女	30	贫	农	无
王秀云	女	29	贫	农	初小
门春台	女	16	贫	农	高小
刘秀臣	女	75	贫	农	无
杨大因	女	48	贫	农	无
门春合	女	18	贫	农	初小
苏延雪	女	46	贫	农	无
张梅菊	女	69	中	农	无
马怀女	女	44	贫	农	无
杨振秀	女	17	贫	农	初小
谢大珍	女	77	贫	农	无
谢秀敏	女	67	贫	农	无
付秀梅	女	63	下中	农	无
杨桂芬	女	22	下中	农	高小

第八队积极分子名单

门春华：男　29 岁　农民成分　贫农成分　小学文化

门春井　男　65 岁　农民成分　贫农成分　无文化

门春合　女　18 岁　学生成分　贫农成分　小学文化

社会主义青年小组表

姓　名	性别	年龄	家庭出身	个人成分	政治面目	文化水平	几批
李中延	男	21	贫	学生	群	小学	一批
杨苗秀	女	19	下中	学生	群	高小	一批
李中其	女	18	贫	学生	群	小学	一批
杨振西	男	21	贫	学生	团	小学	一批
杨振秀	女	18	贫	学生	团	小学	一批
门春合	女	18	贫	学生	团	小学	一批
门春台	女	18	贫	学生	团	高小	一批
杨桂珍	女	18	下中	学生	群	高小	一批
杨瑞英	女	18	中	学生	群	小学	一批
杨西妮	男	16	中	学生	群	小学	一批
杨开名	男	21	下中	学生	团	高小	一批
杨开义	男	19	下中	学生	群	高小	一批
杨桂芬	女	21	下中	学生	群	高小	二批
崔月珍	女	21	贫	农	群	无	二批
门翠棉	女	15	贫	学生	群	小学	二批
杨春其	男	15	中	学生	群	小学	二批

第八队基干民兵登记表

姓　名	性别	年龄	家庭出身	个人成分	文化程度	政治面目	职　务
杨西妮	男	17	中	学生	小学	群	
杨瑞英	女	18	中	学生	小学	群	
李中其	男	18	贫	学生	小学	群	
李中秋	男	23	贫	学生	高小	群	民兵连长

续 表

姓 名	性别	年龄	家庭出身	个人成分	文化程度	政治面目	职 务
杨振西	男	21	贫	学生	小学	团	民兵排长
杨振秀	女	18	贫	学生	小学	团	
门春华	男	29	贫	农	小学	群	工作员
门春台	女	18	贫	学生	高小	团	副排长
杨开名	男	21	下中	学生	高小	团	
李中玉	男	21	贫	学生	小学	群	
杨苗秀	女	19	下中	学生	小学	群	
杨开安	男	26	下中	农	小学	群	副队长
杨桂真	女	18	下中	学生	高小	群	
杨桂芬	女	23	下中	学生	高小	群	
崔月真	女	21	贫	农	无	群	
门春合	女	18	贫	学生	小学	团	妇女队长

门庄八队普通民兵登记表 65.5.20

姓 名	性别	年龄	家庭成分	个人出身	文化程度	政治面目					复退军人	能否参加活动	备考
						党员	团员	群众	建党	建团			
王同慈	男	35	贫	农民	初小			群众				能	
王九志	女	31	中	农民	无			群众				能	
王秀云	女	30	贫	农民	初小			群众				能	
杨冬雪	女	31	中	农民	无			群众				能	
谢秀文	女	31	贫	农民	无			群众				能	
杨刚义	男	40	中	农民	初小			群众				能	
杨占东	男	38	下中	农民	高小			群众				能	

四清运动中社员讨论记录

听了付同志的报告,四清成果是真正的,转向生产革命,以生产带动生产,如果家中有犯六十条政策自动叫家庭交出,对学习六十条积极参加会议。振西

四清成果解决干群关系,社员有了革命干劲,一定能搞好生产。看行动看表现看干劲争上游。以后在生产中按质按量完成任务,为建设社会主义贡献力量。

为了65年的农业更大丰产不缺勤不旷工要做到比学赶帮运动贡献自己的力量,积极参加劳动多出勤,不旷工要在生产中起带头作用,听从领导。

积极起带头作用,找重活样劲活。

为65年大丰收,入[遇]困难就上要起带头作用。

今后在生产中起代[带]头作用在学习六十条时起积极参加会议,听会时一定安心,四清前在生产上马虎通过四清教育提高思想以后对各样工作能赶前完成。

关于对党的认识讨论记要　八队　7.14

杨开名:党能够领导广大社员走社会主义道路,积极的搞好生产有党的领导能使穷国[人]变富农,为人民谋福利。本村党支部和生产领导的很好。

杨彦华:党能领导穷人翻身,分了土地,建设社会主义多快好省。

李永立:党领导打垮了地主,赶走了日本,得到了太平入了高级社,人人有饭吃,过着幸福的生活。

李中其:对老年人很关心没吃给吃照顾的很周到。

春平、爱国:63年闹大水,要不是党和政府的关心,受灾的群众指什么活着。人们一时也不能离开党的领导。四清前干部不干活。

门春井:过去有好烟鬼,做贼的很多,现在没有啦,上学的多了。过去过坏年卖儿卖女逃荒要饭,现在平等啦。

开　名:要离开党的领导建设社会主义就不行,就变成修正主义的社会啦也会穷的穷,富的富,谁也不管谁啦。

对当前生产按期管理好，早起晚退到地干活，管理棉花要按质量，保证不叫棉花减产，管理棉花坚决回[会]干好按质按量不能返工。

园子早去晚退保证叫每棵白菜长 10 斤以上，听上级的话，听队长的领导叫怎样干就怎样干，经过四清学习和社员群众打成一片保证把活干好多打粮食争取大丰收。保证听从领导不旷工，全家听从指挥。开会时按时来不随便走，不旷工不缺勤，对生产要抓住三保，保质、保量、保时间，保证多打粮食支援前线。园子精细耙扣保证白菜不缺苗多上粪，以后我们做[作]事不适合 60 条的规定坚决要改。60 条的规定能促进农叶[业]生产，能使我们群众与群众之间紧密团结，能使干部和社员打成一片共同搞好生产，处处为集体、事事为大家 60 条的意义非常重要，我们坚决把 60 条学好，能用。

1. 群众发动的如何？妇女发动的怎样？特别是贫下中农发动的怎样？积极分子怎样？贫协组织巩固的怎样？

2. 新成支部领导核心　特是支书

3. 大队和生产管委会的干部　特别大、小队长建立的怎样？

4. 民兵三落实、青年团和妇联怎样？

5. 俱乐部搞的如何？

6. 清经济和政治有什么问题？

7. 阶级成分搞的如何？贫下中农达到 60—70 最好。

8. 群众干部工作三结合搞的怎样？贫下中农的阶级团结搞的怎样？干群团结怎样？

9. 各种组织关系，贫协和支部关系如何？

10. 对每个队四清的顾[估]价群众揭发和落实问题怎样？工作队在工作中有什么问题？

三大纪律

认真执行党中央政策和国家的法令，积极参加新社会建设，如实反应情况，实行民主集中制。

八项注意

关心群众生活　　　　参加集体劳动

平等态度对人　　　　工作同群众商量办事公道

同群众打成一片一□　　未有调查研究未有发言权
按实际情况办事　　　　提高无产阶级的阶级觉悟提高政治水平

打印
下中农问题
在外人口

讨　论　题

(1) 共产党是干什么的? 搞社会主义离了共产党行不行?

共产党是干什么的? 答:是代[带]路人是领导全国走社会主义道路的代[带]路人是跟资产阶级做斗争,搞社会主义离共产党不行,没有党就不能搞社会主义,党是走社会主义的先锋方针,没有共产党就没方向,所以说搞社会主义离了共产党是不行的。

(2) 什么是民主? 什么集中为什么要实行民主集中制?

事事跟群众商量,群众当家做[作]主,这是民主。从群众中来、到群众中去,这是集中。有民(主)没集中是不行,必需少数服从多数。

(3) 党员的权利和义务?

答:党员权利,党员有权利指正党的工作,和无产阶级共同走社会主义。

贫协组

(1) 共产党是领导群众建设社会主义的。群众离了共产(党)不行。

(2) 群众的意见是民主,把群众的意见集中在一起统一领导这是集中,不实行民主就托[脱]离群众了,没有集中制作某一件事就不能执行。

(3) 支部领导社员搞好生产这是走社会主义道路的,干部偷[投]机倒把贪污浪费不是走社会主义道路的。

(4) 乘海是好的他关心全村的生产关心群众的生活。善志、爱菊、赵二翠这三个人不是好的自思[私]自利很大贪污也很多别人拾粮不行善志他的老婆共产党员爱菊偷玉米行。

讨 论 问 题

(1) 搞经济清出了干部的错误干部认了这错积极参加集体劳动。

(2) 清出了干部的多吃多占吃喝浪费偷[投]机倒把请客送礼全清出了。

(3) 搞政治的时候立场不坚定的干部被地主富农拉下了水。

(4) 四清以前,神婆骗人的钱财,清政治才提高了思想觉悟牛鬼蛇神全部消灭。

(5) 四清以来清出了地主的枪枝[支]弹药金银财宝如不搞四清,他们就有变天思想。

今晚,贫协组长、新老干部、党团员、发展对象、民兵排长

大队办公室

明天晚上召开 5—6 人群众坐[座]谈会对干部看谈问题。对四清的看法,达到 6 条要求没有?(多方面的人都找点)(党员干部到大队开会)要交记录。

讨论问题

自从工作队进村已[以]来解决干部四不清问题,干部思想提高认思[识]到过去上了敌人当犯了些四不清问题。解决了干群关系使社员干部共同参加劳动,社员思想大有提高。由[尤]其贫下中农能当家作主,有了贫协会的组织。

经过政治四清,对地主富农的破坏活动,也都搞出来,并且贫下中农跟他们说理斗争,又清出了富农分子打入到我们干部队伍来,经过这次四清,我们全体贫协会员感谢党的应[英]明领导,党的方针坚决走无产阶级道,努力劳动争取六五年农业大丰收。

八队贫协组

6.25

讨论记录

① 党是干什么的?没有党行吗?

共产党是为人民服务的,是为贫下中农服务的,是为广大人民服务的,而更是为建设社会主义到达共产主义党是给人民当好勤务员。无论在什么工作中如要没有党的是不行的,没有党的领导,也就是走路没了指南针,失去了方向。

(俊明)

党是为穷人服务的,是为贫下中农做主的,领导广大人民打倒地主富农走资产阶级的道路的,是人民走向共产阶级的道路上,建设社会主义为实现共产

主义而奋斗。也是全心全义[意]的为人民服务,给人民当勤务员。无论做什么工作没有党没有领导是不能够办成的,就不能搞好,因走路没方向。

(顾善志)

党是为人民服务的,在无论做什么革命工作也好,没有党的领导是不行的,就不会搞好。就拿在这次四清来说,有多少的干部都犯了错误,如要没有党的领导不通过这次四清就会使中国变颜色,成为修正,走向资产阶级的道路上去。

(记大芬)

没有共产党是不行的,没有党的领导,就不能走向社会主义,什么工作也就不会搞好的。无论在做什么工作都离不开共产党,只有共产党也才能领导穷人翻了身,打倒地主穷人才有了幸福的生活。

(俊明)

八队群众讨论　1965. 6. 26

同　音:没四清前丙瑞不大爱干活现在能干责任(心)强。

李中玉说:小队干部都有问题,不能很好的管理家业,猪问题,思想不纯,有报复思想,山芋没种好,贫协提出干部告到大队,工作队在大会批评,主观劲头又上来啦社员们都不敢提,怕报复。

二　甫:粪给的分少,出队干部又没粪。

刚　义说:出队干部对农具不关心,套磨干部不应轮班,大车无安[鞍]子给丙瑞提过啦。公布小麦数字,记工问题,有意见不及时明确定分。不给木业组打条。

同　音、爱国说:叫丙瑞检查一下棉去他说我不去又不给分。以后争[挣]的工分多了去掳[瞜]一下子。

讨 论 记 录

② 为什么势[实]行民主制。

就是因为,不势[实]行民主,就等于离开了群众,那么党民主也不行,还得有集中因[人]比如,有9个人提出了9个意见,一个说上东一个说(上)西的,这怎样能办好事呢?就得有领导把人民的意见做总结,由少数服从多数。

(连君)

无论做什么工作都得听从群众的意见光民主没有集中也不行的,比如每个人提出一个意见这样事情就不会能搞好。就得有集中，领导把大家的意见做总结，以少数服从多数的原则。

（俊明）

无论做什么工作也得必须通过群众也得有集中，听从群众意见后，领导在[再]做总结，以少数服从多数。如要没民主事情就不会搞好，就拿这次四清来说把[吧]，如要在前一阶段势[实]行民主，就不会犯很多的错误更严重的错误，在以前光集中，几个干部以[一]说就办所以犯了这些错误。必须民主集中相结合，势[实]行民主集中制。

（善志）

党员的权力和日[义]务：有宣[选]举权，被宣[选]（举）权，对同志帮助可以提出意见，宣传政策给人民当好勤务员。

（俊明）

党员的日[义]务和权力：全心全意为人民服务，吃苦再[在]前享受在后。有宣[选]举权、被宣[选]（举）权，帮助同志的权力，宣[选]举时可以提出意见。

（善志）

党的日[义]务和权力：全心全意为人民服务，给人民当好一个勤务员，吃苦在前享受在后。被宣[选]（举）权、宣[选]举权，有帮助同志的权力。

（记大芬）

1965 年 6 月 29 号

四清中党员讨论

门庄大队全体党员名单　65. 7. 14

10 队：杨丙海
2 队：张普伦
6 队：顾善志
5 队：李长恩
11 队：李永凯
1 队：纪大芬
2 队：王延朝
2 队：王计坛
3 队：王庆云
3 队：张贵玉
3 队：张　纯
3 队：王文玉
4 队：吕怀刚
5 队：王中伏
6 队：李俊明
6 队：张爱菊
6 队：付大行
7 队：王春旺
7 队：刘文景
9 队：李长音
10 队：程 思
11 队：赵二萃
11 队：杨苗均
12 队：杨丙须

党员组讨论题　6. 29

1. 共产党是干什么的？搞社会主义离了党行不行？

2. 什么是民主？什么是集中？为什么要实行民主集中制？

3. 党员的权利和义务是什么？

4. 咱村的党支部办的事情，哪些是走社会主义道路的？哪些不是走社会主义道路的？

5. 对咱村的党员要全面分析，哪些是好的？办了什么好事？哪些是不好的事？有什么缺点？

党员组应到人数：

5 队：李长恩、王中伏、王庆云　非党　彦彩

6 队：李俊明、顾善志、张爱菊、付大行　非党　王连君

7 队：王春明、纪大芬、刘文景

8 队：非党　门春合、杨占东

党员 10 名，非党 4 人，实到党员 8 人，实到非党员 3 人。

讨 论 题

1. 以 6 条标准讨论验收
2. 干部选提和对干部的看法
3. 讨论发展党员对象问题

参加人员：

秀文、桂珍、桂芬、大台、春华、秀平、永立、连平、爱国、大因、彦雪、同音、振秀、中其、瑞英、西妮

八队群众坐[座]谈会情况

杨东平说：比四不清以前好的多干部都干活啦，大小队干部都提高觉悟啦，不劳动不行啦。

张同音说：我看有的干部思想还不稳定，还不知道让[认]到哪里去？

李永立说：听说丙瑞和永祥退的工分多点。

大伙讨论到 6 条标准时一至[致]认为①贫下中农绝大多数都发动起来啦，有话敢说啦。

杨刚义说：有的贫下中农的人怕得罪人好人主义怕工作队走后干部打击抱[报]复。

② 干部的四不清问题大部分都解决啦只是有少数人的工分退多点

③ 经四清后干部都能积极参加劳动生产

俊　明：四清以来从清经济个人觉着不上算，清政治意意[义]不小，不经过这次四清不行，敌人打进来，不干工作，也影响不好，使其它[他]干部受传染，社员反映，不经四清，社员苦海无边，贪污、盗窃，干部全有。拿今年过麦说没拾偷现象。没四清前懒、馋、占、贪、变都有些。

长　思：在四清运动以前，我有不正确认识，我本人有贪污盗窃掉在资本

主义泥坑,没这次四清集体不能巩固,也不能建设(社会)主义。

大　芬:□不叫这次四攻,我这次犯到四清很严重,四清以来我不冤了,要不叫……

连　君:我刚当干部就闹问题犯四不清错误,看到□□吃的好,喝的好。

春　旺:我犯了很多错误,我走了泥坑里。清政治敌人不老实,有变天思想。

中　伏:才搞四清,我认为白搞,经清经济方面,清出了大批粮食,特别清出了敌人,混入革(命队)伍。

第二战区(原文如此——编者注)

· 中 国 当 代 民 间 史 料 集 刊 (一) ·

基本情况 | 65.8.5

门庄九队

案 卷 目 录

编号	文件作者	文件题目	起止题号	文件日期	备 考
1	门庄工作队第九工作组	基本情况	1—20	65.8	
2	门庄工作队第九工作组	贫农入会申请	21—35	65.8	
3	门庄工作队第九工作组	第一、二、三批会员名单	36—41	65.8	
4	门庄工作队第九工作组	干部选举情况	42—48	65.8	
5	门庄工作队第九工作组	青年情况	49—52	65.8	
6	门庄工作队第九工作组	贫协情况	53—56	65.8	
7	门庄工作队第九工作组	干部与党团情况	57—59	65.8	
8	门庄工作队第九工作组	会议记录情况	60—70	65.8	
9	门庄工作队第九工作组	青年入青年小组情况	71—72	65.8	

一、基本情况

门庄九队基本情况统计表(表一)　65.3.2

队别	户数	总人口	其中		劳动力					总耕地						牲畜					农具					政治力量	
			男	女	合计	其中 整劳力	半劳力	辅助劳力	16岁以上成人	自留地	集体耕地	其中 冬小麦	春播面	菜园	林木	合计	其中 牛	驴	骡	马	胶轮车	铁轮车	小胶轮车	水车	耧犁耙盖	党员	团员
9	25	98	48	50	70	43	22	5		21.6	363.4	116.8	241.6	5		7	4	2		1	1	1	3	1	12	2	4

门庄玖队阶级成分统计表(表二)　3.2

队别	户数	总人口	贫农	其中				下中	其中				中农	其中		上中	其中		富农	其中			地主	其中			四类分子				
				户数	人口	男成人	女成人		户数	人口	男成人	女成人		户数	人口		户数	人口		户数	人口	成年人		户数	人口	成年人	地主	富农	反革命	坏分子	右派
9	25	98		12	42	10	17		9	39	10	14		4	14																

成年人：指16周岁以上的。

门庄大队第九生产队新选干部名单

项目 姓名	性别	年龄	家庭出身	本人成分	政治面目			新任职务	是否委员	原任职务	是否兼职	备考	文化程度
					党	团	群						
杨庆丰	男	65	下中	农民	党			政治工作员	委员	指导员			文盲
李玉才	男	31	贫	农民			群	队长	委员	副队长	大队管委		初小
杨双秋	男	42	上中	农民			群	副队长	委员	队长			初小
张永森	男	22	贫	学生		团		会计	委员	会计			初中
杨春仁	男	23	贫	农民		团		保管	委员	社员			初小
杨合须	女	20	贫	农民		团		妇女队长	委员	社员			高小
杨春尧	男	24	下中	农民			群	排长	委员	社员			文盲
杨延表	女	20	贫	农民		团		副排长	委员	社员			高小
杨丙常	男	58	下中	农民			群	老农	委员	社员			初小

贫农下中农点名册

钬福来　女　贫
李长秋　男
胡瑞音　女
李孟学　男
羡金表　女
李忠梅　女
王秀茹　女
杨广银　男
傅延苗　女
杨岐荣　男
孙俊台　女
张大文　女
王文珍　女
傅大巧　女
杨东坡　男
杨东秀　女
付秀臣　女
杨文芳　男
杨合需　女
石平荣　女
杨春银　男

杨春意　男
王九月　女
杨俊义　女
杨俊苗　女
杨丙亮　男
张爱琴　女
李长音　女
杨冬肖　女
杨丙仁　男
门同彩　女
杨同昌　男
程彩清　女
杨延表　女
杨恒星　男
程香真　女
李羡章　男
李玉才　男
赵贵同　女
杨冬秋　男
共计 39 名
男 14 个　14

女 25 个　25

永科
庆坡
双秋

成年人 46
男 17
女 29

中农
丁　稳　女
杨殿东　男
位大彩　女
杨长九　男
谢金玉　女
杨长林　男
羡延稳　女
共 7 名
男 3
女 4

第九队进村干部　1965. 3. 10

队　长　杨双秋　副队长　李玉才
指导员　杨庆丰　保管　杨在波
会　计　张永森
党　员　杨庆丰　李长音
团　员　张永森　杨俊义
　　　　杨东肖　杨春仁

门庄九队干部简历表 65.4.30

姓　名	性别	年龄	成分	出身	政治面目	现任职务	原任职务	文化程度	任职时间
张勇森	男	20	贫	学生	团员	团委、会计	无	初中	64年8月8日—1965年

个人简历：
本人于1953年八岁入学——1957年小学毕业
1957年12岁——1959年14岁完小毕业
1959年14岁——1962年17岁初中毕业
1962年17岁——1963年5月份麦季协助员（粮站）
1963年5月份——1963年11月份　本村临时煤站协助工作
1963年11月份——1964年6月份　第二队参加劳动
1964年6月份——1965年任本村团支部组织委员至今
1964年8月份——1965年任本村第9生产队会计至今

门庄九队干部简历表 65.4.30

姓　名	性别	年龄	成分	出身	政治面目	现任职务	原任职务	文化程度	任职时间
杨庆丰	男	66	贫	农民	党	指导员	指导员	文盲	63—65年

个人简历：
16岁前在家
16岁——25岁　在沧州卖盆子和补鞋
25岁——30岁　在本村参加劳动
30岁——35岁　在本村参加生产，晚上参加本村自卫队
35岁——现在　在本村参加劳动

门庄九队干部简历表 65.5.26

姓　名	性别	年龄	成分	出身	政治面目	现任职务	原任职务	文化程度	任职时间
李玉才	男	30	贫	农民	群众	副队长	社员	初小	64.4—65年至今

个人简历：
10岁上学——14岁初小毕业后一直在家参加生产在64年4月当选门庄九队副队长
65.5.27

门庄九队干部简历表　65. 4. 30

姓　名	性别	年龄	成分	出身	政治面目	现任职务	原任职务	文化程度	任职时间
杨东波	男	21	下中农	学生	群众	保管	保管	初中	1963年—1965年
个人简历： 1952年——1957年　在本村小学上学 1958年——1959年　在西堤张完小上学 1960年——1962年　在码头李上初中 1963年——1965年　在本村第九队当干部(小队保管)									

门庄九队干部简历表　65. 4. 30

姓　名	性别	年龄	成分	出身	政治面目	现任职务	原任职务	文化程度	任职时间
杨长林	男	29	中农	学生	群众	社员	会计	初中一年	63年—64年中旬
个人简历： 1947年在本村小学上学——1953年小学毕叶[业],1953年夏在深县琅窝完小上校,到1955年初转到西堤张完小1955年夏毕叶[业]参加农叶[业]生产,1956年底结婚,1957年夏考束鹿王口民中上校,到1958年9月份考上石市拖拉机修配厂当学徒工,到1961年秋下放回乡参加生产,1962年3月份由村支部派我在9队当会计,到1964年8月份退职,当上社员参加生产劳动到现在。									

门庄九队干部简历表　65. 5. 26

姓　名	性别	年龄	成分	出身	政治面目	现任职务	原任职务	文化程度	任职时间
杨双秋	男	42	中农	农	群众	生产队长	生产队长	小学	1957年
个人简历： 1932年本村小学上学到1935年毕业 1936年去沈阳粮米铺学徒 1937年回家为农 1955年参加初级社 1956年参加高级社第12队当记工员 1957年人民公社第3生产队当生产队长 1958年11小队生产队长 1959——1961第4队当生产队长 1962——1965第9队任生产队长									

门庄大队第九生产队干部安排登记表 65.6.8

姓名 项目	性别	年龄	家庭出身	个人成分	文化程度	政治面目			原职	安排职务	备考
						党	团	群			
杨庆丰	男	64	贫	农民	文盲	党			指导员	政治工作员	
李玉才	男	30	贫	学生	初小			群	副队长	队长	
杨东明	男	31	下中	农民	初中			群	会计	会计	
杨春尧	男	23	下中	农民	初小			群		副队长	
杨双秋	男	41	上中	农民	初小			群	队长	副队长	
杨东波	男	23	下中	学生	初中			群	保管	保管	
杨合须	女	19	贫	学生	初小			群		妇女队长	
杨东秋	男	21	贫	农民	初小			群		排长	
杨延表	女	19	贫	学生	初小			群		副排长	
杨文芳	男	50	贫	农民	初小			群		贫协组长	

门庄大队第九生产队干部安排登记表 65.5.20

姓名	性别	年龄	家庭出身	个人成分	文化程度	政治面目			原任职务	新安排职务		备考
						党	团	群		党内	行政	
杨庆丰	男	62	贫	农民	文盲	党			指导员	政治工作员		
李玉才	男	30	贫	农民	初小			群	副队长	队长		
杨春仁	男	26	贫	农民	完小		团		社员	副队长		
杨冬明	男	30	下中	学生	初中			群	会计	会计		与二队安排重了商量解决
杨东波	男	58	贫	农民	初小			群	社员	保管		

续 表

姓 名	性别	年龄	家庭出身	个人成分	文化程度	政治面目			原任职务	新安排职务		备 考
						党	团	群		党内	行政	
杨合须	女	22	贫	学生	完小			群	社员	妇女队长		说明杨春仁如果提借调干部，换杨春尧副队长，杨东秋安排民兵排长
杨春尧	男									副队长		
杨延表	女									副排长		
杨文芳										贫协		
杨东秋										排长		

九队　门庄大队第九生产队干部安排登记表　65.6.8

姓 名 项 目	性别	年龄	家庭出身	个人成分	文化程度	政治面目			原 职	安排职务	备考
						党	团	群			
杨庆丰	男	64	贫	农民	文盲	党			指导员	政治工作员	
李玉才	男	30	贫	农民	初小			群	副队长	队长	
张永森	男	21	贫	学生	初中		团		会计	会计	
杨双秋	男	41	上中	农民	初小			群	队长	副队长	
杨东波	男	23	下中	学生	初中			群	保管	保管	
杨合须	女	19	贫	学生	高小			群		妇女队长	
杨东秋	男	21	贫	农民	初小			群		排长	
杨延表	女	19	贫	学生	初小			群		副排长	
杨文芳	男	50	贫	农民	初小			群		贫协组长	

门庄大队三结合小组和领导班子统计表

姓名	性别	年龄	家庭出身	个人成分	政治面目	文化程度	原任职务	初选职务	原来在几队任职	干部的是否解放	三结合小组				
											组别	姓名	原职务	贫协分子	运动中表现
李俊明	男	35	贫	农民	党员	初小	指导员	指导员	九队	解放		杨庆丰	指导员		较好
李玉才	男	32	贫	农民	群众	初小	副队长	队长	九队	解放		李玉才	副队长		较好
杨东明	男	35	下中	农民	群众	初小	会计	会计	二队	解放		张永森	会计		一般
杨春仁	男	24	贫	农民	团员	初小		副队长				杨春仁		组长	好
杨文芳	男	49	贫	农民	群众	初小		保管				杨文芳		分子	好
杨合须	女	21	贫	农民	群众	高小		妇女队长				杨延表		分子	好
杨东秋	男	21	下中	农民	群众	高上		排长							

进村摸底情况　65.3.20

根子：

杨文芳　男　贫　50 岁

杨同昌　男　贫　58 岁

杨春仁　男　贫　25 岁

积极分子：

杨增堂　男　贫　28 岁

杨岐荣　男　贫　32 岁

孙俊红　女　贫　23 岁

杨合须　女　贫　22 岁

杨延表　女　贫　20 岁

羡金表　女　　21 岁

李长秋　男　下中　40 岁

第一批会员：

杨文芳　杨合须　杨同昌　杨延表　杨春仁　羡金表　杨增堂

李长秋　杨岐荣　孙俊红　李忠波　杨广仁　石平荣　杨春义

王九月　杨俊义　杨俊苗　程彩清

明 日 上 午 报

查账人员

杨岐荣　杨春仁　杨合须　杨东肖

修河人员

干部排队

第九队在职 5 个下台 1 个　好的 1 个　比较好的 2 个　问题多的3 个

各阶层妇女底数

贫农　12 户　42 人　女成人 17 名

下中　9户　39人　女成人14名
中农　4户　14人　女成人5名

群众排队　干部排队

贫农　好的　一般的　落后

下中　李长秋　杨广仁　张爱琴
　　　羡金表　石平果　杨丙仁
　　　杨岐荣　杨春义　杨恒星
　　　孙俊台　杨俊义　程香真
　　　杨文芳　杨俊苗
　　　杨合须　杨丙亮
　　　杨春仁　杨东秋
　　　杨增堂　李长音
　　　王九月　杨东存
　　　杨同昌　杨东肖
　　　程彩清　杨延表
　　　李宪章　王秀彩

家属　一般　落后
　　　钚福意　羡延稳
　　　张大文　付大巧
　　　王文巧　刘爱书
比较差的　付彦苗

中农
一般：丁　稳　好
一般：杨殿东　门同彩
一般：位大彩
一般：杨长久

群 众 排 队

贫下中农

好的

李长秋　羡金表　杨岐荣　孙俊台　杨文芳　杨合须　杨春仁

杨增堂　王九月　杨同昌　程彩清　李宪章

一般的

杨广仁　石平菓　杨春义　杨俊义　杨俊苗　杨丙亮　杨东秋

李长音　杨东存　杨东肖　杨彦表　王秀彩

落后的

张爱琴　杨丙仁　杨恒星　程香真

中农

一般的：丁　稳　杨殿东　位大彩　杨长久

好的：门同彩

干部家属

一般的：钵福意　张大文　王文巧

落后的：羡彦稳　付大巧　刘俊书

干部

好的：杨庆丰

比较好的：李玉才　张永森

问题多的：杨东坡　杨双秋　杨长林

贫农

男　青7　壮3　老1

女　青8　壮5　老4

下中农

男　青5　壮5　老1

女 青6 壮5 老4

中农

男 青2 壮1 老1

女 青3 壮1 老

二、入会申请

李宪章　65.3.21

我志愿加入贫协会通过四清运动学习开会讨论,使我的思想有了显著提高,辨明了大是大非认清了我国的大好形势。但是社会上还存在着阶级必然就有斗争,那就是无产阶级与资产阶级两条道路的斗争。这时党和毛主席就派了工作队在全国各地展开了社会主义教育的四清运动清那些走资本主义道路的当权派以及地主反坏的各种破坏活动从前党和毛主席领导广大的贫下中农斗地主闹土地改革现在又组织广大的贫下中农,给四不清干部洗手洗澡,组织贫协会。我是贫农出身,所以我志愿加入贫协会,我知道贫协会是给广大贫下中农当家作主的,我要以主人翁的态度,坚决于[与]坏人坏事作斗争,大胆揭发四不清干部的各种错误,别看我年老而我的心不老,我要以青年的革命志气斗争到底!

王秀彩　65.3.21

我志愿加入贫协会通过四清运动学习开会讨论,使我的思想有了显著提高,辨明了大是大非认清了我国的大好形势但是社会上还存在着阶级,必然就会有阶级斗争出现,那就是无产阶级与资产阶级两条道路的斗争这时党和毛主席就派了工作队在全国各地展开了,社会主义教育的四清运动清那些走资本主义道路的当权派,以及地主反坏的破坏活动。从前党和毛主席领导广大的贫下中农,斗地主闹土地改革,现在又组织广大的贫下中农,给四不清干部洗手洗澡,组织贫协会我是贫农出身,所以我志愿加入贫协会。我知道贫协会是给广大贫下中农当家作主的,我要以主人翁的态度,坚决于[与]坏人坏事作斗争,大胆揭发四不清干部的各种错误。别看我年老而我的心不老我要以青年的革命志气斗争到底!

申　请　书

65年开始四清运动当中,给了贫下中农一个很深刻的教育,可是受了教育以后,使我思想上变了样,能分清阶级路线,能再做谋[某]项工作中站稳无产阶级立场,牺牲个人一切利益。

一、积极响应党和毛主席的号召,须[虚]心的遵守和执行党和毛主席的政策。

二、积极参加劳动,在生产中一定要起骨干作用,努力创造条件。

三、要和资本主义和封建势力坚决作无情的斗争,推翻一切坏人坏事的破坏活动。

四、要和贫下中农打成一片,团结起来,共同对付敌人,不能让他们在农村中造窑[谣]破坏。

五、要帮助四不清干部多提出问题,让他们好好的成[承]认自己的错误,不再走向资本主义道路。

六、在这个运动中,我要执行贫下中农协会的决议,积极完成分配的工作任务,要监督地主、富农、反革命分子的破坏行为,同一切坏人坏事作斗争。

我经过这次学习,我心里和以前大不同了,我想这是一个很好的教育,能使个人永远不会忘记阶级恨的,经过这次运动以后,一定要安[按]照二十三条办事。

1965.3.18号

姓名　杨东肖　写

申　请　书

我志愿加入贫协会通过四清运动的学习我的思想有了显著提高,认清了党和毛主席的英明领导。党和毛主席领导人民闹土地改革建设社会主义,现在为了更好的建设社会主义反对那些走资本主义道路的当权派,又组织广大贫下中农参加贫协会,使广大的贫下中农当家作主。我是下中农出身,所以我志愿加入贫协会,要以主人翁的态度,参加到社会主义建设中去为更好的建设社会主义早日实现共产主义而奋斗。

孙俊台

65.3.17

申　请　书

65年开始四清运动当中,给了贫下中农一个很深刻的教育,可是受了教育以后,使我思想上变了样,能分清阶级路线,能再做谋[某]项工作中站稳无产阶级立场,牺牲个人一切利益。

一、积极响应党和毛主席的号召,须[虚]心的遵守和执行党和毛主席的政策。

二、积极参加劳动,在生产中一定要起骨干作用,努力创造条件。

三、要和资本主义和封建势力坚决作无情的斗争,推翻一切坏人坏事的破坏活动。

四、要和贫下中农打成一片,团结起来,共同对付敌人,不能让他们在农村中造窑[谣]破坏。

五、要帮助四不清干部多提出问题,让他们好好的成[承]认自己的错误,不再走向资本主义道路。

六、在这个运动中,我要执行贫下中农协会的决议,积极完成分配的工作任务,要监督地主、富农、反革命分子的破坏行为,同一切坏人坏事作斗争。

1965.3.18号

姓名　李长音　写

申　请　书

在党的领导下和三面红旗光辉照耀下使我们翻了身作了主人,才得到今天的幸福,这都是党和毛主席带来的幸福,使我非常感谢共产党和毛主席,由[尤]其在这次四清当中使我更进一步认识了上级对我们的关怀和照顾,把那些四不清干部搞的又深又透又彻底把那些贪污盗窃和偷[投]机倒把分子的坏事坏根子全部的挖出来,这些成绩都属于党和人民使我认识了只有党和毛主席才有今天的幸福。我决心听党的话,按着毛主席的指示办事坚决走贫下中农路线把那些走资本主义道路的人灭掉。这次四清当中有党和贫下中农才把贪污盗窃走资本主义道路的人搞夸[垮],没有党和贫下中农就搞不好我深深的提[体]会到有党和贫下中农才搞出这样辉煌的成绩我一定和贫下中农站在一起,所以我要求参加贫协会。

申　请　书

我听报告以后,从我思想上受到教育,认识了形势是大好,分清了两条道路的斗争，从我思想上坚决和四不清干部坏人坏事做无情的斗争，一定占[站]稳立场和贫下中农占[站]在一条凳子上，不听他们的话，坚决掀他们的盖子，看到或听到直[及]时向工作组报告，坚决走无产阶级的光明道路。

杨恒兴
1965年3月22日

申 请 书

我听说家里搞四清运动，我心里可高兴极了，可是从我思想上提[体]会到党和毛主席对我们广大群众广大贫下中农是很关心的，我表明态度如下：

一、我坚决和贫下中农占[站]在一起。

二、我坚决占[站]稳无产阶级立场。

三、一定要和四不清干部和坏人坏事做无情的斗争。

四、一定能够坚都[监督]阶级敌人。

五、我坚决走社会主义的光明大道和广大群众广大贫下中农并肩前进。

杨存尧
1965年3月22日

申 请 书

我经过这次四清运动的学习，从细[思]想上提高了觉悟，我坚决要和四不清干部坏人坏事做无请[情]的斗争，一定能够一时一刻坚都[监督]四不清干部，我坚决和广大贫下中农占[站]在一起，掀四不清的盖子，看到或听到直[及]时向工作(队)和贫协干部报告，坚决走社会主义的光明大道，准备入贫协会。

程香珍
1965年3月22号

入会申请书

在那天听了工作干部的讲话以后，听说要成立贫协会，我非常高兴，在这次入会当中我要积极参加入会在这次事[四]清当中要以身作则带动社员对四不清干部坏人坏事做无情的斗争响应党的号召党指到那[哪]里就做到那[哪]里积极带头不怕一切困难以实际行动来回答这次革命运动。

入会人：张爱琴
1965年3月18日

申 请 书

李长秋现年四十岁正[整]家庭程分[成分]贫农，自愿参加入贫民协会入会态度表明如下

1. 听毛主席的话，听共产党的话。

2. 执行政策坚决

3. 站稳立场、分清敌我界线，不走资产阶级道路。

4. 在各项运动中起代[带]头向坏人坏事作斗争

5. 在劳动中一[以]身作则不尖[奸]不滑[猾]入[遇]到困难危险冲峰[锋]在前退在后面

6. 个人利益服从集体利益树立集体思想学习雷峰[锋]同志的革命道德品资[质]不顾一切

1965年3月16号
李长秋

请上级领导同志审查批准为要是何[荷]

申 请 书

65年开始四清运动在这次运动当中，我听了工作队的报告受到了深刻的教育我们贫下中农团结中农在党的领导下坚决与四不清当权派作深透的斗争及地富和坏分子时常坚[监]督坏人坏事，跟他们斗争到底。

1. 我在这次运动当中要起带头鼓[骨]干作用，坚决和地富反动派作无请[情]的斗争。

2. 我不怕坏人坏事的打迹[打击]坚决和贫农团结在一起。

3. 在党和毛主席的领导下受到了先进教育。

4. 我坚决参加贫协会组织，使我加强进步。

5. 我要和四不清的干部作无情的斗争使社会主义早日走向共产主义。

美金表
1965.3.18

申 请 书

65年开始四清运动当中，给了贫下中农一个很深刻的教育，可是受了教育以后，使我思想上变了样，能分清阶级路线，再做谋[某]项工作中站急[稳]无产阶级立场，牺牲个人一切利益。

1. 积极响应党和毛主席的号召，须[虚]心的遵守和执行党和毛主席的政策。

2. 坚决向四不清干部作斗争，打破他们的坏作风。

3. 一定要监督坏人坏事在农村中的破坏活动。

4. 我坚决站稳无产阶级立场，安[按]二十三条办事。

5. 坚决不能让地主、富农、坏分子活跃起来。

1965.3.19
杨东存

申 请 书

经过65年的四清，给了我一个很深刻的教育，认清了阶级敌人，分清了阶级路线，以后能使我再做工作中站急[稳]无产阶级立场，决不会走向资本主义的道路上，我以后做什么工作一定要按着二十三条办事，向四不清干部多提问题，打破他们的坏思想，不能认[任]他们在村中坏活动，一定要监[检]举地、富、反、坏分子的破坏活动行为，坚决向坏人坏事做无情的斗争，消灭走资产阶级道路的人。

1965.3.19
杨丙仁

申 请 书

在这次四清当中起[启]发我的思想和积极姓[性]一定要按着23条办事我们贫下中农团结中农站起来跟四不清干部和当权派做无情斗争多提意见给他们治病叫他们从心[重新]做人还要坚都[监督]四瑞[类]分子的活动。

现在又叫申请入贫协会,我就拿出实纪[际]行动来为人民服务,为社会主义早日实现共产主义而奋斗。

魏大彩

1964.3.19号

申 请 书

1. 那天晚上听到四清工作队的报告,我听说成立了贫协会,我的心中非常高兴,积极的争取入会。

2. 在这运动当(中),通过几次的会议讨论使我提高了觉悟,要按照党的二十三条和双十条办事。

3. 因为我是贫农出(身),所以要和贫下中农团结在一起,要起个带头鼓[骨]干的作用,解[揭]发四不清问题,让他们改变旧的思想,使社会主义早日走向共产主义社会。

王九月

申 请 书

在65年开始搞这次四清运动中我听了工作队的报告受到深刻阶级教育因为我是贫农出身所以要起带头鼓[骨]干作用。

我们贫下中农团结中农在党和毛主席的领导下坚决与四不清的干部做深透的斗争,我们要向地富反坏分子时常监督检查坏人坏事愿参加贫协会斗争到底。

杨俊苗

申 请 书

在这次运动当中,经过几次的会议和学习,使我的思想有了很大的进步。坚决与四不清的当权派和地富破坏分子作斗争,要起鼓[骨]干带头作用,按党的二十三条办事不怕打击不怕斗争。只有在党的领导下才能搞好四清。使社会主义早日走向共产主(义)的而(奋)斗。

杨俊义写

1965.3.19号

申 请 书

我志愿加入贫协会通过四清运动的学习了中央二十三条及双十条我的思

想有了显著提高，这时党又号召广大的贫下中农参加贫协会我知道贫协会是给广大贫下中农当家作主的，是坚决反对走资本主义的，我是下中出身，所以我志愿加入贫协会，愿意自己当家作主，积极给四不清干部提意见，为更好的建设社会主义而奋斗！

门同彩

65.3.17

申 请 书

杨春义

1. 那天晚上，听到四清工作队的报告，听说成立了贫协会，我心中非常高兴的，积极的争取入会。

2. 在这次运动当中，经过几次的会议和讨论，使我提高了觉悟，要按党的二十三条办事。

3. 要和广大群众团结在一起，要起带头鼓[骨]干作用，解[揭]发四不清问题，让他们改变旧的面貌，为社会主义早日走向共产主义社会的而奋斗。

1965.3.17号

申 请 书

石苹果

65.3.17

我志愿加入贫协会，通过四清运动学习了中央二十三条及双十条我的思想有了显著提高，这时党又号召广大的贫下中农参加贫协会我知道贫协会是给广大的贫下中农当家作主的，是坚决反对走资本主义道路的，我是贫农出身，所以我志愿加入贫协会我要以主人翁的态度，关心大家的事情，积极努力揭发四不清干部的错误，为早日实现共产主义而奋斗！

申 请 书

杨岐荣

我志愿加入贫协会通过四清运动学习我有了明确的认识认清了党和毛主席的英明领导的正确，党和毛主席领导人民打倒地主闹平分，现在又领导广大的贫下中农组织贫协会，我是贫农出身，所以我志愿加入贫协会我要以主人翁的态度，积极揭发四不清干部的错误。

65.3.19

申 请 书

我那天晚上听了工作队的报告以后,听说组织贫协会,我心中非常高兴,我要积极响应党的号召,积极参加入会,我在这次四清当中,要响应党的号召,要听党的话,在这次革命运动中要积极参加革命,不怕一切困难,个人要站稳立场,和四不清干部、坏人坏事做无情的斗争,我要为人民和国家多做些好事情,我要拿实际行动来报打[答]这次革命运动,我一定要经的[得]起这次对我的考验。

杨东秋

1965 年 3 月 18 号

申 请 书

在 65 年四清当中,听到了工作队的报告以后,我的思想上辨[变]了样认清结[阶]级路线,我要站起身来多给四不清干部提意见叫他们辨[变]成好人。

我们贫下中农要团结中农和地主富农做斗争以后一定执行党和毛主席的政策我愿意加入贫协会要以主人翁的态度参加到社会主义建设去为更好建设社会主义而奋斗。

杨殿东

1965. 3. 19 号

申 请 书

听了报告后,听工作干部说要成立贫协会我很高兴在这次入会中我积极申请入会在这时的贫农有了当家作主的政权在旧社会里地主们把贫农当成牛马使用吃喝就不如它的鸡狗,现在贫民翻了身有了自己的组织当了家有了自己的组织积极参加在这次四清中我要报[极]不讲私情站稳立场,不怕一切困难的向四不清干部坏人坏事作无情的斗争积极掀开四不清的盖子,听党的话。

入会人:杨丙亮

1965. 3. 18 号

申 请 书

魏大彩

我愿加入贫协会我知道贫协会是广大贫下中农组成的,它是为人民服务的，处处为贫下中农利益找[着]想，我是贫下中农，所以我愿加入这个组织当家作主，站在革命的最前例[列]，前两次由于我的条件不够成熟所以没被批准，但是我并没有灰心丧气，继续努力为加入这个先进组织而创造条件，向贫协会员们学习，要工作到前头，敢于(向)坏人坏事做斗争，以主人翁的态度，关于[心]队上的事情，树立以社会[为]家的思想，处处想到集体和广大贫下中农团结起来，为搞好这次伟大的四清革命运动而努力！

申　请　书

杨殿东

我志愿加入贫协会，我知道贫协会是为广大人民服务的，它处处为贫下中农的利益找[着]想，为大家办事，我是下中农所以我愿加入这个组织愿当家作主，愿意站在革命的最前例[列]，由于我的条件还不够成熟，所以上两次没被批准，但是我并没有灰心丧气，继续努力，为加入这个先进组织创造条件，向贫协会员学习，事事工作到前头，敢于(向)坏人坏事做斗争，要以主人翁的态度，关心队上的事情，树立以社为家的思想，处处想到集体和广大贫下中农团结起来，为打好这次伟大的四清革命运动而努力！

申　请　书

1965 年 7 月 19 日

胡瑞音现年三十六岁家庭妇女自小为农。在这次伟大的革命运动中认清了敌我阶级我自愿加入贫协会。

1. 听党的话听毛主席话。
2. 服从上级各种政策法令。
3. 劳动中起代[带]头在各种运动中起代[带]头。
4. 和贫下中农紧密团结起来。
5. 检举一切破坏社会主义坏人坏事。

胡瑞音叙

申　请　书

经过 65 年这几天的四清运动，给了我一个很深刻的教育，使我思想上认清了阶级路线，认清了阶级敌人。

分清了敌人和自己人，由于党给了贫农和下中农一个很大的教育，能使我在谋象[某项]工作中,要分清阶级路线,要不经过这次深刻教育,我就会走向自[资]本主义道路上去。

从今以后在做谋[某]一个工作中,要安[按]着二十三条办事,听党和毛主席的话,站稳无产阶级立场,不怕一切困难,坚决和坏人坏事做无(情)的斗争,推翻一切自[资]本主义和封建势力的破坏行动。

李忠梅

1965 年 3 月 22 号

申 请 书

门同彩

我志愿加入贫协会,我知道贫协会是广大贫下中农的先进组织它是革命依靠的主人军它处处为人民着想为人民服务,我是下中农成分。由于我的条件还不十分成熟所以上两批没被批准,但是我并不灰心丧气,继续努力创造条件争取在第三批被批准入贫协会,我要向贫协会员们学习,在劳动中起带头作用,敢于(向)坏人坏事做斗争,树立以社如[为]家的思想处处先想到集体,要以主人翁的态度,关心队上的事情,为搞好这次伟大的四清革命运动而努力,为争取 65 年秋季大丰收而奋斗!

1965.7.20

申 请 书

我在这几天的学习,从思想上看到党对我们贫下中农是很关心的,可是我要珍惜这个四清运动,在运动中要起鼓(骨)干作用,要和坏人坏事作斗争,占[站]稳无产阶级立场,坚决走社会主义道路,准备给入贫协会做好有力[利]条件。

杨同昌

1965 年 3 月 18 日

申 请 书

在前两天听到潘同志的报告以后,感觉到党对贫下中农是很关心的,我在这个四清运动中一定要响应党的号召,一定要珍惜这个运动,听从指挥要和贫下中农占[站]在一起,坚决和坏人坏事做斗争,站稳无产阶级立场,坚决走社会主义道路。

程彩青
1965年3月18日

申　请　书

我经过好几天的学习，从思想上看到党对我们贫下中农是很关心的，可是我要珍惜这个运动，我要一定按党的政策办事，听从领导，要动园[员]广大贫下中农入会，要和坏人坏事做斗争，站稳无产阶级立场，坚决走社会主义道路。

杨延表
1965年3月18日

三、第一、二、三批会员名单

门庄九队　门庄村第一批入会会员统计表　65.2.6

队别	姓　名	性别	年龄	家庭出身	个人成分	政治面目	文化程度	职　务		四清运动中的表现
								组织	行政	
9	杨文芳	男	49	贫		群众	初小			在运动中表现积极，按过去从来不说话，现在敢于起来揭发问题了。
9	杨同昌	男	58	贫		群众	文盲			在运动中表现一般，年纪大了，思想慢，有些问题不十分大胆。
9	杨春仁	男	25	贫		团员	完小			运动中表现积极，知道问题敢于揭发，坚持真理。
9	杨增堂	男	28	贫		群众	文盲			以前和运动中，都是敢于揭发干部的问题，不怕困难。
9	杨岐荣	男	32	贫		群众	初小			表现不错，有些问题不怕打击直接向工作队说。
9	孙俊台	女	24	贫		群众	初中			在运动中表现按妇女来说是敢于斗争的。
9	杨合书	女	22	贫		团员	完小			在运动前是不爱反应[映]问题的，现在经过学习，也反应[映]些问题。
9	杨彦表	女	20	贫		群众	完小			在运动中表现积极，知道的问题基本上能说出来。

续 表

队别	姓 名	性别	年龄	家庭出身	个人成分	政治面目	文化程度	职 务		四清运动中的表现
								组织	行政	
9	李长秋	男	38	贫		群众	完小			在运动中表现积极,知道的问题敢于揭发。
9	程彩清	女	49	贫		群众	文盲			按老年人来说,比较敢说话和反应[映]问题。

门庄大队九队第一批入会会员统计表 65.3.12

队别	姓 名	性别	年龄	家庭出身	个人成分	政治面目	文化程度	职 务		四清运动中的表现
								组织	行政	
9	李忠波	男	24	贫		群众	完小			现在在工地修工。
9	杨广仁	男	20	贫		群众	初小			在运动中表现一般,有问题基本上敢于揭发。
9	石平菓	女	50	贫		群众	文盲			在运动中表现积极,年老人来说,敢于斗争。
9	杨春义	男	19	贫		群众	初小			年少,知情少,表现看来,知道的问题能揭发。
9	王九月	女	49	贫		群众	文盲			在运动中表现一般,背靠背敢于揭发问题。
9	杨俊苗	女	20	贫		群众	完小			年少幼稚,不爱说话,本身是贫农,表现不错。
9	李现章	男	60	贫		群众	初小			年老表现积极,敢于揭发问题。
9	李长音	女	54	下中		党员	文盲			表现前段不敢揭发问题,后段经帮助,敢于揭发问题了。

第二批入会人员

姓名	成分	年龄	面目
李玉才	贫	30	群众
张永森	贫	21	团员
杨庆丰	下中	61	党员
钚福意	贫	28	群众
杨丙亮	贫	57	群众
杨东秋	贫	22	群众
杨东肖	下中	17	团员
李长音	下中	48	党员
杨俊义	贫	23	团员
王秀彩	贫	55	群众
杨东存	下中	25	群众

门庄第三批入会会员统计表 65.7.13

队别	姓名	性别	年龄	家庭出身	个人成分	政治面目	文化程度	职务		运动中的表现
								组织	行政	
9	胡瑞音	女	36	贫	农民	群众	初小	无	无	表现一般
9	丁　稳	女	62	下中	农民	群众	文盲	无	无	表现一般
9	杨殿东	男	36	下中	农民	群众	初小	无	无	表现一般
9	魏大彩	女	34	下中	农民	群众	初小	无	无	表现一般
9	杨长久	男	38	下中	农民	群众	初小	无	无	表现一般
9	谢金玉	女	36	下中	农民	群众	初小	无	无	表现一般
9	杨丙常	男	58	下中	农民	群众	初小	无	无	表现一般
9	付大巧	女	60	下中	农民	群众	文盲	无	无	表现一般　下期
9	杨东波	男	24	下中	学生	群众	初中	无	无	表现一般
9	杨东秀	女	22	下中	学生	群众	高小	无	无	比较进步

续 表

队别	姓 名	性别	年龄	家庭出身	个人成分	政治面目	文化程度	职 务		运动中的表现
								组织	行政	
9	杨恒星	男	62	下中	农民	群众	文盲	无	无	表现一般
9	相春尧	男	25	下中	农民	群众	初小	无	无	比较进步
9	程香真	女	43	下中	农民	群众	文盲	无	无	表现一般

门庄九队　门庄村第三批入会会员统计表　65. 7. 13

队别	姓 名	性别	年龄	家庭出身	个人成分	政治面目	文化程度	职 务		运动中的表现
								组织	行政	
9	刘爱书	女	61	贫农	农民	群众	文盲	无	无	表现一般
9	杨洪恩	女	58	下中	农民	群众	文盲	无	无	表现一般
9	李永祥	男	31	下中	农民	群众	高小	无	无	表现一般
9	赵桂同	女	29	下中	农民	群众	高小	无	无	表现一般
9	贾大荣	女	75	贫农	农民	群众	文盲	无	无	表现一般
9	门同彩	女	34	下中	农民	群众	文盲	无	无	表现一般
9	丁　琴	女	78	贫农	农民	群众	文盲	无	无	表现一般
9	杨丙须	男	62	下中	农民	党员	初小	无	无	表现积极
9	张大稳	女	63	下中	农民	群众	文盲	无	无	表现一般
9	王文巧	女	30	下中	农民	群众	高小	无	无	表现一般
9	闫书敬	女	46	贫	农民	群众	文盲	无	无	表现一般
9	张爱琴	女	22	贫	学生	群众	初中	无	无	表现一般
9	杨丙仁	男	61	下中	农民	群众	初小	无	无	表现一般

四、选举情况

门庄九队选举干部总结 1965. 7. 28

选举时间：一九六五年七月二十七日上午

地点：村北枣树林

主持人：杨丙海

参加人员：应出席人数 58名 实出席人数 42名

唱票人 杨文方 检[监]票人 杨增堂 写票人 杨长林

共发出票 42张 收回票 42张

选举结果是：

工作员 杨庆丰 42票

队 长 李玉才 40票

副队长 杨双秋 35票

会 计 张永森 39票

保 管 杨春仁 32票

妇女队长 杨合书 38票

排 长 杨春尧 40票

副排长 杨彦表 36票

老 农 杨丙常 36票

当选干部名单

杨文芳 7票 杨长久 3票 孙俊台 4票

杨同昌 2票 杨俊苗 2票 杨春仪 3票

杨东肖 4票 杨长林 1票 杨恒星 1票

一九六五年七月廿七号书

门庄大队第九队干部候选人名单　1965. 7. 27

符号	姓　名	拟任职务	是否管委	重拟姓名	重拟职务	备　考
○	杨庆丰	工作员	委员			
○	李玉才	队长	委员			
○	杨双秋	副队长	委员			
○	张永森	会计	委员			
○	杨春仁	保管	委员			
○	杨合须	妇女队长	委员			
○	杨春尧	排长	委员			
○	杨彦表	副排长	委员			
○	杨丙长	技术员	委员			

说明：同意者在符号栏画“○”，不同意者在符号栏画“×”，再重拟姓名是谁，安排职务，在栏内填写清楚。

(此票共计 31 票。——本书编者注)

门庄大队第九队干部候选人名单　1965. 7. 27

符号	姓　名	拟任职务	是否管委	重拟姓名	重拟职务	备　考
○	杨庆丰	工作员	委员			
○	李玉才	队长	委员			
×	杨双秋	副队长	委员	丙长		
○	张永森	会计	委员			
×	杨春仁	保管	委员	文芳		
○	杨合须	妇女队长	委员			
○	杨春尧	排长	委员			
○	杨彦表	副排长	委员			
○	杨丙长	技术员	委员			

说明：同意者在符号栏画“○”，不同意者在符号栏画“×”，再重拟姓名是谁，安排职务，在栏内填写清楚。

(此票共计 2 张。——本书编者注)

门庄大队第九队干部候选人名单　1965. 7. 27

符号	姓　名	拟任职务	是否管委	重拟姓名	重拟职务	备　考
○	杨庆丰	工作员	委员			
○	李玉才	队长	委员			
×	杨双秋	副队长	委员	长久		
○	张永森	会计	委员			
×	杨春仁	保管	委员	文芳		
×	杨合须	妇女队长	委员	孙俊台		
○	杨春尧	排长	委员			
○	杨彦表	副排长	委员			
○	杨丙长	技术员	委员			

说明：同意者在符号栏画“○”，不同意者在符号栏画“×”，再重拟姓名是谁，安排职务，在栏内填写清楚。

门庄大队第九队干部候选人名单　1965. 7. 27

符号	姓　名	拟任职务	是否管委	重拟姓名	重拟职务	备　考
○	杨庆丰	工作员	委员			
○	李玉才	队长	委员			
×	杨双秋	副队长	委员	杨同昌		
○	张永森	会计	委员			
○	杨春仁	保管	委员			
○	杨合须	妇女队长	委员			
○	杨春尧	排长	委员			
○	杨彦表	副排长	委员			
○	杨丙长	技术员	委员			

说明：同意者在符号栏画“○”，不同意者在符号栏画“×”，再重拟姓名是谁，安排职务，在栏内填写清楚。

(此票共计 2 张。——本书编者注)

门庄大队第九队干部候选人名单 1965.7.27

符号	姓　名	拟任职务	是否管委	重拟姓名	重拟职务	备　考
○	杨庆丰	工作员	委员			
○	李玉才	队长	委员			
○	杨双秋	副队长	委员			
○	张永森	会计	委员			
○	杨春仁	保管	委员			
○	杨合须	妇女队长	委员			
○	杨春尧	排长	委员			
×	杨彦表	副排长	委员	杨俊苗		
○	杨丙长	技术员	委员			

说明：同意者在符号栏画"○"，不同意者在符号栏画"×"，再重拟姓名是谁，安排职务，在栏内填写清楚。

（此票共计5张。——本书编者注）

门庄大队第九队干部候选人名单 1965.7.27

符号	姓　名	拟任职务	是否管委	重拟姓名	重拟职务	备　考
○	杨庆丰	工作员	委员			
×	李玉才	队长	委员	杨春尧	队长	
○	杨双秋	副队长	委员			
○	张永森	会计	委员			
○	杨春仁	保管	委员			
○	杨合须	妇女队长	委员			
○	杨春尧	排长	委员			
○	杨彦表	副排长	委员			
○	杨丙长	技术员	委员			

说明：同意者在符号栏画"○"，不同意者在符号栏画"×"，再重拟姓名是谁，安排职务，在栏内填写清楚。

门庄大队第九队干部候选人名单　1965. 7. 27

符号	姓　名	拟任职务	是否管委	重拟姓名	重拟职务	备　考
○	杨庆丰	工作员	委员			
×	李玉才	队长	委员	杨丙长		
×	杨双秋	副队长	委员	杨长久		
○	张永森	会计	委员			
○	杨春仁	保管	委员			
○	杨合须	妇女队长	委员			
○	杨春尧	排长	委员			
○	杨彦表	副排长	委员			
○	杨丙长	技术员	委员			

说明：同意者在符号栏画“○”，不同意者在符号栏画“×”，再重拟姓名是谁，安排职务，在栏内填写清楚。

门庄大队第九队干部候选人名单　1965. 7. 27

符号	姓　名	拟任职务	是否管委	重拟姓名	重拟职务	备　考
○	杨庆丰	工作员	委员			
○	李玉才	队长	委员			
○	杨双秋	副队长	委员			
○	张永森	会计	委员			
×	杨春仁	保管	委员	杨文芳	保管	
×	杨合须	妇女队长	委员	孙俊台	妇女队长	
○	杨春尧	排长	委员			
○	杨彦表	副排长	委员			
○	杨丙长	技术员	委员			

说明：同意者在符号栏画“○”，不同意者在符号栏画“×”，再重拟姓名是谁，安排职务，在栏内填写清楚。

（此票共计 2 张。——本书编者注）

门庄大队第九队干部候选人名单 1965.7.27

符号	姓　名	拟任职务	是否管委	重拟姓名	重拟职务	备　考
○	杨庆丰	工作员	委员			
○	李玉才	队长	委员			
○	杨双秋	副队长	委员			
○	张永森	会计	委员			
×	杨春仁	保管	委员	文芳		
○	杨合须	妇女队长	委员			
×	杨春尧	排长	委员	东秋		
○	杨彦表	副排长	委员			
×	杨丙长	技术员	委员	恒兴		

说明：同意者在符号栏画“○”，不同意者在符号栏画“×”，再重拟姓名是谁，安排职务，在栏内填写清楚。

门庄大队第九队干部候选人名单 1965.7.27

符号	姓　名	拟任职务	是否管委	重拟姓名	重拟职务	备　考
○	杨庆丰	工作员	委员			
○	李玉才	队长	委员			
×	杨双秋	副队长	委员	长久		
○	张永森	会计	委员			
×	杨春仁	保管	委员	文芳		
○	杨合须	妇女队长	委员			
×	杨春尧	排长	委员	春义		
×	杨彦表	副排长	委员	东肖		
○	杨丙长	技术员	委员			

说明：同意者在符号栏画“○”，不同意者在符号栏画“×”，再重拟姓名是谁，安排职务，在栏内填写清楚。

门庄大队第九队干部候选人名单　1965.7.27

符号	姓　名	拟任职务	是否管委	重拟姓名	重拟职务	备　考
○	杨庆丰	工作员	委员			
○	李玉才	队长	委员			
○	杨双秋	副队长	委员			
○	张永森	会计	委员			
○	杨春仁	保管	委员			
×	杨合须	妇女队长	委员	东肖	妇女队长	
○	杨春尧	排长	委员			
○	杨彦表	副排长	委员			
○	杨丙长	技术员	委员			

说明：同意者在符号栏画“○”，不同意者在符号栏画“×”，再重拟姓名是谁，安排职务，在栏内填写清楚。

门庄大队第九队干部候选人名单　1965.7.27

符号	姓　名	拟任职务	是否管委	重拟姓名	重拟职务	备　考
○	杨庆丰	工作员	委员			
○	李玉才	队长	委员			
○	杨双秋	副队长	委员			
×	张永森	会计	委员	杨长林	会计	
○	杨春仁	保管	委员			
○	杨合须	妇女队长	委员			
○	杨春尧	排长	委员			
○	杨彦表	副排长	委员			
○	杨丙长	技术员	委员			

说明：同意者在符号栏画“○”，不同意者在符号栏画“×”，再重拟姓名是谁，安排职务，在栏内填写清楚。

五、青 年 情 况

民兵、青年、团员情况 1965.8.1

工作队进村时，青年和青年团没有直接受党和干部的经常教育，青年和团员不能起应有的作用，青年根本没有组织过，团员很长时间才上次团的教育和生活会，可是青年们没有自己的活动场所。青年们没有明确的道路，这是工作队进村以前的情况，工作队进村后，经过反复的教育和学习，青年们尤其是团员更加积极起来了，在四清运动当中确实起的作用不小，真的做到召之能来，来之能战，并且在练武方面有了优良成绩，这是由于四清的动力，由毛主席的光明指引，由中央二十三条的纲领，青年们正在一天天的成长起来。

门庄九队 工作组

65.8.1

第九队 16—25 岁青年登计[记]表

姓名	年龄(男)
李孟学	16
李中波	21
杨广仁	18
杨东波	20
杨春仁	24
杨春义	17
杨东秋	20
杨东存	21
张永森	20
合计	9人

姓名	年龄(女)
李中梅	16
羡金表	20

付彦苗　17
杨东秀　18
杨和须　19
杨俊义　24
杨俊苗　18
张爱琴　19
杨东肖　16
杨彦表　19
赵桂同　25
合计　11 人　共计 20 名

共青团员
杨俊义、杨东肖、杨春仁、张永森

杨长林　25 岁　中农

入党申请书

敬爱的党组织：

我志愿和迫切要求加入中国共产党。

我现年 50 岁，贫农出身，从小务农直到现在，社会关系都是贫下中农，我为什么要入党呢，我知道我们的党是马克思列宁主义的政党，是当代的毛泽东指导下的工人阶级的最高组织形势[式]，是工人阶级的政党，我又知道我们党的利益是人民的利益，他处处想的是中国和全世界的劳动人民，我们的政党在任何最艰苦最残酷的环境下站在群众的最前烈[列]，是伟大的、正确的、最有远大前途的政党，是领导中国人民迈向共产主义伟大理想的政党。

在这次伟大的社会主义教育运动中，使我在思想上有了显著的提高，认清和看到了农村中尖锐而复杂的阶级斗争，为使自己更多更好的为人民服务，把自己的一生贡献给状[壮]烈的革命事业，做党的终[忠]实儿女和人民的勤务员，所以我迫切要求加入中国共产党。

最后我恳切的希望组织上对我多加帮助，因为我文化很低，政治学习不够，所以希望党在各种工作中及时的给以指正，帮助我思想进步，我知道你们的时间很保[宝]贵希望和要求你在百忙中抽出一点时间来帮助我那[哪]怕是一秒种[钟]也行。

申请人：李玉才

65.5.30号

六、贫 协 情 况

贫 协 情 况

在工作队未来时，这里只设社员代表，没有起到贫协组织的作用，只是大队提的名，本人没有起到贫协和社员代表的作用。

经工作队进村后，反复的选拔贫下中农的积极分子，大家推选出贫协组织，在四清运动中，推选出来的贫协小组，确实起了很大作用，能够起代[带]头作用和本身的业务，在选举当中，有的贫协选为干部，大家又推选了新的贫协小组，在老组和新推选的贫协小组的威信上，是很高的真正的起到了贫协应负的责任，小组的成员有信心把革命进行到底，有把咱们的革命搞好一个坚强的组。

第九生产队

65. 8. 6

门庄大队九队组织新选干部登记表　1965. 8. 2

姓　名	性别	年龄	家庭出身	个人成分	文化程度	政治面目			原任职务		新选职务		兼任什么职务	运动中的表现
						党	团	群	党内	行政	党内	行政		
杨丙须	62	男	下中	农民	初小	党				指导员		贫协小组长	监察员	表现积极
杨同昌	54	男	贫	农民	文盲			群				副组长		表现积极
孙俊台	26	女	贫	学生	初中		团					委员		表现积极
杨文芳	48	男	贫	农民	初小			群				委员		表现积极
杨东秋	22	男	贫	农民	高小			群				委员		表现积极

注：各队干部都应填写、队委、贫协代表、正副排长都应填写。

工作队进村后建立的贫协小组成员

组　长　杨春仁

副组长　杨文方

组　员　杨同昌　杨彦表　杨合须

姓名 项目	性别	年龄	成分	出身	文化程度	政治面目	备考
杨春仁	男	24	贫	农民	初小	团员	表现积极
杨文芳	男	48	贫	农民	初小	群众	表现积极
杨同昌	男	58	贫	农民	文盲	群众	表现积极
杨彦表	女	20	贫	学生	高小	团员	表现积极
杨合书	女	21	贫	学生	高小	团员	表现积极

七、干部党团员情况

第九队　原来干部和党团员情况

工作队进村来,这队上的原有干部和党团员基本上能够起到组织作用的,能够按着自己的组织分配的工作按时完成,由[尤]其是干部原来生产搞的缺[确]实不坏社员大部满意,党团员在群众中能够起到代[带]头作用,以组织来要[约]束自己,大家反映很好。

在我们后期工作,干部和党团员仍然保持着,不怕困难,敢于证[正]视问题,在运动中起的作用很大现在干部新的组织形成,就是保管员落选,其余还任职,他们更加百倍的努力为把革命进行到底,现正大先申[显身]手,大抓革命工作大抓生产运动。

第九队
65.8.5

第九队　干部原况　1965.3.18号

指导员　杨庆丰
队　长　杨双秋
副队长　李玉才
会　计　张永森
保　管　杨东波

党　员　杨庆丰
　　　　李长音
团　员　张永森
　　　　杨春仁
　　　　杨东肖
　　　　杨俊义
　　　　孙俊台

八、会议记录

讨　论

1. 对当前形式[势]的认识,有哪些不足的地方?
2. 为什么要搞四清,我们所持的态度?
3. 搞四清的目的是为了什么,达到什么标准?

当年的形式[势]:

大好的形式[势],由于近几年来的党的英明正确领导,加上广大群众积极拥护,生产力大大提高,物资的回复供应将近根[跟]上需要收成近年增产。

在国际上有力的打击了修正主义,很多国家根[跟]我们建立友好关系。

不足的地方:

在农村中还存在严重而又尖锐的阶级斗争,由于学习少,对党的方针政策领会接受的不够,在工作中由于立场不坚定,被阶级敌上[人]拉下水犯了四不清的问题在社会主义前进中造下了阻碍物。

为什么要搞四清:

如果不搞四清,我们的阶级敌人活动越来越猖狂,也可以说干部的四不清问题越来越严重,照这样下去在[再]待上几十年,我们几十年的革命果实被敌人夺去也就是要变色苏联的例子充分说明了这个问题。

所持的态度:

积极投入运动,首先把自已四不清问题交待出来,本着自觉革命的精神认真自查,接受群众意见虚心,不打击不报复。

搞四清的目的是什么:

为铲除在社会主义前进中的阻碍物,去掉打击在社会主义中坚决走资本主义道路的当权派,为了团结95%以上的干部和群众,搞好生产,满足人民生活需要,所以搞四清。

达到中共中央颁布的二十三条所提的六条标准,一致知道。

第三组　讨　论　题

因为我国社会主义建设有很大发展,但是世界上还存在着敌人还存在着阶级斗争，出现了一些四不清的当权派，这就要广大的贫下中农帮助这些当权派洗好澡。存在着四不清问题，因为世界上还存在着两种阶级，资产阶级和无产阶级，资产阶级是不会干[甘]心死亡的，他们还要作最后的挣抓[扎]，还有地富反坏，他们的一切破坏活动，所以我们贫下中农起来坚决和他们斗争。

解决四不清，给四不清的党内外的当权派洗澡，只有我们广大的贫下中农发动起来积极给四不清干部提意见，帮助他们洗手洗澡，解除任合[何]顾虑，不怕他们打击报复、穿小鞋，帮助四清工作组同志共同搞好这次社会运动。

双秋：这场四清运动时[是]必要，不叫人们走到弯路上，使今后更好的工作。听到衡水搞四清搞的热烈，从思想上怕，听到今天心里亮堂了。

东坡：四清队未来时，原让四清队，来了后把错误纠正了更好的工作。有什么问题说出来。

庆丰：有什么问题交待什么问题，有问题过去大家都知道。

长林：这次运动对我来说是必要的，自己难免在工作中犯些错误，今后纠正过来，今后不再犯了，对今后有利。

永森：在运动中把犯的错误完全说出来。

玉才：有什么问题完全交待出来。

1. 共产党是干什么的搞社会主义离开共产党行不行

   共产党是领导群众搞社会主义搞社会主义离开共产党是不行的

2. 什么是民主什么是集中为什么要实行民主集中制?

   个人发表个人意见就是民主众人意见统记[计]一块就教[叫]民主集中。

团员和积极分子讨论记录

1. 共产党是干什么的，搞社会主义离开共产党行不行?

共产党员是为人民服务的事事做到前头并不是为了升官发财、做老爷，它是个指路明灯。

建设社会主义是要有人来领导共产党好象[像]人的头脑，如人无头不能走，鸟无头不能飞。没共产党这个指路明灯就会迷失方向，根本建设不成社会主义。

2. 什么是民主？什么是集中？为什么实行民主集中制？

无论是什么事都要经民主，也就是要有群众的意见，这是民主，然后把群众的意见，规拿[归纳]起来做统一安排，这叫集中。如果光民主，有人说这样做，有人说那样做，又有人说不行，这样一事无成，民主集中相结合，才能把事做好，达到多数人满意。

3. 党员的权利和义务是什么？

党员都有选举权和被选[举]权，它有对下层干部做的工作有监督和指导的权利，有培养新党员的权利，有贯彻党的方针政策的权利，为人民服务宣传党的方针政策。

4. 咱村的党支部办的哪些事是走社会主义道路的？

执行党给我分配的任务，按党的政策办事，上级给了我们任务，按时间成[能]够完成，对无论是政治和工作都能坚决的执行，并且还能提前完成。比如交公粮都比别的村交的早，也能提前完成。

5. 对咱村的共产党员要全面分析哪些是好的？办了哪些好事，哪些是不好的？有什么缺点？

大部分是好的，按党政策办事，听从上级指挥，积极参加劳动，团结群众，在无论是什么政策和工作都非常积极的，使群众得到满意。

有一部分党员在贯彻党的政策不及时的选[宣]传，在生产劳动中象[像]一班[般]群众，有的还不及一班[般]群众，和群众闹不团结，有的都把自己本身是个共产党都望纪[忘记]了，并且拖[脱]离了本身业务。

第十队社员讨论对象

党是保护人民利益的，党是彻底为人民服务的，搞社会主义离开共产党是不行，离开了党，我们就迷失了方向，就和人走路一样，失迷方向就不知道走那[哪]条到[道]路，党是我们的指南针、方向盘，共产党领导我们打倒了地主恶霸，赶走了蒋介石和帝国主义，领导我们翻了身，分了土地，走合作化道路，走社会主义道路，所以我们搞社会主义离开共产党是不行的。

有什么问题，通过大家商量，大家提出了正确意见，这叫做民主，大家提出的正确意见，上层去执行这叫集中，从群众来，到群众去，这叫做民主集中制，大家提出的意见，少数服从多数，多数服从真理，因为真理只有一个，只有找出真理才能做好工作，实行民主集中，这样才能使工作做的更好、更顺利，光有民主没有集中也不行,光有集中没民主也不行,所以要实行民主集中制。

大队党支部办的好事情就是领导我们搞初级社、高级社,走合作道路,人民公社道路,能够很好的领导生产,按政策办事,掌握原则,在各方面搞的都很好,从生产来说,搞的比一班[般]村搞的都好,使生产能够丰收,在粮食和款分配上都比一班[般]村分的多,每年吃粮指标都1斤多,使人多劳少的户到决算也能够分到款,吃粮指标也不低于一班[般]社员,这都是执行了党的政策,真正的按政策办事,走社会主义道路的。

我村党支部办的不好的地方,有的干部不执行党的政策,把上级给的化肥捣[倒]卖,分不清敌我,认敌为友,被敌人拖下水,搞投机倒把,吃请受会[贿],吃喝浪费,使坏分子篡夺领导权,搞两派活动,明里说社会主义好,暗里想法拆社会主义台,干部们没有认清党的政策,把敌人当做自己人,做了敌人的代理人。

党支部丙海同志是好党员,为大家办事,不怕一切困难,为集体利益着想,掌握政策,执行政策,按党的政策办事,党怎样领导就怎样做。

党支部顾善志,有很多缺点,不按党的政策办事,把上级给的化肥捣[倒]卖了,不上到地里去,光为自己利益,富裕个人的家庭与生活,分不清敌我,吃请受会[贿],吃喝浪费,阶级敌人送给他东西,请他吃吃喝喝,这样他就说他们好,老实[是]把敌人当做朋友,他还说现在的幸福生活不如过去他给地主富农扛活当长工时的生活,他还想旧社会的生活,不想走社会主义道路。

小队好的党员,李长恩、吕怀刚、王彦朝这些都是好的党员,他们能够按党的政策办事,不怕一切困难,能任劳任愿[怨],吃苦在前,想[享]受在后,把集体利益放在最前面,把个人利益放在一边。

刘文景、赵大翠、李长音、杨苗君,这些党员都是挂牌党员,这些年来没有为党做工作,反而有的党员闹事、骂大街,杨苗君队里有什么事,总到她的名下就不行,这么不合理,那么不行,对个人的老人也不菅[管],还经常骂老人,老人不能做活,她也不菅[管],光叫队里照顾,这些事都是党员应做的吗? 在队里她总是闹事,谁都不敢惹,她和别人打架,队长说她,他还不服,还把队长大骂一气,她在队里做活,还挑肥捡[拣]瘦。

程思本身是个党员,披着共产党的外衣,不做共产党的工作,本人入党目的不名[明]确,还说那时入党,不知怎么入的,马马虎虎的就入了党,她不知道为什么要入党，不知道一个党员应具备那些条件，不知道一个共产党员应怎样去做工作，做为一个党员应是一个大公无私，毫无自私自利的思想，可是她并不是这样，处处做事都把个人利益放前面，不想到集体利益，在过去她不参加劳动，在去年她有时出去接生，不参加劳动，但是并没有往队里交过一分钱，也并没有拿钱买工，可是到秋后，她没有出够基本劳动日，队委会决议罚她的粮食，她把干部大骂，还有场长，她说罚的她不合理，她说她有红白事，可是有红白事已经刨出天数来了，她说她有病，腰痛，可是她并没有往队交药方，既然有病怎么能做自己的活呢？因为去年队里种的山芋，社员们分的多，她怕自己家里的山芋坏了，她在家里等社员们到地里去了，她就到房上晒山芋片，既腰痛怎么还能上房做活呢？就不能参加集体劳动呢？队里种的山芋多刨不回来将要冻在地里，如果社员们都不参加劳动，在家里做自己的活，队里的山芋谁去刨呢？队里的庄稼收不回来集体就要受到损失，社员生活就要受到影响，她一个共产党员应起这样的带头吗？因为在罚她粮食的时候，粮食已经全部分完了，叫她退，她不退，到最后分粪的奖励粮，才扣了她二三十斤，也没有全部罚了她，到现在问题还没解决，工作队来了，她还要她的粮，说是罚的她不合理。

在复议阶级成分的时候，给她平[评]的高了一点，她就大骂，她说人家和她有意见，她说谁要是说她的上三代，谁是大闺女养的，她在地里做活时大骂，不论分什么东西，一不对她的心事[思]，她就马上提出，说给人家要是对她的心事[思]就没事，在过去她不参加劳动，整天走亲窜[串]友，常到她姐姐家去，文郎口，和它村党支部书记不错，在过[再后]来她当干部，和王春双闹的不像样，社员们看不惯，这样才叫她下台的，什么事她沾光算没事，一回不沾光就不行。

在60年低指标时，她经不起艰苦环境对她的考验，她逃跑了，跑到沈阳住了一年多的时间，脱离党的生活，不交[缴]党费，住了一年多，到生活好的时候她就由沈阳回来了，现在四清的时候，干部们洗澡的时候她说，怎么干部们贪污了偷了，有吃的，她没有吃的，把她饿的跑了沈阳去，她说怎么干部不跑呢，怎么干部家属不跑呢，门庄人多呢，干部们偷了贪污了，有吃的，难道说全体社员们也都偷了吗，杨庆丰两口子瞎眼看不见，他不能偷吧，如果要是干部们都跑了的话，谁领导生产呢，还建设社会主义吗？这些事都是一个党员应做的吗？

现在还没有普选，她就篡夺了指导员的权利，现在指导员都不知道她是干什么的，生产队长都得听她的指挥，她不够一个党员的资格。

九、青年入青年小组情况

门庄第九队青年小组底表　1965年8月5号

姓名 项目	性别	年龄	成分	出身	文化程度	面目	青年小组			未入青年组	备考
							第一批入青年组	第二批入青年组	第三批入青年组		
孙俊台	女		贫	学生	初中	团	第一批				
杨合书	女		贫	学生	高小	团	第一批				
杨东肖	女		下中	学生	高小	团	第一批				
杨彦表	女		贫	学生	高小	团	第一批				
杨春尧	男		下中	农民	初小	群	第一批				
李忠波	男		中农	农民	初小	群	第一批				
李忠梅	女		中农	学生	高小	群	第一批				
张爱琴	女		贫	学生	初中	群	第一批				
杨春义	男		贫	学生	高小	团	第一批				
杨春仁	男		贫	学生	初小	团	第一批				

续 表

姓名 项目	性别	年龄	成分	出身	文化程度	面目	青年小组			未入青年组	备考
							第一批入青年组	第二批入青年组	第三批入青年组		
杨俊义	女		贫	学生	高小	团	第一批				
杨广仁	男		贫	学生	高小	群	第一批				
杨东秋	男		贫	学生	高小	群	第一批				
杨俊苗	女		贫	学生	高小	团	第一批				
羡金表	女		中农	学生	初中	群	第一批				
杨东秀	女		下中	学生	高小	群	第一批				
张永森	男		贫	学生	初中	团	第一批				
17名 男7 女10 贫11 下中3 中2 学生16 农民1											
杨东波	男		下中	学生	初中	群		第二批			第二批：人
杨东存	男		下中	农民	初小	群			第三批		
付延苗	女		中	学生	高小	群			第三批		
3名 男2 女1 下中2 中1 学生2 农民1											
青年小组组长											

九队社会主义青年小组计划:

一、学习毛泽东著作,带着问题学,活学活用毛泽东思想。

1. 利用田间休息,中午时间学单行本。

2. 每月3、6、9号晚上统一学习一课。

3. 学习后写心得感想。

二、我组全体青年订阅一份《中国青年报》。

1. 利用开会前或田间休息时间,看或指一人给大家念。

2. 了解了国家及国际大事并向群众作宣传。

3. 从报纸上学习别地方的生产先进经验。

三、我组青年一星期内开一次生活会。

1. 展开批评与自我批评。

2. 设批评、表扬黑板报。

四、我组青年一定遵守各种纪律。

1. 开会时不迟到、不早退,不在会场乱讲话。

2. 民兵的纪律来约束自己。

五、展开作好人好事活动做为向五一献礼。

1. 早晨时间,给军属老弱户担水,打扫屋院。

2. 帮助他们做一些重活如推碾子等等。

3. 保证五一前每个青年做五件好事。

第九队

附：门家庄第九队社员户口花名册

共计人口 111

63.2.16

门庄大队第九队社员户口花名册 1号

与户主之关系	姓名	性别	成分	年龄 六三年	六四年	六五年	六六年	六七年	六八年	变动日期及原因
户主	李俊明	男	贫	34	34	35	36	37		调队
妻	钱福恋	女		24	24	25	26	27		
长女	李桂荣	女		5	5	6	7	8		
次女	李桂常	女		2	1	2	3	4		
子	李恒岭	男			不满	1	2	3		
次子	李恒川	男					6.19	1		

门庄大队第九队社员户口花名册 2号

与户主之关系	姓名	性别	成分	年龄 六三年	六四年	六五年	六六年	六七年	六八年	变动日期及原因
户主	李长秋	男	下中	38	37	38	39	40		
妻	胡瑞音	女	下中	34	34	35	36	37		
长子	李孟学	男	下中	14	13	14	15	16		
次子	李孟习	男	下中	6	5	6	7	8		

门庄大队第九队社员户口花名册 3号

与户主之关系	姓名	性别	成分	年龄 六三年	六四年	六五年	六六年	六七年	六八年	变动日期及原因
户主	杨殿东	男	下中	34	33	34	35	36		
	位大彩	女	下中	30	29	30	31	32		

续 表

与户主之关系	姓　名	性别	成分	年龄						变动日期及原因
				六三年	六四年	六五年	六六年	六七年	六八年	
	杨金瑞	男	下中	12	12	13	14	15		
	杨彦瑞	女	下中	7	7	8	9	10		
	杨金谦	男	下中	1	1	2	3	4		
	杨宝振	男	下中				3.11	1		

门庄大队第九队社员户口花名册　4号

与户主之关系	姓　名	性别	成分	年龄						变动日期及原因
				六三年	六四年	六五年	六六年	六七年	六八年	
户主	杨长久	男	中	35	36	37	38	39		
妻	谢金玉	女	中	32	33	34	35	36		
子(女)	杨瑞蚕	女	中	12	14	15	16	17		
子	杨东周	男	中	10	11	12	13	14		
子	杨东立	男	中	6	7	8	9	10		
次女	杨二妮	女	中			不满1岁	1	2		65.3.29生

门庄大队第九队社员户口花名册　5号

与户主之关系	姓　名	性别	成分	年龄						变动日期及原因
				六三年	六四年	六五年	六六年	六七年	六八年	
户主	李忠波	男	贫	21	20	21	22	23		
	李中梅	女	贫	16	15	16	17	18		
	羡金表	女	贫	20	19	20	21	22		
子	李　岩	男	贫			不满	1	2		65.12.18

门庄大队第九队社员户口花名册 6号

与户主之关系	姓　名	性别	成分	年龄						变动日期及原因
				六三年	六四年	六五年	六六年	六七年	六八年	
户主	丁　稳	女	中农	60	59	60	61	62		

门庄大队第九队社员户口花名册 7号

与户主之关系	姓　名	性别	成分	年龄						变动日期及原因
				六三年	六四年	六五年	六六年	六七年	六八年	
户主	王秀茹	女	贫	49	49	50	51	52		
子	杨广仁	男	贫	17	17	18	19	20		
子	杨广盈	男	贫	12	11	12	13	14		

门庄大队第九队社员户口花名册 8号

与户主之关系	姓　名	性别	成分	年龄						变动日期及原因
				六三年	六四年	六五年	六六年	六七年	六八年	
户主	付延苗	女	贫	17	16	17	18	19		

门庄大队第九队社员户口花名册 9号

与户主之关系	姓　名	性别	成分	年龄						变动日期及原因
				六三年	六四年	六五年	六六年	六七年	六八年	
户主	杨岐荣	男	贫	32	33	34	35	36		
妻	孙俊台	女	贫	23	23	24	25	26		
子	杨利平	女	贫	1	1	2	3	4		
子	杨保平	男	贫		0	1	2	3		

门庄大队第九队社员户口花名册　10 号

与户主之关系	姓　名	性别	成分	年龄						变动日期及原因
				六三年	六四年	六五年	六六年	六七年	六八年	
户主	杨长林	男	中	26	25	26	27	28		
妻	羡延稳	女	中	24	23	24	25	26		
儿	杨东涛	男	中	不满	不满	1	2	3		
	杨东楷	男	中				4.29	1		

门庄大队第九队社员户口花名册　11 号

与户主之关系	姓　名	性别	成分	年龄						变动日期及原因
				六三年	六四年	六五年	六六年	六七年	六八年	
户主	杨丙须	男	下中	57	58	59	60	61		调队
妻	张大文	女	下中	61	60	61	62	63		
子	杨东明	男	下中	27	28	29	30	31		调队
子妻	王文巧	女	下中	25	26	27	28	29		
孙	杨国强	男	下中	5	6	7	8	9		
孙	杨国建	男	下中	1	1					于 64 年 8 月病故
孙女	杨春绵	女	下中		0	1	2	3		
孙女	杨闰敏	女	下中				2.17	1		

门庄大队第九队社员户口花名册　12 号

与户主之关系	姓　名	性别	成分	年龄						变动日期及原因
				六三年	六四年	六五年	六六年	六七年	六八年	
户主	杨丙常	男	下中	56	55	56	57	58		
妻	付大巧	女	下中	55	54	55	56	57		
子	杨东波	男	下中	20	19	20	21	22		
子	杨东秀	女	下中	17	17	18	19	20		

续 表

与户主之关系	姓名	性别	成分	年龄						变动日期及原因
				六三年	六四年	六五年	六六年	六七年	六八年	
孙女	杨兰珍	女	下中			1	2	3		65 年出生
子妻	张素合	女	下中				22	23		

门庄大队第九队社员户口花名册 13 号

与户主之关系	姓名	性别	成分	年龄						变动日期及原因
				六三年	六四年	六五年	六六年	六七年	六八年	
户主	付秀臣	女	贫	67	66	67	68	69		
子	杨文方	男	贫	47	46	47	48	49		
孙女	杨和书	女	贫	18	18	19	20	21		

门庄大队第九队社员户口花名册 14 号

与户主之关系	姓名	性别	成分	年龄						变动日期及原因
				六三年	六四年	六五年	六六年	六七年	六八年	
户主	杨同魁	男	贫	58						亡
妻	石平果	女	贫	49	49	50	41	42		
子(女)	杨和高	女	贫	28						迁出
子	杨春仁	男	贫	24	23	24	25	26		
子	杨春义	男	贫	17	16	17	18	19		
子	杨春来	男	贫	12	11	12	13	14		
子(女)	杨俊良	女	贫	10	6	7	8	9		
子	杨春惠	男	贫	7	6	7	8	9		64 年出生
孙子	杨月广	男			0	1	2	3		
儿妻	谢兰英	女				21	22	23		65.8.10 迁入

门庄大队第九队社员户口花名册　15号

与户主之关系	姓　名	性别	成分	年龄 六三年	六四年	六五年	六六年	六七年	六八年	变动日期及原因
户主	王九月	女	贫	50	48	49	50	51		
子	杨增堂	男	贫	30	29	30	31	32		
子(女)	杨俊义	女	贫	21	20	21	22	23		
子(女)	杨俊苗	女	贫	17	17	18	19	19		
子	杨增贵	男	贫	11	11	12	13	14		
外女	马兰敏	女	贫	1	1	2	3	4		
外女	马兰卯	女	贫			1	2	3		64年出生
外生[孙]	马兰顺	男	贫			不满1岁	1	2		65.11.8生

门庄大队第九队社员户口花名册　16号

与户主之关系	姓　名	性别	成分	年龄 六三年	六四年	六五年	六六年	六七年	六八年	变动日期及原因
户主	杨丙亮	男	贫	54	53	54	55	56		
妻	闫书敬	女	贫	45	44	44	45	46		
子	杨东秋	男	贫	19	18	19	20	21		
子妻	张爱华	女	贫		18	19	20	21		迁入,婚

门庄大队第九队社员户口花名册　17号

与户主之关系	姓　名	性别	成分	年龄 六三年	六四年	六五年	六六年	六七年	六八年	变动日期及原因
户主	李长音	女	下中	51	50	51	52	53		
	杨东存	男	下中	21	20	21	22	23		
	杨东肖	女	下中	16	15	16	17	18		
	杨东正	男	下中	11	11	12	13	14		
	杨增义	男	下中		58	59	60	61		

门庄大队第九队社员户口花名册 18号

与户主之关系	姓名	性别	成分	年龄						变动日期及原因
				六三年	六四年	六五年	六六年	六七年	六八年	
户主	贾大荣	女	下中	80	79	80	81	82		

门庄大队第九队社员户口花名册 19号

与户主之关系	姓名	性别	成分	年龄						变动日期及原因
				六三年	六四年	六五年	六六年	六七年	六八年	
户主	杨西彬	男	下中							井陉
妻	门同彩	女	贫	31	33	34	35	36		
子	杨振江	男	贫	11	12	13	14	15		
子	杨振奇	男	贫	9	10	11	12	13		
子(女)	杨秀台	女	贫	7	8	9	10	11		
子	杨振峰	男	贫	5	6	7	8	9		

门庄大队第九队社员户口花名册

与户主之关系	姓名	性别	成分	年龄						变动日期及原因
				六三年	六四年	六五年	六六年	六七年	六八年	
户主	杨同昌	男	贫	58	55	56	57	58		
妻	程彩青	女	贫	45	39	40	41	42		
子	杨彦表	女	贫	18	18	19	20	21		
子	杨会泽	男	贫	12	12	13	14	15		
子	杨会森	男	贫	7	8	9	10	11		
女	杨延顺	女	贫				11.20	1		

门庄大队第九队社员户口花名册 20号

与户主之关系	姓名	性别	成分	年龄						变动日期及原因
				六三年	六四年	六五年	六六年	六七年	六八年	
户主	丁琴	女	贫	73	75	76				

门庄大队第九队社员户口花名册　23号

与户主之关系	姓　名	性别	成分	年龄						变动日期及原因
				六三年	六四年	六五年	六六年	六七年	六八年	
户主	杨恒兴	男	贫	60	60	61	62	63		
妻	程香珍	女	贫	46	46	47	48	49		
侄	杨春尧	男	贫	22	22	23	24	25		
子	杨存禄	男	贫	12	12	13	14	15		
子(女)	杨春绵	女	贫	5	6	7	8	9		
	杨春礼	男	贫	1	1	2	3	4		
	杨存振	男	贫				4.7	1		

门庄大队第九队社员户口花名册　23号(原文如此——编者注)

与户主之关系	姓　名	性别	成分	年龄						变动日期及原因
				六三年	六四年	六五年	六六年	六七年	六八年	
户主	李现章	男	贫	65	64	65	66	67		
妻	王秀彩	女	贫	57	56	57	58	59		

门庄大队第九队社员户口花名册　24号

与户主之关系	姓　名	性别	成分	年龄						变动日期及原因
				六三年	六四年	六五年	六六年	六七年	六八年	
户主	李玉才	男	贫	30	29	30	31	32		
母	刘爱书	女	贫	60	60	61	62	63		
弟妻	张秀文	女				20	21	22		65.7.1迁入
侄	李永猛	男				不满1岁	1	2		65.9.9生

门庄大队第九队社员户口花名册　25 号

与户主之关系	姓　名	性别	成分	年龄						变动日期及原因
				六三年	六四年	六五年	六六年	六七年	六八年	
户主	李永祥	男	下中农	25	25	26	27	28		
母	杨红思	女	下中农	52	52	53	54	55		
妻	赵桂同	女	下中农	25	24	25	26	27		
子(女)	李秀春	女	下中农	3	2	3	4	5		
	李秀珍	女	下中农	1	0	1	2	3		
女	李三妮	女	下中农			0	1	2		65.2.12 生

· 中 国 当 代 民 间 史 料 集 刊（一） ·

基本情况档案 | 一九六五年八月七日立

北县门庄十小队工作组

（党、政、青、妇、武）

案 卷 目 录

编号	文件作者	文件题目	起止题号	文件日期	备注
1	门庄工作队第十队工作组	门庄十队基本情况	1—2	65.8.7	
2	门庄工作队第十队工作组	进村阶级成分表	3—5	65.8.7	
3	门庄工作队第十队工作组	贫协会员登记表	6—11	65.8.7	
4	门庄工作队第十队工作组	入贫协会申请表	12—35	65.8.7	
5	门庄工作队第十队工作组	选举干部情况	36—39	65.8.7	
6	门庄工作队第十队工作组	运动中安排干部情况	40—44	65.8.7	
7	门庄工作队第十队工作组	选举队委会干部情况	45—70	65.8.7	
8	门庄工作队第十队工作组	党团情况及解放干部情况	71—73	65.8.7	
9	门庄工作队第十队工作组	群众鉴定干部讨论记录	74—80	65.8.7	
10	门庄工作队第十队工作组	妇女各阶层登记表	81—84	65.8.7	
11	门庄工作队第十队工作组	十队妇女讨论记录	85—94	65.8.7	
12	门庄工作队第十队工作组	青年民兵组织情况	95—99	65.8.7	
13	门庄工作队第十队工作组	入社会主义青年小组情况	100—108	65.8.7	
14	门庄工作队第十队工作组	运动中上报材料	109—112	65.8.7	
15	门庄工作队第十队工作组	清经济政治群众讨论记录	113—131	65.8.7	
16	门庄工作队第十队工作组	外出地富及子女家庭情况	132—140	65.8.7	

一、门庄十队基本情况

门庄十队基本情况统计表(表一) 65.3.2

队别	户数	总人口	其中		劳力权					总耕地						牲口					农具				党团员	
			男	女	合计	其中				自留地	集体耕地	其中				合计	其中				胶轮大车	铁轮大车	小胶轮车	耧犁耙盖	党员	团员
						整劳力	半劳力	辅助劳力	十六岁以上成人			春播面	菜园	林木	冬小麦		牛	驴	骡	马						
10	21	92	51	41	40	37	2	1	57	22.6	362.9	250	4.9		108	7	4	1		2	1	2	2	16	1	3

门庄十队基本情况统计表(表二) 65.3.2

队别	户数	总人口	阶级成分情况																								四类分子				
			贫农	其中				下中农	其中				中农	其中		上中农	其中		富农	其中			地主	其中			地主	富农	反革命	坏分子	右派
				户数	人口	男成人	女成人		户数	人口	男成人	女成人		户数	人口		户数	人口		户数	人口	成年人		户数	人口	成年人					
10	21	92		15	54	17	12		1	6	2	2		4	24									1	7	1					

成年人指十六周岁以上的。

二、进村阶级成分表

进村阶级成分表

户主姓名	人口	性别	年龄	家庭成分	本人出身	政治面貌	现任职务	备注	
杨树枝	3	女	17	贫	学生	团		杨丙海女儿	支书
张脆平		女	37	贫	农	群		丙海之妻	
杨海森	3	男	26	贫	农	团	代表		
王淑梅		女	18	贫	农				
杨福寿	3	男	45	贫	农	群	代表		
杨成群		男	17	贫	农	群			
李丙坤	5	男	56	贫	农				
李淑捧		女	21	贫	农				
李淑君		女	23	贫	农				
李中桥		男	17	贫	学生				
门俊言	4	男	30	贫	农				
苏凤改		女	55	贫	农				
门福新		男	16	贫	学生				
门文更	5	男	45	贫	农				
张红满		女	37	地主	农				
门振月		女	17	贫	学生				
门文瑞	7	男	37	贫	农				
张文珍		女	28	贫	农				

续 表

户主姓名	人口	性别	年龄	家庭成分	本人出身	政治面貌	现任职务	备 注	
门平安	5	男	30	贫	农		代表		
娄乔月		女	29	贫	农				
杨董成	1	男	18	贫	农				
王同月	4	女	35	贫	农				

进村阶级成分表

户主姓名	人口	性别	年龄	家庭成分	本人出身	政治面貌	现任职务	备 注	
李殿森	3	男	55	贫	农	群			
李平蕊		女	17	贫	学生				
李永杰		男	17	贫	农				
王庆本	1	男	70	贫	农				
杨丙五妻	3	女	37	贫中	农			张大罗干部	12 队会计
杨运长	5	女	17	贫	农			杨中伏女儿	5 队队长
腾桂珍		女	37	贫	农			中伏妻	
14 户 成人 29 人	52 人	男 14 人 女 15 人	青男 6 人 年女 7 人			团员 2 人	代表 3 人		
门春展	3	男	21	下中	农				
程　思		女	39	下中	农	党			
赵淑勉		女	19	下中	农				

续 表

户主姓名	人口	性别	年龄	家庭成分	本人出身	政治面貌	现任职务	备 注	
门福增	1	男	21	下中	农				
李孟东	6	男	34	下中	农				
田桂亲		女	34	下中	农				
3 户 成人 6 人	10 人	男 3 人 女 3 人	青男 2 人 年女 1 人			党员 1 人			
杨妙凤	6	女	18	中	学生			干部 家属	杨双秋 9 队长
羡巧言		女	21	贫	农				
张三果		女	43	中	农				
杨妙珍	4	女	25	中	农				
李玉纹		女	49	中	农			干部 家属	4 队长 王中桂
杨忠西	8	男	40	中	农				
杨俊远		男	18	中	农				
王大妙		女	45	富	农				
杨俊傲		男	23	中	农				
杨俊杰		男	20	中	农				

进村阶级成分表

户主姓名	人口	性别	年龄	家庭成分	本人出身	政治面貌	现任职务	备 注	
3 户 成人 10 人	18 人	男 4 人 女 6 人	青男 3 人 年女 2 人						
门福同	7	男	38	地主	农				

续 表

户主姓名	人口	性别	年龄	家庭成分	本人出身	政治面貌	现任职务	备 注	
张大表		女	43	地主	农				
门文妙		女	18	地主	农				
1户 3人	7	男2人 女1人	青 年 女1人						
王殿甲	1	男	29	中	农	群	会计		
谢中春	1	女	23	下中	农	团	指导员		
杨其兰	1	男	51	贫	农	群	正队长		
杨再中	1	男	28	下中			副队长		
王同经	1	男	40	中	农		副大 队长	包队 干部	
5人	5人	男4人 女1人	青年1人			团1人			
总计21户	92人	成年人	男26人 女27人						
总男52人	女40人								

三、贫协会员登记表

冀县门庄第十小队

1965年7月30号

十队选举贫协组织小组名单　1965.8.1号下午

姓　名	性别	年龄	成　分	本人成分	政治面貌	文化程度	贫协职务		
王同月	女	36	贫	农民	群	文盲	贫协组长		
程秀思	女	39	下中	农民	党	文盲	组员		
门平安	男	29	贫	农民	群	小学	组员		
杨福寿	男	43	贫	农民	群	小学	组员		
杨海森	男	28	贫	农民	团	小学	组员		
地　点：王同月院内，参加选举的会员有26人									

门庄十生产队贫协会员统计表　　　年　　月　　日

贫下中农成年人总数	项目／批次	入会人数	性别		成　分		入会的贫下中农成年人占总数的%
			男	女	贫农	下中农	
肆拾人整	第一批	13	7	6	9	4	32.5
	第二批	15	7	8	14	1	37.5
	第三批	11	4	7	7	4	27.5
	合计	39	28	21	30	9	97.5

说明：(1) 贫下中农成年人是指十六岁以上者。

(2) 贫农、下中农成分者是指三榜后的成分。

(3) 入会会员花名册一定要一批一张防止混淆。

公元一九六五年七月二十九日制

十队　门庄第一批入会会员统计表　1965 年 7 月 30 日

姓　名	性别	年龄	家庭出身	个人成分	政治面目	文化程度	是否是积极分子	新选职务	社教中的表现
王同月	女	36	贫	农民	群	文盲	是		
王庆本	男	69	贫	农民	群	小学			积极
门振月	女	17	贫	学生	群	完小			积极
张文珍	女	28	贫	农民	群	文盲			积极
门平安	男	29	贫	农民	群	小学			积极
门福辛	男	16	贫	学生	群	完小			积极
李殿申	男	53	贫	农民	群	文盲			积极
李平蕊	女	17	贫	学生	团	完小		民兵副排长	积极
门春展	男	20	下中	学生	群	完小			积极
程秀思	女	39	下中	农民	群	文盲			积极
赵淑棉	女	18	下中	学生	群	小学			一般
杨海森	男	29	贫	农民	团	小学			积极
李孟东	男	34	下中	农民	群	小学		保管员	积极
13 人									

十队　门庄第二批入会会员统计表　1965 年 7 月 30 日

姓　名	性别	年龄	家庭出身	个人成分	政治面目	文化程度	是否是积极分子	新选职务	社教中的表现
门文更	男	45	贫	农民	群	文盲			一般
门文瑞	男	37	贫	农民	群	文盲			一般
娄乔月	女	29	贫	农民	群	文盲			一般
门俊岩	男	30	贫	农民	群	小学	是		积极
李永杰	男	17	贫	农民	群	小学			积极
杨福寿	男	43	贫	农民	群	小学	是		积极
王淑梅	女	18	贫	农民	群	完小			一般
李中桥	男	16	贫	学生	群	完小		民兵排长	一般
李淑捧	女	22	贫	农民	群	文盲			一般

续 表

姓　名	性别	年龄	家庭出身	个人成分	政治面目	文化程度	是否是积极分子	新选职务	社教中的表现
李丙坤	男	57	贫	农民	群	小学			一般
杨淑芝	女	17	贫	学生	团	初中			一般
田桂欣	女	34	贫	农民	群	文盲			一般
杨中状	男	41	贫	农民	群	文盲		队长	积极
杨运长	女	17	贫	学生	群	小学			积极
腾桂珍	女	37	贫	农民	群	文盲			积极
15 人									

十队　门庄第二批入会会员统计表　1965 年 7 月 30 日

姓　名	性别	年龄	家庭出身	个人成分	政治面目	文化程度	是否是积极分子	新选职务	社教中的表现
谢忠春	女	23	下中	农民	团	小学		工作员	积极
相在中	男	28	下中	农民	群	小学		副班长	一般
李淑君	女	26	贫	农民	群	文盲		无	一般
张翠平	女	37	贫	农民	群	文盲		无	一般
门福增	男	22	下中	农民	群	文盲		无	一般
相成群	男	17	分[贫]	学生	群	小学		无	一般
高四妮	女	81	贫	农民	群	文盲		无	一般
张大罗	女	37	贫	农民	群	文盲		无	积极
羡巧言	女	21	下中	学生	群	小学		无	一般
相东成	男	20	贫	农民	群	小学		无	一般
赵红满	女	37	贫	农民	群	文盲		无	一般
11 人									

四、入贫协会申请书

申　请　书

我叫门福增,今年二十一岁,下中农成分,一般群众。

通过这次伟大的社会主义教育,提高了政治思想觉悟,划清了敌我界线,认清了当前的大好形势和三面红旗的优越性,愿跟着党走,和贫下中农团结一致,共同携起手来,搞好社会主义,为使个人有更多的学习机会,武装自己的头脑,愿加入这个伟大的贫协组织,希望领导同志批准是荷。

门福增

一九六五年六月二十三日

申清[请]书

我志愿加入贫协会通过四清运动学习开会讨论使我的思想有了显著提高,辨明了是非认清了敌我,党和毛主席领导人民闹土地改革,今天又领导广大的贫下中农组织贫协会给四不清干部洗手洗澡帮助他们改正错误我知道贫协会是给广大的贫下中农当家作主的,所以我志愿加入贫协会,我要以主人翁的态度,于[与]坏人坏事作斗争,大胆揭发四不清干部的错误我是贫农出身,我要以革命的志气斗争到底。

李淑君　3.21号

申清[请]书

我坚决走向社会主义道路,跟着党走,听党的话,在运动中带头起骨干作用,坚决向坏人坏事和事[四]不清的干部、作斗净[争],我为手[了]把运动搞切[彻]底,贫下中农必须团结起来,参加自己的组织,这才能战胜阶级敌人的近[进]攻,我坚决参加入贫协会。

提出申清[请],请以领导批准

申清[请]人:门福新

65.3.18号

申清［请］书

我坚决走社会主义道路，跟着党走，听党的话，在运动中带头起骨干作用，坚决向坏人坏是［事］，和事［四］不清的干部作斗净［争］，为手［了］把运动搞彻底，贫下中农必须团结起来，参加自己的组织，这样才能战胜结［阶］级敌人的进攻，我坚决参加入贫协会。

提出申清［请］，请以领导批准

申清［请］人：门福寿
65.3.18

申 请 书

我叫李丙坤 男性 现年57岁 贫农成分 自从经过参加这次四清运动以来提高了我的思想觉悟分清了敌我界线今后保证下定决心跟共产党走听毛主席的话坚决与坏人坏事作斗争特此申请入会请予以批准

申请人：第十队李丙坤
1965.3.21日

申 请 书

通过了这几天的学习运动，提高了思想觉悟，在这次社会主义运动中愿为人民为国家贡献全部力量为人民服务，我们要求领导批准我们参加贫协组织。

门文瑞 张桂珍

申清［请］书

我坚决走向社会主义道路，跟着党走，听党的话，在运动中，起带头骨干作用，我坚决向坏人坏事和事［四］不清的干部作斗争我为手［了］的把运动中搞切［彻］底，贫下中农必须团结起来，参加自己的组织，这才能战胜结［阶］级敌人的进攻我坚决参加入贫协会。

提出申请 请以领导批准。

申清［请］人：苏风改 51岁
65.3.18

审[申]请书

我通过几天学习，提高了思想，愿在社会主义教育运动中，献出个人一切力量，为党为人民服务，要求批准参加贫协会，希批准是荷。

杨福寿
杨成群

申请书

我经过这次社会主义教育经过学习从思想上认识了道路介[阶]级愿听党的一切号召愿全心全意为人民服务愿意要求各级领导批准参加贫协组织

田贵钦　李孟东
3月21号

审[申]请书

我通过几天学习，通过几天社会主义教育，使我提高了思想，愿在运动当中贡献一份力量，为党为人民服务，要求批准参加贫协会，希批准是荷。

杨运长　腾桂珍　相中伏

审[申]请书

通过几天学习，提高了思想，在社会主义教育运动中，愿为国家为人民，贡献出一切力量，为党为人民服务，我要求领导批准参加贫协小组。

王同月

申请书

我经过这次社会主义教育，经过学习，从思想上认识了这次运动的意义，分清了阶级路线，在运动中，要大胆的跟思[四]不清的干部多揭发问题，做斗争，为国家为人民贡献出一切力量，为党为人民服务我要求领导批准参加贫协小组。

门福增
1965.3.20

申 请 书

我志愿加入贫协会通过四清运动学习开会讨论，我的思想有了显著提高，辨明了是非，认清了敌我，我们的党和毛主席领导广大的贫下中农，用土地改革，今天又难领导广大的贫下中农于地富反坏作斗争，给四不清干部洗手洗澡，组织贫协会，我知道贫协会总给广大贫下中农当家作主的，我是贫农出身，所以我志愿加入贫协会，我要以主人翁的态度，于[与]坏人坏事作斗争，大胆揭发四不清干部的错误，坚决作革命的促进派，把革命斗争到底。

李淑捧　　3.21号

申 请 书

我志愿加入贫协会通过四清运动学习开会讨论使我的思想有了显著提高，辨明了是非认清了敌我从前党和毛主席领导广大的贫下中农闹土地改革，今天我们的党和毛主席又领导广大的贫下中农组织贫协会给四不清干部洗手洗澡我知道贫协会是为广大贫下中农当家作主的，我是贫农出身，所以我志愿加入贫协会，我要以主人翁的态度，于[与]坏人坏事作斗争，大胆揭发四不清干部的错误，坚决作革命的促进派，要以革命的志气斗争到底。

李中桥　　3.21

申 请 书

通过这几天的学习，提高了思想觉悟在社会主义教育中，愿为国家为人民献出一切力量，愿意为国家为人民服务，希忘[望]领导批准参加贫协小组。

门振月　赵红满

申 请 书

通过这几天的学习，提高了思想觉悟，在社会主义教育中，愿为国家为人民献出一切力量，愿为国家为人民服务，希忘[望]领导批准参加贫协小组。

门文更

申 情[请] 书

我通过了这次学习，提高了思想觉悟在社会主义教育运动中，愿意为人民为国家贡献出一切力量,愿为国家为人民服务,希忘[望]领导批准参加贫协小组。

赵淑绵　门春展

申　请　书

李展申全家三口人,在旧社会里成[曾]经受过地主的压迫和剥削,感到在旧社会里是非常痛苦的,见直[简直]是没有穷人的活路自从来了共产党和毛主席领导穷人翻了身分到了土地和富材[浮财],打倒了地主官僚资本家,我们才翻了身,得到解放,共产党的恩情重如山,翻身不望[忘]共产党,决心给[跟]着共产党和毛主席,我自愿参加贫协组织希望各级党委和贫协负责同志,批准我们参加贫协委员会吧。

李平蕊　李永杰　李殿申　3.18号

申情[请]书

通过这几天的学习,使我提高了思想,在社会主义教育运动中愿为国家为人民献出一切力量愿为国家为人民服务,希望领导批准参加贫协小组。

程　思

申　请　书

我家处在贫农家庭,尤其经过一段的四清,确实认清了阶级路线的清理完全是正确地[的],适时的,我们全家愿意在共产党的领导下,贫下中农团结起来,当好人民公社的主子,一定要常思当年苦,不忘血泪仇,我入贫协会后,听从贫协会的领导,服从贫协会的指导,一定要全体贫协会员团结起来,共同建设社会主义。

申请人:李丙坤　李淑君　李淑捧　李中桥

申　请　书

通过了这几天学习运动,提高了思想觉悟。在这次社会主义运动中原[愿]为人民为国家贡献全部力量,为人民服务我们要求领导批准我们参加贫协组织。

王淑梅　相海森

申 请 书

通过了这几天的学习运动提高了思想觉悟在这次社会主义运动中原[愿]为人民服务为国家贡献全部力量为人民服务我们要求批准我们参加了贫协组织。

杨海申

申 请 书

我要求参加贫协组织。我愿和广大贫下中农团结在一起,巩固无产阶级专政,拥护社会主义建设,拥护人民公社,拥护和发展集体经济坚持走社会主义道路。

我不怕艰难和困苦,要自力更生,发奋途[图]强,以实际行动,和广大贫下中农占[站]在一起,共同拿出我们的雄心壮志来。

坚决要向,资本主义、封建主义、修政[正]主义奋斗到底,

我坚决要当好一个马列主义、毛泽东为首的先进服务者。

申请人:杨在中

65.4.11 号

五、监督四类分子小组、治保委员小组、社员代表选举干部情况

门庄十队社员代表花名册 1965.8.7

姓 名	性别	年龄	家庭成分	个人出身	文化程度	政治面目	兼何职	备考
杨中伏	男	41	贫	农民	文盲	群	队长	
李平蕊	女	17	贫	学生	完小	团	民兵排长	
杨中西	男	42	中	农民	小学	群	老农	
杨海申	男	28	贫	农民	小学	团	贫协组员	

注明：选举时间：一九六五年七月十九日晚，群众讨论选举。地点王同月院内，参加选举人数38名。

门庄十队治保委员会小组 1965.8.7

姓 名	性别	年龄	家庭成分	个人出身	文化程度	政治面目	兼何职	备考
谢忠春	女	23	下中	农民	小学	团	工作员	
李中桥	男	17	贫	学生	完小	群	民兵排长	
杨海申	男	28	贫	农民	小学	团	贫协组员	

注明：选举时间：一九六五年七月十八日晚，参加选举人数共41名，分组讨论选举通过。地点王同月院内。

门庄十队监督四类分子小组 1965.8.7

姓 名	性别	年龄	家庭成分	个人出身	文化程度	政治面目	兼何职	备考
谢忠春	女	23	下中	农民	小学	团	工作员	
王同月	女	17	贫	农民	文盲	群	贫协组长	
相海申	男	28	贫	农民	小学	团	贫协组员	
杨中伏	男	41	贫	农民	文盲	群	队长	
李孟东	男	34	下中	农民	小学	群	保管员	

注明：选举时间：一九六五年七月二十八日晚上，参加选举人数共41名，分组讨论选举产生，地点王同月有院内。

六、运动中按[安]排干部登记表

门庄大队十队组织新选干部登记　1965.7.26日

姓　名	性别	年龄	家庭出身	个人成分	文化程度	政治面目			原任职务		新选职务		兼任什么职务	运动中的表现
						党	团	群	党内	行政	党　内	行　政		
谢忠春	女	23	下中	农民	小学		团			指导员		工作员		一般积极
杨中伏	男	41	贫	农民	文盲			群		队长		队长		积极
相在中	男	28	下中	农民	小学			群		副队长		副队长		一般
王殿申	男	29	中	学生	完小			群		会计		会计		积极
相苗凤	女	18	上中	学生	初中			群				妇女队长		积极
李孟东	男	34	下中	农民	小学			群		保管		保管		积极
李中桥	男	17	贫	学生	完小			群				民兵排长		积极
东平蕊	女	16	贫	学生	完小		团					副排长	农叶[业]技术员	积极
相中西	男	42	中	农民	小学			群				老农		积极
王同月	女	36	贫	农民	文盲			群				贫协组长		积极
相海森	男	28	贫	农民	小学		团			贫协组长		贫协		积极
相福寿	男	43	贫	农民	小学			群				贫协		积极
程秀思	女	39	下中	农 民	文盲	党						贫协		积极
门平安	男	29	贫	农民	小学			群				贫协		积极

注：各队干部都应填写、队委贫协代表、正副排长都应填写。

北县门庄大队第十生产小队管委会干部名单 1965.7.26.下午

姓　名	性别	年龄	家庭出身	本人成分	政治面目	文化程度	新选举职务	兼任职务	备考
谢忠春	女	23	下中	农民	团	小学	政治工作员		委员
杨中伏	男	41	贫	农民	团	文盲	生产队长		委员
杨在中	男	28	下中	农民	群	小学	生产副队长		委员
王殿申	男	29	中	学生	群	完小	会计员		委员
杨苗风	女	18	上中	学生	群	初中	妇女队长		委员
李孟东	男	34	下中	学生	群	小学	保管员		委员
李忠桥	男	17	贫	学生	群	完小	民兵排长		委员
李平蕊	女	16	贫	学生	团	完小	民兵副排长	兼农叶[业]技术员	委员
杨中西	男	42	中	农民	群	小学	老农		委员

门庄大队第十生产队干部安排登记表 65.6.7号

姓　名	性别	年龄	家庭出身	个人成分	文化程度	政治面目			原职任务	新安排职务		备注
						党	团	群		党内	行政	
程秀思	女	39	下中	农民	文盲	党			无		政治队长	
杨中伏	男	41	贫农	农民	半文盲			群	队长		生产队长	
杨海森	男	26	贫农	农民	半文盲		团		代表		生产副队长	
王殿甲	男	29	中农	学生	完小			群	会计		会计	
李孟东	男	34	下中	农民	小学			群	保管员		保管员	
杨苗风	女	18	中	学生	初中			群	无		妇女队长	
门福辛	男	15	贫农	学生	完小			群	无		民兵排长	
李平蕊	女	16	贫农	学生	完小			群	无		民兵副排长	

门庄大队第十生产队干部安排登记表 65. 5. 20

姓名	性别	年龄	家庭出身	个人成分	文化程度	政治面目			原任职务	新安排职务		备注
						党	团	群		党内	行政	
程秀思	女	39	下中	农民	文盲	党			无		政治队长	
杨忠伏	男	41	贫农	农民	半文盲			群	队长		生产队长	
杨海森	男	26	贫农	农民	半文盲		团		代表		生产副队长	
王殿甲	男	29	中农	学生	完小			群	会计		会计	
李孟冬	男	34	下中	农民	小学			群	保管员		保管员	
谢忠春	女	23	下中	学生	小学		团		指导员		妇女队长	暂定，找妇女队长门文更之女门秀英
门福辛	男	15	贫农	学生	完小			群	无		民兵排长	
李平蕊	女	16	贫农	学生	完小			群	无		民兵副排长	
王同月	女	35	贫农	农民	文盲			群	无		贫协组长	

七、选举干部情况

冀县门庄十小队

冀县门庄大队第拾生产小队管委会干部名单　1965.7.26 下午

姓　名	性别	年龄	家庭出身	本人成分	政治面目	文化程度	新选举职务	兼任职务	备考
谢忠春	女	23	下中	农民	团	小学	政治工作员		
杨中伏	男	41	贫	农民	群	文盲	生产队长		
杨在中	男	28	下中	农民	群	小学	生产副队长		
王殿甲	男	29	中	学生	群	完小	会计员		
杨苗凤	女	18	上中	学生	群	初中	妇女队长		
李孟东	男	34	下中	农民	群	小学	保管员		
李中桥	男	17	贫	学生	群	完小	民兵排长		
李平蕊	女	16	贫	学生	团	完小	民兵副排长	农叶[业]技术员	
杨中西	男	42	中	农民	群	小学	老农		

门庄第十小队选举干部情况

时间：一九六五年七月二十六日下午。〈下雨天〉

地点：王同月院内。

参加选举群众：共 46 名。应参加人数 54 名。

工作队：常志勤，殷素勋，刘文明。

发出选票 46 张，收回选票 46 张

主持人，王同月

唱票人门春展，写票人相苗凤，看票人门振月。

选举结果

工作员谢忠春，43 票

生产队长相中伏 46 票

副队长相在中 46 票

会计王殿甲 46 票

保管李孟东 46 票

妇女队长相苗凤 46 票

民兵排长李中桥 46 票

副排长李平蕊 44 票，兼技术员

老农相中西 45 票

另外：

相海森 2 票

门振月 1 票

程秀思 1 票

相淑芝 1 票

李殿申 1 票

门庄大队第十队干部候选人名单　一九六五年七月二十六日

符　号	姓　名	拟任职务	是否委员	重拟姓名	安排职务	备政[注]
○	谢忠春	工作员	委员			
○	杨中伏	队长	委员			
○	杨再忠	副队长	委员			
○	王殿甲	会计	委员			
○	杨苗凤	妇女队长	委员			
○	李孟东	保管员	委员			
○	李忠桥	民兵排长	委员			
○	李平蕊	副排长兼技术员	委员			
○	杨中西	老农	委员			

说明：同意者在符号拦[栏]内画"○"不同意者在符号拦[栏]内画"×"。再重拟姓名是谁安排何职务在拦[栏]内填写清楚。

(此票共计 38 张。——本书编者注)

门庄大队第十队干部候选人名单　一九六五年七月二十六日

符　号	姓　名	拟 任 职 务	是否委员	重拟姓名	安排职务	备政[注]
×	谢忠春	工作员	委员	杨海申	工作员	
○	杨中伏	队长	委员			
○	杨再忠	副队长	委员			
○	王殿甲	会计	委员			
○	杨苗凤	妇女队长	委员			
○	李孟东	保管员	委员			
○	李忠桥	民兵排长	委员			
○	李平蕊	副排长兼技术员	委员			
○	杨中西	老农	委员			
说明：同意者在符号拦[栏]内画“○”不同意者在符号拦[栏]内画“×”。再重拟姓名是谁安排何职务在拦[栏]内填写清楚。						

(此票共计 2 张。——本书编者注)

门庄大队第十队干部候选人名单　一九六五年七月二十六日

符　号	姓　名	拟 任 职 务	是否委员	重拟姓名	安排职务	备政[注]
×	谢忠春	工作员	委员	程　思		
○	杨中伏	队长	委员			
○	杨再忠	副队长	委员			
○	王殿甲	会计	委员			
○	杨苗凤	妇女队长	委员			
○	李孟东	保管员	委员			
○	李忠桥	民兵排长	委员			
○	李平蕊	副排长兼技术员	委员			
○	杨中西	老农	委员			
说明：同意者在符号拦[栏]内画“○”不同意者在符号拦[栏]内画“×”。再重拟姓名是谁安排何职务在拦[栏]内填写清楚。						

门庄大队第十队干部候选人名单　一九六五年七月二十六日

符　号	姓　名	拟任职务	是否委员	重拟姓名	安排职务	备政[注]
	谢忠春	工作员	委员	程思		
○	杨中伏	队长	委员			
○	杨再忠	副队长	委员			
○	王殿甲	会计	委员			
○	杨苗凤	妇女队长	委员			
○	李孟东	保管员	委员			
○	李忠桥	民兵排长	委员			
○	李平蕊	副排长兼技术员	委员			
○	杨中西	老农	委员			
说明：同意者在符号拦[栏]内画“○”不同意者在符号拦[栏]内画“×”。再重拟姓名是谁安排何职务在拦[栏]内填写清楚。						

门庄大队第十队干部候选人名单　一九六五年七月二十六日

符　号	姓　名	拟任职务	是否委员	重拟姓名	安排职务	备政[注]
○	谢忠春	工作员	委员			
○	杨中伏	队长	委员			
○	杨再忠	副队长	委员			
○	王殿甲	会计	委员			
○	杨苗凤	妇女队长	委员			
○	李孟东	保管员	委员			
○	李忠桥	民兵排长	委员			
×	李平蕊	副排长兼技术员	委员	杨树枝		
○	杨中西	老农	委员			
说明：同意者在符号拦[栏]内画“○”不同意者在符号拦[栏]内画“×”。再重拟姓名是谁安排何职务在拦[栏]内填写清楚。						

门庄大队第十队干部候选人名单　一九六五年七月二十六日

符　号	姓　名	拟任职务	是否委员	重拟姓名	安排职务	备政[注]
○	谢忠春	工作员	委员			
○	杨中伏	队长	委员			
○	杨再忠	副队长	委员			
○	王殿甲	会计	委员			
○	杨苗凤	妇女队长	委员			
○	李孟东	保管员	委员			
○	李忠桥	民兵排长	委员			
×	李平蕊	副排长兼技术员	委员	门振月		
○	杨中西	老农	委员			
说明：同意者在符号拦[栏]内画“○”不同意者在符号拦[栏]内画“×”。再重拟姓名是谁安排何职务在拦[栏]内填写清楚。						

门庄大队第十队干部候选人名单　一九六五年七月二十六日

符　号	姓　名	拟任职务	是否委员	重拟姓名	安排职务	备政[注]
○	谢忠春	工作员	委员			
○	杨中伏	队长	委员			
○	杨再忠	副队长	委员			
○	王殿甲	会计	委员			
○	杨苗凤	妇女队长	委员			
○	李孟东	保管员	委员			
○	李忠桥	民兵排长	委员			
○	李平蕊	副排长兼技术员	委员			
×	杨中西	老农	委员	殿申		
说明：同意者在符号拦[栏]内画“○”不同意者在符号拦[栏]内画“×”。再重拟姓名是谁安排何职务在拦[栏]内填写清楚。						

门庄大队第十队干部候选人名单　一九六五年七月二十六日

符　号	姓　名	拟任职务	是否委员	重拟姓名	安排职务	备政[注]
○	谢忠春	工作员	委员			
○	杨中伏	队长	委员			
	杨再忠	副队长	委员			
○	王殿甲	会计	委员			
○	杨苗凤	妇女队长	委员			
○	李孟东	保管员	委员			
○	李忠桥	民兵排长	委员			
○	李平蕊	副排长兼技术员	委员			
○	杨中西	老农	委员	殿申		

说明：同意者在符号拦[栏]内画“○”不同意者在符号拦[栏]内画“×”。再重拟姓名是谁安排何职务在拦[栏]内填写清楚。

八、党团员情况及四清干部解放情况

门庄十队原有党团员情况　1965.8.7

项目 姓名	性别	年龄	家庭成分	个人出身	文化程度	政治面目	
程秀思	女		下中	农民	文盲	党	
相树芝	女	17	贫	学生	初中	团	
杨海森	男	28	贫	农民	小学	团	
谢忠春	女	23	下中	农民	小学	团	

四清运动中发展团员一名　1965.8.7

项目 姓名	性别	年龄	家庭成分	个人出身	文化程度	政治面目	运动中的表现
李平蕊	女	17	贫	学生	完小	团	积极肯干

今后建团对象登记表　1965.8.7

项目 姓名	性别	年龄	家庭成分	个人出身	文化程度	政治面目	运动中的表现
李中桥	男	17	贫	学生	完小	群	积极
杨运长	女	16	贫	学生	小学	群	积极

门庄十队清经济解放干部情况　1965.8.7号

第一批解放的：2人

保管，李孟东

下台保管，门春展

第二批解放的有4人

会计王殿甲

队长：相其兰

下台队长：相双恩

指导员：谢忠春

下台保管员：相玉蚨

注明：通过本人在会上检查，群众讨论，都认为没有问题了，才解放的。

九、群众鉴定干部讨论记录

干部鉴订[鉴定]　61.7.23号晚

忠春：优点：服从领导实行党的政策第一好，态度好。缺点 劳动不强偏[片]面思相[想]较大。

再忠：生产劳动好，缺点运动中不老实，搞共手共孟[疑为“攻守同盟”——本书编者注]多。

中伏：参加集体劳动好，积极起带头作用，听党的指挥，按党的政策办事，对工作认真，缺点无。

殿甲：忠城[诚]老实，按政策办事，听党的话，对工作认真，缺点无。

孟东：参加劳动好，按政策办事团结群众好。缺点好人主意（义）。

三组订

讨论干部

政治工作员谢中春

生产队长，杨中伏

副队长，杨再忠

会计　王殿甲

保管　李孟东

妇女队，杨苗凤

排长　李平蕊

副排长，李中乔

1965.7.29 拾队

评选五好干部条件

杨忠伏：集体思想好，工作积极，听从领导，各项工作提前完成任务，团结干部好，对群众态度和蔼。

王殿甲：责任心好，工作积极，劳动好，对群众干部态度好，集体思想好，听从上级领导。

谢忠春：劳动好，工作积极，责任心好，对干部群众态度好，思想好，服从领导，听指挥。

李孟东：团结干部好，集体思想好，负责心好，劳动好，听从领导，团结群众好，对工作认真。

杨丙忠：劳动好，农活技术高，不怕辛苦。

申　春：不爱劳动态度不好作风生硬在运动当中表现不老实共手[攻守]同盟搞的多立场不坚定经过四清后更不出来劳动不管队里的事成见性强包袱大

中　伏：对工作好各项工作认真执行政策好劳动好态度生硬工作当中作事偏[片]面。

在　中：劳动好在运动当中不中[忠]诚不老实工作不认真工作不负责任。

殿　甲：工作不认真不按时计[记]工中[忠]诚实劳动好。

孟　冬：

讨论反[翻]案记录

1. 我正[证]明杨玉伏这些粮食，是偷了。根据张大罗和他的对口，我听说杨玉伏背出来送了人了。

2. 杨玉伏经常和张大罗偷分库里的粮食，队里的录[绿]豆丢了，他就给饲养员扣上是把这些豆子喂了牲口了，结果还是没有喂。这点正[证]明他是真偷了。

3. 1965年7月18号提出的问题：叫我来说都是真偷了粮食，因为有张大罗来正[证]明杨玉伏和他可一无有不好，无打过架。

4. 我根据张大罗介召[绍]，时间、地点经过，和张大罗说的如果杨玉伏不成[承]认我就给他找出接他那花□的人来，从这证明这花□更是他偷了。

坚[鉴]定记录

1. 杨忠伏：① 在劳动中很好。在每次下地干活时，都提前传给社员带什么工具，做什么活。在干活时也很积极。② 执行党的方针政策很好。不论是大队和公社下来任务后，都按时完成，而且保质保量。③ 组织的干群关系很好。他总是奔着一[以]社为家的精神。

2. 杨在忠：① 在劳动方面很好。每天吃了饭出来的很早，干活更肯卖力气。② 干部与群众之间的关系很好。③ 每天都去劳动，一天不溺[歇]。

在王同月家参加讨论人员：王同月、门文更、门振月、娄巧月、李殿甲、王庆本、门福鑫。

在那天讨论杨玉伏的反[翻]案问题中,这些许可杨玉伏反[翻]案的人什么翠平、平安、淑梅,都和大罗有意见,都是从意见出发,都可以说受过杨玉伏的经济物资的拉龙[拢],所以说他几个需[许]可他反[翻]案。根据广大社员的讨论是不需[许]可他反[翻]案的。

忠秀,优点方面:
1. 听党的话,服从领导。
2. 在运动当中交代问题老实,退赔积极
3. 对待社员关心,劳动积极,思想健康
4. 党交给的任务按时完成,以身作则。
缺点方面:
1. 群众路线走的不好。
2. 经不起和平环境的考验,立场不坚定,贪污盗窃粮款。

忠伏,优点方面:
1. 听党的话,服从领导,对工作认真负责,积极肯干。
2. 工作积极主动,思想健康。
3. 能够积极的完成党交给的任务。
4. 在劳动方面积极主动,在每项工作中以身作则,带动社员。
缺点方面:
1. 工作有时犯主观主义。
2. 在工作上有时动态度。

再忠,优点方面:
1. 劳动积极,对工作认真负责肯干。
2. 听党的话,服从领导,对集体关心。
3. 能积极的完成党交给自己的每项工作。
再忠,缺点方面:

1. 群众路线走的不好。
2. 在工作上和劳动上有时动态度。

孟东：缺点方面：1. 有好人主义思想
优点方面：1. 对工作积极认真。
2. 服从领导，听党的话。
3. 工作积极主动，思想健康。

殿甲：优点方面：1. 对工作积极认真，账目清楚。
2. 老实可靠，对社员态度和气。
3. 服从领导，听党的话，能按时完成党交给的任务
缺点方面：1. 经不起和平环境的考验，立场坚定(原文如此——本书编者注)，贫贪污盗窃粮款。

酝酿干部
生产队长，中伏，副队长再忠，会计殿甲，保管孟东，指导员忠春。

十、妇女各阶层登记表

门庄十队妇女代表名单　1965.8.7

姓　名	性别	年龄	家庭成分	个人出身	文化程度	政治面目	兼何职	备　考
杨苗凤	女	18	上中	学生	初中	群	妇女队长	
王同月	女	36	贫	农民	文盲	群	贫协组长	
李平蕊	女	17	贫	学生	完小	团	民兵副排长 技术员	

证明：选举时间：一九六五年七月二十日晚，由妇女讨论分组选举。地点，王同月院内。参加选举人数27人。

十队妇女各阶层登记表　65.7.17号

姓　名	年龄	出身成分	本人成分	政治面目	文化程度	备　　考
杨树枝	17	贫	学生	团	初中	
张翠平	37	贫	老农	群	文盲	
王淑梅	18	贫	学生	群	完小	
李淑捧	21	贫	学生	群	初小	
李淑君	23	贫	农民	群	文盲	
苏凤改	55	贫	农民	群	文盲	
张红满	37	贫	农民	群	文盲	
门振月	17	贫	学生	群	完小	
张文珍	28	贫	农民	群	文盲	
娄乔月	29	贫	农民	群	文盲	
王同月	35	贫	农民	群	文盲	干部家属， 现搞四清。
李平蕊	17	贫	学生	团	完小	
杨运长	17	贫	学生	群	初小	
腾桂珍	37	贫	农民	群	文盲	

续 表

姓　名	年龄	出身成分	本人成分	政治面目	文化程度	备　　考
程　思	39	下中	农民	党	文盲	
赵淑棉	19	下中	学生	群	完小	
田桂欣	34	下中	农民	群	文盲	
谢忠春	23	下中	学生	团	初小	
高四妮	70	贫	农民	群	文盲	
杨苗凤	18	上中	学生	群	初中	军属，哥哥在军队
羡巧言	29	下中	学生	群	完小	
张三果	43	上中	老农	群	文盲	
杨苗珍	25	中	学生	群	初小	
李玉纹	49	中	农民	群	文盲	
王大妙	45	中	农民	群	文盲	
张大罗	37	贫	农民	群	文盲	
张大表	43	地主	劳动者	群	文盲	
门冬苗	18	地主子女	劳动者	群	文盲	

合计：28 人，其中贫农 16 人，下中农 5 人，中农 3 人，上中农 2 人，农叶[业]劳动者 2 人。

门家庄第十生产队妇女小组　1965. 4. 22

妇女小组长姓名	妇　女　姓　名
正组长李平芮 副组长杨苗凤	门振月、杨树芝、李淑捧、门文苗、赵淑棉、羡巧言、杨运长、李平芮、杨苗凤、谢忠春
正组长王同月 副组长张大罗	张文珍、娄巧月、张翠平、田桂欣、李淑君、杨苗珍、王淑梅、滕桂珍、王同月、张大罗
组长程秀思	苏凤改、赵红满、张大表、张三果、李玉文、王大妙、程秀思、高四妮

十一、十队妇女讨论记录

记　录　　二篇

经过斗丁庄的五[巫]婆,我村把那信神、信鬼的现象去[取]消了。有的思想觉悟,提高到,把几尺深的大猪圈填了,有的把神像烧了,挂上了毛主席的像。

李平芮提:

指导员:杨海申,生产队长:杨忠伏,副队长:杨在忠,妇女队长:王同月,保管:李孟东,会计:王殿甲,政[正]排长:李忠乔,副排长:李平蕊。

男班长:杨俊杰　女班长:杨运长

二篇

1965.6.27

第十队妇女讨论会

迷信的表现:1. 给死人烧纸

2. 有的孩子,记在神里长命(张大罗提)

3. 拜干亲

4. 完[玩]钱

5. 烧香　头哄[供](王同月)

6. 有的说小孩掉了魂,就给小孩守经(田桂欣)

7. 给死人往棺材里放东西(娄巧月)

8. 给小孩载销[戴孝]说是长命(王同月)

有没有鬼神:根本世上没有鬼神,就是封建社会留下的骗人论调。(门秀奇)

信神鬼的害处:给神使钱买纸香烧后什么也末[没]有了。(门文苗)

给神上哄[供],有好多人拿着东西去,都叫神留下吃了。(门文珍)

有的给小孩做纸媒,用钱买,有的没钱也得借账来买,这样影响了活人的生活。(运常)

完[玩]钱的害处：赎[输]了钱就想别的办法，有的偷粮食，有的偷物资，家务也管不好，把孩子也教育不好，甚至吵嘴，闹不团结。（秀奇）

有的为玩钱连饭也不作，也不想□，这样不但个人玩，而且连家里人也玩，这样把其他人也教育坏了。（文苗）

有的玩钱不劳动，这样影响了生产，破坏了集体经济发展。（同月）

玩钱是什么问题：这就是封建主义社会以[遗]留下来的，是欺骗人民的一种工具，来骗夺人民的财产。（秀奇）

一、封建迷信

通过这次伟大的四清运动学习，知道了世界上并没有牛鬼蛇神，这些封建迷信都是旧社会的封建残余，跟[根]本上就没有神，这些巫婆巫们她们就是为了利用这封建迷信来骗取人们的钱财。有的人在以前没有通过学习，还迷信，烧香跪[磕]头，受了巫婆的骗，通过了学习，提高了思想觉悟，不信神不信鬼。知道信神信鬼对人们有很大害处。如果人们有了病叫他们去看，实际上病看不好，把病还得耽误了。

在从前我也迷信，在我的儿子有了病，没有请医生，叫她们看，她们说我的儿子是童子每年一天到她家去上供，拿着纸香，拿着馍馍，自己舍不的[得]吃，花好几元钱买个纸人烧掉，就算是还了童子，这样就死不了，这样叫她看了病情还是严重，最后还是请了医生才把病看好。通过了这次学习，提高了思想觉悟，知道了并没有神鬼，她们就是为了利用这些封建迷信来骗人们的钱财，有了病只有请医生才会看好的。

苗凤：我们青年一代要执行婚姻，不要彩礼，要树立正确的恋爱关[观]点，要知道在过去封建统治的旧社会里，妇女们是多低贱的，要知道我们长在新社会里，妇女们得到了平等自由，有了自己的地位，我们就应该正确模范的执行婚姻法。

苗梅：我们应该很好的教育后一代，我们不要打骂后一代，要说服他们，教育他们把他们培养成一个红色的接班人。

大妙：我们要很好教育他们，不打不骂，跟他们说理，说到他们心里去，把他们培养成人，做一个很好的接班人。

我们要很好的教育我们的后一代，不偷不摸队里和集体的东西，要爱护集体，将来做一个社会主义的接班人。

封建迷信、违犯[法]婚姻等一些问题都是阶级斗(争)，在旧社会才有这样的事情，我们是坚决走社会主义道路的，拿婚姻法来说，在过去谁都不能见谁使的[得]结婚后，家庭生活不幸福，玩钱聚赌，这些对个人对集体都有很多害处，我们今后不迷封[信]，不玩钱，正确的执行婚姻法，爱护集体坚决走社会主义道路。　　　　（全体组员）

李平蕊：过去我小的时候，不懂事，没有学习，不知道迷信对我们有害处，通过这次学习，我认清了迷信是在旧社会才有人迷信，在我们新社会里是不迷信的知道到迷信对我们有很大害处。

通过了学习我们都认清了，以上的问题有很大害处，从今后起坚(决)不迷信，坚决走社会主义道路。

1965.5.27日晚　队办公室第一组：组员

讨论计[记]录

第一组参加讨论人数共拾壹人

杨苗珍：世界上并没有鬼神，他们就是为了利用这种封建迷信的方法来欺骗和人们要东西。

王淑梅：并没有神鬼，他们就是为了欺骗人们，用毒辣的手段来欺骗人们的钱财。

李玉稳：世界上并没有神鬼，他们就是为了欺骗人们钱财，自己不劳动用这种方法来欺骗百性[姓]。

赵淑棉：我们世界上并没有鬼神，用那些事时[实]来证明呢，是可以用实际来证明的，比喻他家人有了病就请医生看，别人有了病他就胡说乱说，叫人家拿钱，跪[磕]头烧香，事实上这就是他们的鬼八[把]戏，他用这种方法来迷惑人们，实际上他是不会看病的，他就是为了不劳动，得到钱财来腐化生活。看不好病实际上把病担[耽]误了，从这些事实来证明，信神鬼是有很大害处的。

张翠平：完[玩]钱有很多害处，从完[玩]小到大，越完[玩]越大如果完[玩]的大了出的钱多自己没有办法他就要想别的办法，不是自己家的粮食拿出去卖了，就要做小偷，这样使家里闹家务，影响生活，影响生产，使他们要做为[违]法的事情。

王淑梅：在过去就是地主富家农有钱有势的人们才干这些事情，他们勾结穷人们完[玩]钱，他们大批的有钱，穷人们没有钱，出了钱他们就要想别的办法，而他们做出为[违]法乱纪的事情。

羡巧言：只有地主富农才干这些事情，他们不劳动，正[整]天完[玩]钱忘[妄]想用完[玩]钱来欺骗人们他们无所不干，不干好事，完[玩]钱对他们有利，对穷人有害处。

赵淑棉：不执行婚姻法有哪些害处，过去封建统治的旧社会里，男女不平等，不叫见面，有的男的比女的大很多，谁都不知谁长什么样，不能很好的生活在一起。

王淑梅：我们年轻一代要尊敬老人，结记老人吃、喝、穿，结记老人冷热不虐待他们，如果我们一代要是不尊(敬)老人，我们的下一代也是不会尊敬我们的。

过去什么人玩钱：只有在旧社会，地主富农，懒婆，二流子。(同月)

买卖婚姻的害处：有的幼女很早就结了婚，这样影响身体发育。(桂欣)

有的为结婚要彩礼，借了账，婚后而影响了生活。(运常)

早婚和买卖婚姻，就是旧社会对妇女欺压的一种(毒)辣手段，迫害妇女。(大罗)

不孝敬老人对吗：不对的，应该是把孩子教育好把当父母的难处讲给他们，人总有一老，祖辈全流(原文如此——本书编者注)，人人都有孝敬老人的责任。(桂欣)

四不清干部家属讨论记录

65年3月28日

帮助四不清干部和自己的亲人把一点一滴的错误一点不漏的坦白出来，大胆的揭发他们的错误，不怕他们的邪气再猖狂乌云不能永远遮住太阳。我们不怕任何保打击和报复，决心帮助他们把四清搞彻底。洗手、洗澡痛改前非重新做人。

1）在今年秋收当中，场里丢了两次豆子，第一次晚上在场屋里丢的有好几个人看场，怎么就连影也没见呢，第二次在白天场里有看着的，责任在谁身上呢，到如今社里受多大损失。

2）在队部丢了一斗麦子门窗没动，保管会计拿着钥匙到现在还没弄清。

3）大罗——社员的棉包在场里盛着棉花后来就不见了，到现在还没找回来。

4）队里的花生秋后没入库，到入库的时候剩了三分之一，不知那些到那里去了，社员们有的看见门春展的老婆在家里吃过几回都是大花生，但始终不知道那几分花生的下落。

5）在护秋当中，从九队一个孩子的手里夺回了丢的5斤丛[葱]，拿到队部后给了杨福寿一个人，扣[后]来在分丛[葱]的时候没把这个刨出来杨其实让个别社员钻空子占小便宜。

6）在秋收当中，门春展的母亲——党员不爱参加劳动，队里罚他的粮是按社员订的制度罚的，这个自私自利的干部出头和队里交涉，说罚的不合理，提客观条件，社员们给他把日期都算清楚他找队长给他做主，至今还没解决起来。

7）洒麦种子时丢了一口袋，这天有俊言、福寿、海深、玉蚨，这天晌午俊言到堤北桥找人打架去啦，等他回来后因天气下雨淋浠[湿]了麦种抢回来后，海深在场里打扫清底，玉蚨回来开库屋门，俊言、福寿两人拉回来五口袋等入库时剩下四个口袋玉蚨问：那一口袋呢？福寿答："倒啦，空口袋是我的拿家去啦。"那一口袋至今下落不明，这是在去年秋天发生的。

8）在去年秋后，人家队里都颗粒还家了，可我们队里在场里的粮食都生了芽，造成了生产队不可弥补的损失，门春展这个保管一天只是遛达着玩，置之不理。

听了今天的大会报告以后，心里亮堂了许多，明白了党的英明正确的四清运动的政策，党在四清运动中挽救了多少掉入了泥坑的人，我们决心帮助亲人把一切错误诚实地向党向群众彻底地坦白出来，看到人家许多干部给我们做出了学习的榜样我们心里既羡慕又焦急，我们明白党的政策"坦白从宽，抗拒从严"，得到很大的启发，如果我们知道的事他们自己不交待，我们也要给他揭发出来，坚决摆脱这样的家庭，坚决站到贫下中农这边来，革命到底，并大胆地揭发其他干部的一切问题，得到贫下中农的谅解需要我们实际行动，早一天加入贫协会，不怕退赔，不怕丢名誉，没有任何顾虑，坚决帮助自己的亲人和贫下中农站在一起，加入革命的潮流，走上光明的大道上来，在建设社会主义当中，多掘一铲泥，多放一块砖，奋斗到底，争取65年的更大丰收，把革命的红旗插向胜利的高峰——共产主义。

——全体干部家属会议时向党向全体社员所表明的态度

十二、青年民兵组织情况

门庄十队民兵组织干部名单　1965. 8. 7

姓　名	性别	年龄	家庭成分	个人出身	文化程度	政治面目	兼何职	备　考
李中桥	男	17	贫	学生	完小	群	排长	
李平蕊	女	17	贫	学生	完小	团	副排长	
相苗凤	女	18	上中	学生	初中	群	班长	
门福增	男	32	下中	农民	文盲	群	班长	

证明：选举时间：一九六五年七月二十六日下午，地点王同月院内，参加选举人数46名。是无记名投票选举的。

门庄十队基干民兵花名册〈女二班〉　1965. 8. 7

项目／姓名	性别	年龄	家庭成分	个人出身	文化程度	政治面目	职务	
相树芝	女	18	贫	学生	初中	团		
杨苗凤	女	18	上中	学生	初中	群	班长	
相苗珍	女	27	中	农民	小学	群		
羡巧言	女	21	下中	农民	小学	群		
王淑梅	女	18	贫	农民	完小	群		
相运长	女	17	贫	学生	完小	群		
李淑捧	女	21	贫	农民	文盲	群		
李淑君	女		贫	农民	文盲	群		
谢忠春	女	23	下中	农民	小学	团		
李平蕊	女	17	贫	学生	完小	团	副排长	
赵淑棉	女	19	下中	学生	小学	群		
门振月	女	17	贫	学生	完小	群		
门文苗	女	20	农业劳动者	农民	文盲	群		
13人								

门庄十队基干民兵花名册〈男一班〉 1965. 8. 7

项目 姓名	性别	年龄	家庭成分	个人出身	文化程度	政治面目	职务	
相海申	男	28	贫	农民	小学	团		
门福新	男	17	贫	学生	完小	群		
门春展	男	22	下中	学生	完小	群		
门福增	男	20	下中	农民	文盲	群	班长	
相成群	男	17	贫	农民	小学	群		
杨东成	男	20	贫	农民	小学	群		
杨俊傲	男	22	中	农民	小学	群		
相俊杰	男	20	中	学生	小学	群		
杨俊远	男	17	中	学生	小学	群		
相在中	男	28	下中	农民	小学	群		
李中桥	男	17	贫	学生	完小	群	排长	
李永杰	男	17	贫	学生	小学	群		
门福寿	男	30	贫	农民	小学	群		
13 人								

门庄十队普通民兵花名册 1965. 8. 7

项目 姓名	性别	年龄	家庭成分	个人出身	文化程度	政治面目	
杨福寿	男	43	贫	农民	小学	群	
李孟东	男	34	下中	农民	小学	群	
门平安	男	29	贫	农民	小学	群	
相忠西	男	42	中	农民	小学	群	
门文更	男	45	贫	农民	文盲	群	
门文瑞	男	37	贫	农民	文盲	群	
张文珍	女	28	贫	农民	文盲	群	
娄巧月	女	29	贫	农民	文盲	群	
相中伏	男	41	贫	农民	文盲	群	

十三、入社会主义青年小组申请书

门庄第十队社会主义青年小组名单　1965.8.7

姓　名	性　别	年　龄	成　分	政治面目
李淑捧	女	20	贫	群
谢忠春	女	23	下中	团
相运长	女	17	贫	群
门振月	女	17	贫	群
羡巧言	女	21	下中	群
门春展	男	22	下中	群
相俊杰	男	20	中	群
赵淑棉	女	19	下中	群
相俊傲	男	24	中	群
相淑芝	女	18	贫	团
门福辛	男	17	贫	群
李平蕊	女	17	贫	团
相俊远	男	17	贫	群
李中桥	男	17	贫	群
王淑梅	女	18	贫	群
李永杰	男	17	贫	群
16				

门庄十生产小队社会主义青年小组学习计划

全体青年合订本计划,为了学习的更好,特订了一些制度,制度的条件有以下几项:

1. 在遵守纪律方面,保证不迟到,不早退。

2. 在学习时,保证注意听读,听讲,不打,不闹。

3. 必须学习,有关于社会主义建设的书籍,和学习支援越南的报纸,积极学习毛主席著作,努力学习关于提高思想,搞好生产的小册(子)。

4. 经过学习后,保证每人写学习心得一篇。

5. 在上学习课上,有病或有事必须请假,不能做学习上的逃兵。

6. 在学习课文以前，有事必须请假，决不能在学习上，做不此[辞]而别的逃兵。

7. 在学习上，坚持听党的话，按党的指示办事。

8. 必须做到活学，活用，带着问题去学。

9. 在学习方面遇到的问题，如弄不懂的，一定向别人请教。

10. 坚决把学习搞好，做一个又红又专的好青年。

以上的学习计划是全体青年经过讨论，而订。

门庄第十队青年特订
1965.4.29号

青年小组申请

我现年15岁，家庭出身，贫农成分，拾队社员，个人由学生(西堤张高小毕业)出身，63年出学后，参加生产。

在四清未来的以前，我想参加青年活动是不可能的，经过“四清”队的帮助和组织，并给我们建立了自己的领导政权(青年小组)，有了自己的组织以后使我感到非常兴奋万分，精神愉快的，也有了我们青年活动机会。

我在这种幸福的生活中，要好好学习“毛泽东著作”和有关国家大事的报纸，并给大家读了之后，还练习给大家讲解一下。我要好好锻练[炼]身体听从青年干部的指挥，青年干部和党指向我们那里，我们就奔向那里。并且还多看关于国家政策的书籍，坚决按着国家的政策办事情。

夺[争]取我在这个青年活动中，做一个又忠诚，又老实，为人民服务，为集体利益而召[着]想的好青年。

第十队：门福鑫：申清[请]
1965.4.24号

加入青年组申请书

敬爱的组织负责同志：

我迫切要求加入社会主义青年小组，愿在小组的培育与教育下成长，把自己锻炼成为一个又红又专的接班人，成为雷锋式的五好青年，当好人民式的服务员，在社会主义的高楼大厦上多放一块砖，多扔一铲泥，用毛泽东思想武装自己的头脑，把革命的红旗插向胜利的高峰——共产主义。

我为什么要加入青年小组呢，因为“它”是团的助手，组织青年进步，指导青年道路的革命学校。我们青年人正向[像]毛主席所说：好象[像]早晨七八点钟的太阳一样，精力最充沛朝气勃勃的时刻，是大有可为的，是的，我们渴望着同广大青年团结在党的周围 得到组织的怀抱，艰苦奋斗，发奋[愤]图强，为建设社会主义的新农村而贡献出自己毕生的力量，为创造人类的幸福奋斗终生。

杨淑芝

六五年四月二十三号

申　请　书

敬爱的组织负责同志：

我迫切要求加入社会主义青年小组，把自己锻炼成为一个又红又专的无产阶级革命事业的接班人，用毛泽东思想武装自己的头脑，为建设社会主义高楼大厦多铲一铣[些]泥多放一块砖，为创造人类幸福而奋斗终生，把革命的红旗插到最高峰——共产主义。

为什么要加入社会主义青年小组呢：因为“它”是团的有力助手，能组织青年进步，是指导青年道路的学校，青年人是正在学习知识本领朝气蓬勃的时候，我是多么渴望早日得到组织的怀抱同广大青年团结在党的周围，为建设社会主义贡献一生力量，为建设社会主义而奋斗到底。

杨苗凤

加入社会主义青年小组登记表　1965. 4. 23 号

<table>
<tr><td rowspan="2">姓　名</td><td rowspan="2">门文苗</td><td rowspan="2">性　别</td><td rowspan="2">女</td><td>本人出身</td><td>农民</td></tr>
<tr><td>家庭出身</td><td>富农</td></tr>
<tr><td>年　　龄</td><td colspan="5">18</td></tr>
<tr><td>文化程度</td><td></td><td>政治面目</td><td colspan="3"></td></tr>
<tr><td>本人简历</td><td colspan="5">从小参加农业生产</td></tr>
<tr><td>申请理由</td><td colspan="5">自从听了付同志的报告，明确了社会主义方向，在这次革命运动中，使我受到了很大的教育，在这次青年组织使我感到十分的高兴，经过学习毛主席的著作和一切党的政策教育使我能够更进一步的提高思想觉悟在这次青年组织里我一定积极参加，更使我受到社会主义教育，我要和家里划清阶级路线，坚决走社会主义道路，做一个社会主义的接班人。</td></tr>
<tr><td>小组意见</td><td colspan="5"></td></tr>
<tr><td>审批意见</td><td colspan="5"></td></tr>
</table>

审情[申请]书

过去青年们也没有正当组织，想学校[习]想职织[知识]没有领导将解[讲解]，今想叫大家入青年组织我心中非常高兴学习也有了点[地]点和领导我赶快报名入青年组织决心在各方面听从领导在某一工作起带头搞好党的各向[项]政策运全(原文如此——本书编者注)把青年的各向[项]任务完成。

杨俊鳌

申　请　书

在那次大会上听了付同志的报告，明确了当前的大好行[形]势，在这次革命运动中，使我受到了很大的教育，在这一次青年组织里，我感到非常高兴，经过学习毛主席著作和一切党的正[政]策教育，使我能够更进一步地提高了思想觉悟，在这次组织里，我一定要积极参加这个组织，坚决听党的话，做一个社会主义的接班人。请青年组织领导批准。

门福增　1965.4.23

十四、上报材料(运动中)

张大罗个人交代　65.3.25 号

1. 62 年有玉伏、双恩每个人分麦子 20 斤，玉伏给的。(在此屋库里分的)

2. 63 年过了秋海森给我弄来小麦 10 斤。

3. 62 年有玉伏、殿甲、双恩各分豆子 6 斤，玉伏给我的。

4. 61 年有队里讲[疑为“奖”——本书编者注]完棉花，剩下的棉种，分给社员时最后又剩下点棉种，玉伏给我一大簸箕，约有 10 多斤。

十五、清经济及政治等群众讨论记录

谢忠春检查 65.4.2号

运动初期我的思想觉得上次粗线条四清都过来了，我想这次也不要紧，可能能够滑过去，听了郭同志的报告以后，我的心里有了变化，有了压力，考虑到队的问题是严重的，因我们干部常在一块，是说不说呢，我心里反复地考虑，第一次我在南场里和双恩接头，过两天我又到南边去玩，又看见双恩也在，也有再忠，到一块又商量，咱那粮食怎么办呢，询问消息，认为咱不说社员知不道，又过了几天我给双恩的三个条，由老黑先到工作队里交代，后来会计在的，最后我才书面检查并没见面。

再一个是棉花，我和会计说了后又和双恩和玉伏给了白条，给了小孩，叫我□□去装借称[秤]去联系，回来后对我说服后老黑对我说"报吧"，饭后就向工作队报了，我又最后说的。当天下午郭同志对我谈政策，个别谈，我的思想还是没大进步，第二天第一次大会集合时，因来早我又返回去，到了老黑家，他正，一边吃一边哭，再忠说"你们合伙的还有吗，你要都说了咱还吃什么呀。"我问再中[忠]说，有什么问题决不能从我姓谢的嘴里说出去，包庇了他。因我对政策领会不清。

态度：运动前我的态度不老实从领导生产方面不积极，放手不管，对运动方面也不满，认为干一顿子工作来，说以后怎么也不干了，有一次在地里干活打了□□，骂了广大社员。

对阶级观点不明确，敌我不分，认敌为友，认为敌老实听话，没有依靠贫下中农，没有发挥党团员的力量，对群众态度强硬，大罚社员的粮，对社员不进行教育，就知道罚。

对社员提出的意见不接受，打击贫下中农，进行包袱[报复]打击。

1. 61秋天我到杨妙□偷了粮、□10斤，□斤。

2. 61年秋天晚饭后到北南地偷黑豆一捆。

3. 62年和9队分家时，过秋时在棉奖粮里拨粮461.5斤，玉海拉来，放到大罗屋里，过几天，冬天找尾时我4人分了，以工名誉(原文如此——本书编者注)，每人115斤、2斤。

4. 62年秋场里有棉花，剩下2包棉花和殿甲拉到玉伏家里，有79斤，有皮棉19.5(斤)，每人1.5皮棉，棉花18斤，双恩棉25斤，晚饭时分的。

5. 62年麦子决分时，我四人从库里多分麦子20斤，找尾时。

6. 62年决分时我四人每人多分30斤黑豆，计120斤。

7. 62年分□穗时我多分20斤，我四人一样多。

8. 62年份山芋时我多分2次计100斤。

9. 62年分油料后剩下的芝麻我四人分了每人2斤。

10. 62年秋有时多分粮食每次总是多分有10多次计粮30斤。

11. 62年在场分谷子干部们后走[走后]保管和我们又倒了些四人有14斤。

12. 62年秋分棉籽时，当时分时每人多分20斤，剩下120斤，我们三人每人40斤。

13. 62年春种棉后，剩棉籽有70斤，后来换油，三次每人干分1斤油。

14. 62年秋分吉豆时剩下21斤，一天晚上再忠说叫去能约有6斤。3人无殿甲。

15. 63年分棉奖布票时剩下14尺我4人分了，我分了3尺。

16. 62年秋分谷子时剩下2口袋有200斤，四人分了我分了50斤。

17. 62年在场分小豆时保管用簸箕倒了两下，有12斤，四人。

18. 63年秋天村南场里分淹谷穗时四人每人多分40斤，□粮15斤。

19. 63年水淹以后村南上前分粮，剩下□□□□□□粮36斤，四人每人12斤。

凤[风] 改

62年玉蚨由九队拉来的工分粮每人80，不对

63年玉蚨地里的高粮[粱]穗丢了1皮(原文如此——本书编者注)玉蚨说倒了倒地方实际是丢了。

王中投机倒把等事应该交代出来。

64年王中其是山芋入库时没有负责延长时间受到严重损失他们应该把责任说出来。

62(年)中春从九队领来的粮食分了80斤不对还多按工分给他们四人算。

61(年)中春麦季到地里偷麦子不少。

63(年)中春咱队秋季分芝麻为什么按大小人全村就咱队一样。

63(年)中春咱队社员房屋坏的很多不能住的都贫农的事不菅[管]为什么你给杨双恩10元,贫农庆本文瑞队部等数家都没住为什么不按时来修。

63(年)中春王村北地里拉山药时社员用胶轮(车)不叫中春用完能存家里也不叫社员用。

中春派活不公有的社员告假是难的,如有和中春不错的干活找轻的有什事情也容易的很王同月拾棉时跟着社员拾拾了后为什么交给大平树,不给其他社员。

63年双恩咱队给庆本的布票和钱10元把布票给了钱10元作什么用

双思的布包成任[承认]了没有哩[啥]到底装什么走的。

64(年)其兰咱队丢的豆子应该细细的谈谈吧。

其兰秋天晚上在场里烧玉米吃社员要求分点吃都不行个人来吃玉米不分在场里叫猪吃了特多对集体财产不菅[关]心。

62年玉孚从我家背走了有60—70斤,他给了我大约有7斤,他就是多少给点,为的不叫我出来声张。

61(年)决算分黑豆的时候,恒印、玉孚、双恩,我也不知他们应分多少,可是他们一个人都扛走了两口袋,他们都扛走的是吉黑(豆),社员们都分的是晚黑豆,我想可能决算少[扫]尾的时候,他们一个人也不能分两口袋,劳动最多的也没有分到两口袋黑豆,决算的时候我也分了黑豆,他们的话里是说多分给我了,也没明显的说出来,他们说多分给我了,可是我也不知多给了我多少。

我记不清是62年还是63年,我买了玉孚的一个小猪,价是6元,他说不用给钱了,我也不知是怎么回事,现在四清以[一]来,也许是他花了队里的钱,没有地方报账,他说是又给了我6元钱,可是我也没有见这6元钱。

在62年的时候,玉孚的保管他一个人拿着钥匙,时间是过了麦的时候,社员们也没有分麦子,他自己就开仓背走了大约有60—70斤,给了我大约有6—7斤。

62年过秋的时候,社员们也没有分粮食,他也是自己开仓,背走了有60—70斤绿豆,给了我6斤。以上所说的他们都是多少分给点,不让我出来给他们说,可是我受了坏人的利用,没有认清他们的阴谋,玉孚叫他儿子再忠到我家去不让我说,再三再四的让说可是我也就没说,在没说以前,我心里总是交

[觉]着不好受,心里想他们吃社员血脉,为说给我点不让我说(原文如此——本书编者注),我想这怎对的[得]起社员们,这些粮食都是社员们的血汗劳动来的,那能让他们都不劳动,就做[坐]吃等穿呢,经过学习也总是不愿说,我想我要是说了,人家也分给我了,我要是说了怎能对(得)起人家呢?可是又经过了这些天的学习,提高了思想觉悟,我就给他们提出这些,心里才交的[觉得]放了心,才交的[觉得]轻松了些。

张 大 罗

60 年玉孚从队里晚上背走了约有半口袋,什么粮食不知道,在街上碰上沈东合了,他问他背的什么,他说是粮食,可是也没有细问,东合对丙海说了,可是后来也没有听说怎么处理。

杨玉孚分给我绿豆 6(斤),他们双恩、玉孚、每人大约有 20 斤,再忠棉花籽他们分给我大约有 7 斤,玉孚背走了大约有 60—70 斤,他们就是多少分给我点为的不叫我出来声张。

61 年分黑豆,恒印、双恩、玉孚、决算的时候不知他们应分多少,可是他们一个人都扛走了两口袋。社员们分的是晚黑豆,他们分的是吉黑豆,我想可能决算少[扫]尾的时候他们也不能一个人分两口袋,决算的时候我也分了黑豆,他们的话里是说多分给我了,也没有明显的说出来,他说多分给我了,可是我也不知多给了我多少。

我记不清是 62 年还是 63 年,我买了玉孚一个小猪,价是六元,他们分,他就说并[甭]给钱了,我也不知怎么回事,现在四不清以[一]来,也许是他们分了队里的钱,没地方报账,现在他说是他给了我六元钱,可是我也没见这六元钱。

在 62 年的时候玉孚的保管,他一个人拿着钥匙,时间是过了麦的时候,社员们也没有分麦子,他自己就开仓背走了大约有 60—70 斤,给了我有 6—7 斤。

62 年过了秋的时候,社员们也没有分粮,他自己又是开仓,背走了有 60—70 斤,绿豆,给了我 6 斤。

60 年玉孚从记工院里晚上背了走了约计有半口袋什么粮食不知道,沈东合碰上他了,问他背的什么,他说是粮食,可是也没细问他,东合对丙海说了,可是后来也没听说怎么处理。

65.5.20 号

张永中：立场不坚定，阶级关[观]点不明确，好[疑为“将”——本书编者注]王同经之女王大春吸收团员。

杨在中：在 60 年生活很困难，但挣钱不多，心里老想着不如作[做]小买卖好，就自己说瞎话，向上级要求下放，允许后就开始倒把，倒烟叶两次，鸡子两次，共赚款（原文缺数字——本书编者注），61 年春天到新[邢]台倒山片两次，赚款计 80 元，共计 250 元，麦后税务所让我拿了 50 元。61 年秋天到地里偷过庄稼，63 年到地里偷过谷穗红粮穗大队知道扣了我 50 斤谷子。在队里干活时，尽看着干部不顺眼。曾跟刘书记（成礼）提过到队里但[担]任职务，后来就让我到第十队当副队长。我完[玩]钱赌卜[博]是有门福同教给我的，后来学会后就继续完[玩]钱。以上我办[犯]的这些错误，今后要坚决改掉，要以功述[赎]罪，如要违犯，以[依]法制才[裁]。

杨其兰：关于昨晚善志的检查，只是推在别人身上，没有从本身来检查，我犯错误的根源，是由过底[低]指标时引起的，后来就到沈阳当忙[盲]流，后来经丙海同经给我说让我再下队继续工作。可是我的思想不良，叫[觉]着当干部吃亏，后来又经过家里直说当干部的好处这就又开始当干部，在干工作时，立场就不坚定了，犯了一些错误。

谢中春：我年龄小，听老人们传说，受了旧社会的传染，重[中]了阶级敌人的糖衣炮弹，受了四类人（门福同）的腐蚀，老是看着福同听说，闹不清阶级敌人的手段，老是看高的不看低的犯了一些四不清问题，也就没有考虑到应该站稳无产阶级立场，又受到外音[因]王同经的传染，又犯了一些很四不清的问题。

王殿甲：经过 61 年底[低]指标，看到生活很困难，从 62 年当上干部，看到别人的一些很好，最突出的是王同经，由于这个我就思想有了变化，开始办了一些四不清的问题。62 年当干部是我找到刘书记，跟他把家中情况说了一些事实。后来这才让我当上了干部。家中直说人家别人能偷点摸点，不让我教学了。后来我就申请回队工作，这里就让我到十队当会计。错误的主流，是受到外界的影响，个人的关[观]点不明确。

杨其兰：自从当上干部，没有跟大队干部顶过牛，受了王同经的传染，因为在前当干部，丁[顶]牛对个人没利。

谢中春：从 62 年开始贪污，因为家中生活很困难，又看到王同经能从别队弄点粮食自己又没有出路，当上干部后，有了职权，才开始有机会就弄点。关[由]于吸收团员时阶级观点不明确，吸收了王同经之女王大春。

杨双恩：从 59—60 年生活指标很低时，早晨下地，晚上一搞功夫就很晚了，从本人的心里不愿说，后来就跟恒印说，继续多吃点，秋麦就私分的。个人又没有来源，由于这样，资产阶级就装在我的脑子里，在 62 年听孩子们说，同经从我队里弄的麦子，受到他的影响，在我的脑子里扎上了根。也就不顾一些，开始盗窃，又受了阶级敌人门福同的和平眼[演]变，看不上贫下中农的，老是看着门福同很听说[话]。

李孟东　讨　论　65.3.13

李孟东：我听老人说在我五岁时，父亲去世了，在那会儿家有 7 亩地，只剩下我娘跟我两个哥哥两个姐姐和我，二哥挑水淹死了后，大哥上外走了学徒等大哥回来时我娘已去世了在那时家只剩下我一个人在家，那时我 12 岁跟我姐夫德立，跟了 12 个月后，我姐夫就托邻村娄振江把我带到天津，去住旅馆，无人要，在那社会中我母亲死后无伦[论]如荷[何]埋了，等我叔死后，家我自己穷了无人管在那我叔一直放了几天因在那时我年岁小没办法，过的穷，在那我上学跟王介平上学，谁他是老师可是他瞎搞地下工作时，因和他关系很(似有漏字——本书编者注)，一切事、文件给他放着，我叔一直放尸六(天)六小队来了一王介平找普伦，找人给埋了，等了不多几天王介平被捕我就一直上天津。在天津呆了 8 年结了婚，回家了一直到现在，在家务农。

讨　论

李孟东说：我在未听报告以前，思想认识不足，又经过几次各村大队小队的同志发言，使我得到改变，我认为这次四清是为了治病救人。

杨双恩说：我在过去认识，有错误可不能说，说了以后今后退赔不是耻路[辱]吗，可是又见到各位同志的发言，问题有多大，说了以后党和群众是会亮[谅]解的。

杨玉蚨说：我认为有问题就早说，坚决听党的话，有什么说什么，退赔了，个人在生活上可吃的，以后不再犯了，得到群众的信任。

谢忠春说：我认为这次四清　给人治小毛病和大缺点，我保证向党交心，说老实话，不怕丢人，不怕退赔。

杨再忠说：我在过去有个不正确的认识，感觉到个人干了三个月就赶上，根[跟]着一块开会，今后可不干了，可是通过几次学习，从思想上转变了，学习是为了帮助人，给人治病。

杨玉蚨，经济偷库的事粮食问题因有根有据大罗的说话中[真]实可靠，没见过大罗说瞎话全组人不许玉蚨反[翻]案。

谢忠春说：我在六三年，有的时候赶集，有时和社员不能坚持始终等等情况很多，我个人意见退 700 分，希社员们对我在只[再仔]细讨论。（六二年多占 500 分）

杨玉蚨说：我在六四年，开会工分和我病后多占工分，两项合计有 500 分，这是我个人检查，希全体社员对我在[再]大量帮助。（六二年多占 200 分）

王殿甲说：我在六三年约计多占社员工分 900 分，六二年多占 100 分，这是我个人检查，但是检查不细致，不彻底，希望社员们对我在[再]细致检查批评，我是保证热心欢迎。

库里谷子数少了两口袋，我记的是库里有，可是我把要[钥]匙给了杨双恩，大约有五天多，杨双恩才把要[钥]匙给了我，有一天我和春展到库里扛谷子，一去不见了，把两口袋黍子扛去和谷子加在一起分了。

麦种子：过麦以后，卖种籽，扛到场里去晒，天快上[晌]午了，要下雨，我就赶快去装，装起来少了一口袋。（有巧言、福春、玉蚨）

会议记录

共产党领着我们赶走了美帝国主义，打倒了地主富农，使人民得到了翻身，人民的生活才一天天富强起来。（门春展）

63 年发生水灾时，国家派来了飞机，给我们受灾受难的人民扔下了些个干粮、救命圈，等等一切物资，在以前帝国主义存在时期，帝国主义国家跟[根]本就不管灾区的贫苦大众，地富分子只是盼望在灾荒年时，他们发财制[致]富，使我们贫苦的劳动人民家破人亡，卖儿卖女。（门春展）

从前受着压迫的劳动人民，成年累月过着牛马不如的生活，自从共产党来了，领着我们翻了身，分到了土地房屋和一切生活物资，人民的生活一天天幸福起来。（门振月）

63 年水灾时，我们国家看到了，冀县水灾的违[危]害性的严重，想到了灾区的一切困难，就和唐山地区联系好了，把我们地区受灾的牲畜（牛、驴等畜名)送到唐山去渡[度]灾荒,要不是共产党的领导下,在63年发生大的水灾,凭什么不减少牲口头数呢? 我想准会都被饿死。(门福鑫)

会员讨论

1) 共产党是干什么的搞社会主义离开行不行?

门平安发言说:共产党是搞革命的,是走社会主义道路的,离开党不行。

门福新说:共产党是为广大群众服务的,所以说离开党不行。

门春展说:共产党是为工农阶级为贫下中农服务的,是人民的勤务员,是贫下中农闹革命的,是走社会主义道路的,所以说离开共产党不行。

2) 什么是民主,什么是集中,为什么要实行民主集中制。

会员发言,(1) 采取大伙的意见是民主,(2) 大伙的意见以[一]集到一块作一决议叫集中,(3) 做一件什么事,需(大)伙讨论解决困难,做出采取少数服从多数的真理,使社会主义很快的发展,所以要实行民主集中制。

3)(原文如此——编者注)

十队

记　录

第一篇

在四清工作队没来时,干部参加集体劳动很少,经过四清工作队的教育,全村干部参加了集体劳动,社员的思想也重视起来了。劳动也积极带起头来了。

从前要在拉□中,有的社员,之[只]因车子坏了一点,就不干了。现在由于四清队的教导,就是车了[子]坏的在利[得再厉]害,也会马上修理去,修理好马上就拉。

同时在这次运动中,也都爱护了集体利益。

(赵淑棉提)

四清工作队来了以后,给我们成立了自己的组织,贫协会,青年连[联]合会,民兵连,妇女连[联]合会。

(福新)

同时也吸收了一批又一批的团员,给团里增加一份血液。

以前,我队的青年思想觉悟很差,经过四清运动以后,提高了思想觉悟,在各项的运动中和劳动中也积极起来了。

讨 论 题

第一题：共产党是保护工人和农民群众利益的，搞好社会主义离开共产党是不行的，就好像人走路失迷[迷失]了方向，失去了灵魂 ，什么工作也办不好。

第二题：由群众中提出的保[宝]贵、正确的意见，就是民主。提出的正确意见，拿下去执行就是集中。因为大家的意见是大公无私，是正确的，离开了群众就要走错路。

第三题：认真执行上级各项政策，为广大群众服务，认劳[任劳]、认愿[任怨]。

第四题：办初级社、高级社、人民公社，是走社会主义道路的，捣[倒]卖化肥，请客送礼，认敌为友。

政 治 检 查

谢忠春说：我自从来到 10 队，对地主分子，界限划分的不清，有一次张大志给我送去布票 7 尺，我是没有收他的，目的是拉我下水，还有一次地主分子五兒[儿]给我送去绿豆 4 两，以后我又给他送去。我在小时候也没有受过地主的压迫，听到我母亲说过，以前财主每年不劳动，吃的也好，穿的也好，个人也很献目[羡慕]过去的地主。

杨双恩：我在过去小时候，和地主的孩子，一同上学，有时看到人家吃饭，个人就献目[羡慕]地主的生活好，在个人思想上，总是想发财。我自从当干部以来，有时李恒印说：咱们分点吧，由小到大，越占越多，队里缺了什么东西，就和福同借，有时他自己也去拿。在秋、麦，看地的时候，也让福同去，就没有看到他的破坏行为，造成有时看着本队的，到外队去偷人家的。有时对福同进行口头表扬。

王殿甲说：我在夏天和秋天看场，有时让他的孩子去看场，个人对地主富农看到很老实，对他就用好的态度去看，队里用东西也由福同家去拿，用他的东西给他合高价。

个别谈话记录 65.3.24 号晚

① 61 年麦季社员用大包往场里弄麦粃子数斤，在饲养室北屋里放了一夜到了明天有九队九月等人筛的，约有两口袋(不大满)每口袋有 110 斤，共有 200 多斤，下午由玉伏扛走，以后没见。(李炳坤说)

② 63 年麦里炳坤喂牲口,生了两个小牛,应奖粮 200 斤,给了麦子 100 斤,到了秋天又给了 50 斤高粱。(炳坤提)

③ 64 年张翠平在十队园子里拿韭芽 3 斤。

门平安:我从这些日子对四清不大积极,对揭发问题上很差,还不够大胆。今后我一定要和四不清干部划清界线,对他们不客气,我知道什么问题就给他们提什么问题。明天咱俩个别谈谈。

李殿申:我这些日子也没有参加会,我的不对,我揭发的问题也不多,他听干部有什么事我就说什么,决不包庇他们,他们有什么问题全部给他说出来,以后我要常[长]期参加会,在这次运动中我决不落后。

李炳坤:从运动以来,我开会的次数也不多,不爱发言,不够积极,今后要跟上去,知道什么问题就揭什么问题。

杨中西:因为我喂牲口,没工夫参加会,我落了后,我提的意见还不多,我知道的事也少,我没喂牲口以前晚上我不出门,只是我知道地[的]我一定都说出来。

十六、外出地富分子及其子女家庭情况表

外出四类分子及其子女家庭情况

姓　名	年龄	性别	籍　贯	现　住　址	职　业
□□□	58	女	河北省冀县门庄公社门庄大队	沈阳市沈河区大西路一段向荣里16号	无
原定成分	阶级复议后成分		外出时表现	是否戴过帽子	分子或子女
地主	地主			无	分子
土改前家庭经济状况及其表现和外出后与家中来往关系如何	土改前：土地50亩，房11间其中闲院一处，房4间，人8口，牲口、农俱[具]全无有，全部耕地叫本村门丙坤耕种，每年按当年总收获量的50%收入地租，作为全家主要收入，另外丈夫在沈阳倒卖破烂，加工等收入也很大。 土改时：家中人6口，地也50亩，房屋仍11间其中闲院一处房4间土改时斗出耕地36亩，闲院一处房4间粮食2 000斤和其他另[零]碎物资，三榜定案定为地主成分。 该人因土改后外出多年现在沈阳跟随二子门福通生活由58年没和家中大儿通信。 过				

外出四类分子及其子女家庭情况

姓　名	年龄	性别	籍　贯	现　住　址	职　业
□□□	55	女	河北省冀县门庄公社门庄大队	沈阳市山东堡	无
原定成分	阶级复议后成分		外出时表现	是否戴过帽子	分子或子女
地主				已戴地主分子帽子	分子
土改前家庭经济状况其表现和外出后与家中来往关系如何	土改时：全家9口人土地62亩砖房17间牛一头大车一辆其他农具齐全有余，家中无人劳动常年雇用长工一名农忙季节雇用短工四、五个全家依靠剥削为生另外在沈阳有以东代掌的粮米店买卖一处同时雇用雇员一名自己在沈阳房产一所计房18间。 土改时：家中有人7口沈阳2口共9口，在土改时，经群众斗争大会三次全家扫地出门共斗出土地50亩房17间牛一头大车一辆其他财产也全部归了农会。 该人在土改前处于剥削地位，不劳动，土改时该人因不处于本家的主要地位，没有大会斗争本人但对土改运动不满。 土改后外出沈阳跟随丈夫因家中无人没什么来往关系。				

外出四类分子及其子女家庭情况

姓 名	年龄	性别	籍 贯	现 住 址	职 业
□□□	35	男	河北省冀县门家庄公社门庄大队	沈阳市山东堡粮米店	
原定成分	阶级复议后成分		外出时表现	是否戴过帽子	分子或子女
地主				无	子女
土改前家庭经济状况其表现和外出后与家中来往关系如何	土改前：全家9口人土地62亩砖房17间牛一头大车一辆其他农具齐全有余家中无人劳动常年雇用长工一名农忙季节雇用短工四五个全家依靠剥削为生另外自己在沈阳有以东代掌的粮米店买卖一处同时雇用雇员一名自己在沈阳房产一所计房18间。 土改时：家中有人7口沈阳2口共9口在土改时经群众斗争大会三次全家扫地出门共斗出土地50亩房17间牛一头大车一辆其他财产也全部归了农会土改时因杨文学幼小没有其他表现土改后外出因家中无人没有来往关系。 过				

外出四类分子及其子女家庭情况

姓 名	年龄	性别	籍 贯	现 住 址	职 业
□□□	34	男	河北省冀县门庄公社门庄大队	沈阳市山东堡	
原定成分	阶级复议后成分		外出时表现	是否戴过帽子	分子或子女
地主				无	子女
土改前家庭经济状况其表现和外出后与家中来往关系如何	土改前：全家9口人土地62亩砖房17间牛一头，大车一辆其他农具齐全有余家中无人劳动常年雇用长工一名农忙季节雇用短工四五个全家依靠剥削为生另外自己在沈阳有以东代掌的粮米店买卖一处同时雇用雇员一名自己在沈阳房产一所计房18间。 土改时：家中有人7口沈阳2口共9口在土改时经群众斗争大会三次全家扫地出门共斗出土地50亩房17间牛一头大车一辆其他财产也全部归了农会土改时因本人幼小没有其他表现土改后外因家中无人没有来往关系。 过				

一般顽、伪、政、党团人员登记

姓名	□□□	性别	男	年龄	69	类别	顽军
别名		文化程度		初小	现任职务		社员
服务机关		国民党第十三混成旅			职务		士兵
籍贯	原籍	河北省冀县门庄公社门庄大队			曾住	湖北省杨楼洞等地	
	现住	河北省冀县门庄公社门庄大队第十生产队					
主要简历及问题	该人在1904年8岁时在本村上小学至1909年13岁时失学，1901年去北京帽铺学徒至1920年回家结婚。1921年又去北京自己在街头卖毛巾帽子因不利不能维持生活又拉东洋车三年1923年回家。1924年春回北京中途在保定捕捉去当兵当日开往涿县三日后开往湖北通城后又迁移羊楼洞一带住二年多。1927年开往河北省山海关半年因部队遣散回家。1927年下半年回家至1929年因吸白面破产无法生活。1930年至1937年在沈(阳)买卖破烂。1938年在家给王庆海种地一年。1939年在家卖烧饼三年，以后至今为农。						
现在情况	现在该人为第十队社员，四清运动中已入贫协会员，现在只能在队作一些轻微劳动，四清运动中个人利益为重。						
备考							

说明："现在情况"是指该人现在的职业，表现，以及是否混入我党或(革)命组织内等情况。"类别"是指那一种人如"伪军""国民党员"等。服务机关、职务是指在顽为时期。

填写日期：1965年　　月　　日

外出四类分子及其子女家庭情况登记表

姓名	年龄	性别	籍贯	现住址	职业
□□□	38	男	河北省冀县门庄公社门庄大队	沈阳沈河区大西路一段向荣里16号	工人
原定成分	阶级复议后成分	外出时表现	是否戴过帽子	分子或子女	
地主	地主		无		
土改前家庭经济状况其表现和外出后与家中来往关系如何	土改前：土地50亩，房屋11间其中闲院一处房4间人口8名，牲口农具无有全部耕地叫本村门丙坤耕种每年按当年总收获量的50%收入地租，为全家的收入另外父亲门在沈阳倒卖破烂，加工后收入也很大。 土改时：家中人6口，土地50亩，房屋仍11间其中闲院一处房4间土改时斗出土地36亩闲院一处房4间粮食2 000斤和其他领另[零]碎物资，三榜定案定为地主成分。 门福通由12岁随父去沈阳上学16岁，随父在沈阳一直没有回家，现在和家中其兄门福同自1958年至现在没通信来往关系不密切。 过				

外出四类分子及其子女家庭情况

姓　名	年龄	性别	籍　贯	现　住　址	职　业
□□□	28	女	河北省冀县门庄公社门庄大队	沈阳市沈河区二经子三段6里27号	无
原定成分	阶级复议后成分		外出时表现	是否戴过帽子	分子或子女
地主	地主			无	子女
土改前家庭经济状况其表现和外出后与家中来往关系如何	土改前：土地50亩房11间其中闲院一处房4间人8口牲口农具无有全部耕地叫本村门丙坤耕种每年按当年总收获量的50%收地租为全家主要收入另外父亲门在沈阳倒卖破烂，加工后收入也很大。 土改时：家中人6口土地50亩房仍11间其中闲院一处房4间土改时斗出土地36亩闲院一处房4间粮食2 000斤和其他另[零]碎物资三榜定案定为地主成分 该人8岁跟父去沈阳现在已结婚58年后与家中其兄无有联系。 过				

外出四类分子及其子女家庭情况

姓　名	年龄	性别	籍　贯	现　住　址	职　业
□□□	52	男	河北省冀县门家庄公社门庄	沈阳市小北关山东堡粮米店	职员
原定成分	阶级复议成分		外出时表现	是否戴过帽子	分子或子女
地主				无	
土改前家庭经济状况其表现和外出后与家中来往关系如何	土改前：全家9口人土地62亩砖房17间牛一头大车一辆其他农具齐全有余家中无人劳动常年雇用长工一名农忙季节雇用短工四五个全家依靠剥削为生另外自己在沈阳自己以东代掌的粮米店买卖一处同时雇用雇员一名自己在沈阳房一所18间。 土改时：家中有人7口沈阳2口共9口土地62亩被斗去50亩房17间牛一头车辆其他财产经过群众三次斗争大会把全部财产归了农会土改时只有他父亲一人在家当时双虎在沈阳后因他父丧亡，其他人去沈阳家中自1955年没人，所以现在和本村也没什么来往关系。 过				

· 中国当代民间史料集刊（一）·

基本情况档案｜

冀县门庄第十一生产队

案卷目录

一、基本情况与社员花名册

门庄十一队基本情况统计表(表一)　65.3.2

队别	户数	总人口	其中		劳动力					总耕地						牲畜					农具					政治力量	
						其中						其中					其中										
			男	女	合计	整劳力	半劳力	辅助劳力	16岁以上成人	自留地	集体耕地	冬小麦	春播面	菜园	林木	合计	牛	驴	骡	马	胶轮车	铁轮车	小胶轮车	水车	耧犁耙盖	党员	团员
11	32	99	43	56	49	31	12	6	51	21.4	348.3	122.8	219.5	4.5	1.5	7	5	1		1		2	3		15	3	2

门庄十一队阶级成分统计表(表二)　3.2

队别	户数	总人口																									四类分子				
			贫农	其中				下中	其中				中农	其中		上中	其中		富农	其中			地主	其中			地主	富农	反革命	坏分子	右派
				户数	人口	男成人	女成人		户数	人口	男成人	女成人		户数	人口		户数	人口		户数	人口	成年人		户数	人口	成年人					
11	32	99		10	27	7	10		8	35	10	10		10	28		3	8						1	1	1					

成年人：指十六周岁以上的。

门庄大队第十一小队基本情况统计表(表一) 1965.3.2

队别	户数	总人口	其中		劳动力					总耕地						牲畜					农具					政治力量	
			男	女	合计	其中				自留地	集体耕地	其中				合计	其中				胶轮车	铁轮车	小胶轮车	水车	耧犁耙盖	党员	团员
						整劳力	半劳力	辅助劳力	16岁以上成人			冬小麦	春播面	菜园	林木		牛	驴	骡	马							
11	32	99	43	56	49	31	12	6	51	21.4	348.3	122.8	219.5	4.5	1.5	7	5	1		1		2	3		15	3	2

门庄大队第十一小队阶级成分统计表(表二) 1965.3.2

队别	户数	总人口																									四类分子				
			贫农	其中				下中	其中				中农	其中		上中	其中		富农	其中			地主	其中			地主	富农	反革命	坏分子	右派
				户数	人口	男成人	女成人		户数	人口	男成人	女成人		户数	人口		户数	人口		户数	人口	成年人		户数	人口	成年人					
11	32	99																													

冀县门庄大队十一队小队干部介绍本队情况

1965.3.2 下午

全队32户,99人,其中男43,女56,劳力:男整15,男半4,女整16人,女半8人。

辅助劳力6人,其中男11,女5。

成年人总数51人,其中男21人,女30人。

总耕地:368.7亩　其中347.3亩　自留地21.4亩　集体耕地包括柳子地1.5亩,园田4.5亩,冬小麦122.8亩,春播面219.5亩。

牲口:共7头　其中牛5头　驴1头　马1匹

大型农具:铁轮车　2辆　小胶轮车　3个　耧4把　盖2个和6个

党员　3名　赵翠真、李永凯、杨苗均

团员　2名　杨中敖　牛荣千

门庄公社门庄大队第十一队人口登记表(二页)　1965.3.4

与户主关系	姓　名	年龄	性别	本人成分	文化程度	政治面貌	
户主	牛成林	35	男	下中	高小	群众	5
妻	刘二敏	36	女	中农	初小	群众	
长子	牛志广	16	男	下中	高小	群众	
次子	牛广立	9	男	下中		群众	
女	牛志荣	2	女	下中		群众	
户主	付书敬	48	女	上中农	文盲	群众	2
孙	王庄礼	8	男	上中农	文盲	群众	
户主	牛永千	19	男	下中	高小	团员	3
外祖母	苏娟	73	女	下中	文盲	群众	
母	牛大棉	40	女	下中	文盲	群众	
户主	门福田	59	男	下中	文盲	群众	2
妻	刘心灵	55	女	下中	文盲	群众	

续 表

与户主关系	姓　名	年龄	性别	本人成分	文化程度	政治面貌	
户主	李金录	28	男	贫	初小	群众	3
妻	刘文秀	22	女	下中农	高小	群众	
子	李志会	2	男	贫	文盲	群众	
户主	靳大婵	51	女	中农	文盲	群众	2
女	李淑月	18	女	中农	高小	群众	
户主	赵云芝	66	女	上中	文盲	群众	2
女	李风肖	21	女	上中	初中	群众	
户主	谢大蕊	59	女	下中	文盲	群众	1

门庄公社门庄大队第十一队人口登记表(二页)　1965.3.4

与户主关系	姓　名	年龄	性别	本人成分	文化程度	政治面貌	
户主	李根雨	24	男	贫农	初中	群众	5
母	王云巧	51	女	贫农	文盲	群众	
二弟	李根生	16	男	贫农	初小	群众	
妹	李灵娟	13	女	贫农	初小	群众	
三弟	李根冒	10	男	贫农	初小	群众	
户主	王彦群	40	男	中农	初小	群众	8
岳父	赵常起	76	男	中农	文盲	群众	
妻	赵四完	39	女	中农	文盲	群众	
长女	王瑞珍	18	女	中农	高小	群众	
次女	王瑞蕊	15	女	中农	文盲	群众	
长子	王振山	9	男	中农	初小	群众	
次子	王振昌	6	男	中农			
三女	王瑞平	2	女	中农			
户主	甄翠娥	33	女	贫农	初小	群众	5
长女	李淑梅	14	女	贫农	高小	群众	

续 表

与户主关系	姓　名	年龄	性别	本人成分	文化程度	政治面貌	
长子 次女 次子	李志峰 李淑芹 李志民	12 10 5	男 女 男	贫农 贫农 贫农	初小 初小	群众	
户主 女 子	韩玉兰 刘翠肖 刘守忠	29 8 2	女 女 男	下中 下中 下中	初小	群众	3
户主	王双月	33	女	中农	文盲	群众	1

门庄公社门庄大队第十一队人口登记表(二页)　1965. 3. 4

与户主关系	姓　名	年龄	性别	本人成分	文化程度	政治面貌	
户主	门俊波	32	男	贫农	文盲		1
户主 妻 妻侄	李云生 杨连书 杨春民	49 51 13	男 女 男	下中农 下中农 下中农	初小 文盲 文盲		3
户主	耿翠果	70	女	中农	文盲		1
户主 妻 长女 次女	李兰台 李忠秀 李丽丽 李硕春	28 30 8 3	男 女 女 女	上中 下中 上中 上中	高小 文盲 文盲 不在校		4
户主 妻	李殿生 王 荣	79 72	男 女	下中农 下中农	文盲 文盲		2
户主 妻 长女 次女	李永凯 杨苗均 李淑英 李淑亲	36 33 14 9	男 女 女 女	下中农 下中农 下中农 下中农	高小 文盲 初小 文盲	党 党 群 群	7

续 表

与户主关系	姓　名	年龄	性别	本人成分	文化程度	政治面貌	
三女 长子 次子	李淑凤 李潘洞	6 3 2	女 男 男	下中农 下中农 下中农	文盲 文盲 文盲	群 群 群	
户主	李大存	59	女	贫农	文盲	群	1
户主	牛 琴	63	女	中农	文盲	群	1

门庄公社门庄大队第十一队人口登记表　1965. 3. 4

与户主关系	姓　名	年龄	性别	本人成分	文化程度	政治面貌	
户主 妻 长女 次女 三女 四女 五女 子	李殿元 谢红锦 李香平 李得瑞 李瑞璠 李瑞毓 李瑞藏	40 38 18 15 10 7 7 1	男 女 女 女 女 女 女 男	下中农 中农 下中农 下中农 下中农 下中农 下中农 下中农	高小 文盲 初中 初中 初小		8
户主 妻 长子 次子 女 三子	杨怀恩 刘同月 杨文良 杨文全 杨文其 杨文满	45 33 14 10 7 1	男 女 男 男 女 男	贫农 贫农 贫农 贫农 贫农 贫农	文盲 文盲 高小 不在校 不在校 不在校		6
户主 妻 长女 次女 子	王占敖 娄从勉 王井慎 王井玉 王东仁	37 33 13 7 1	男 女 女 女 男	中农 贫农 中农 中农 中农	初小 文盲 文盲 文盲 文盲		5

续 表

与户主关系	姓　名	年龄	性别	本人成分	文化程度	政治面貌	
户主 母	相忠敖 田秀芬	20 38	男 女	贫农 贫农	高小 文盲		2
户主	杨文平	57	女	下中农	文盲		1

门庄公社门庄大队第十一队人口登记表　1965. 3. 4

与户主关系	姓　名	年龄	性别	本人成分	文化程度	政治面貌	
户主 妻 长子 次子 三子 女 四次	刘文代 王大巧 刘守仁 刘守义 刘守礼 刘翠敏 刘守信	37 37 17 14 13 11 2	男 女 男 男 男 女 男	中农 中农 中农 中农 中农 中农 中农	初小 文盲 初小 初小 初小 初小	群众 群众 群众 群众 群众 群众	7
户主 妻 女 子	王占记 相殿和 王景盈 王仁峰	34 29 10 3	男 女 女 男	中农 中农 中农 中农	初小 文盲 文盲 文盲	群众 群众 群众	4
户主 妻	李庆书 赵二翠	41 50	男 女	贫农 下中	文盲 文盲	群众 党员	3
女	李兰菊	12	女	贫农	初小		
户主	孙二妮	80	女	贫农	文盲	群众	1
户主	王树其	41	男	地主	高小	群众	1
户主	王忠满	24	男	中农	高小	群众	1

二、干部简历与运动中新安排干部登记

门庄大队党团员干部简历表 65.3.2

<table>
<tr><td>姓　名</td><td>李云生</td><td>性别</td><td>男</td><td>年龄</td><td>49</td><td>文化程度</td><td>初小</td><td>政治面目</td><td>群众</td></tr>
<tr><td>家庭出身</td><td>下中农</td><td>本人成分</td><td colspan="3">农民</td><td>何时入党团</td><td>无</td><td>介绍人</td><td>无</td></tr>
<tr><td>现任职务</td><td>第 11 队
保管</td><td>籍　贯</td><td colspan="7">冀县门庄公社门家庄村大队第 11 小队</td></tr>
<tr><td colspan="2">土改前后家庭
经济状况</td><td colspan="8">土改前：地 8.2 亩，房 9 间
土改后：地 8.2 亩，房 9 间，牛 1 条腿</td></tr>
<tr><td colspan="2">家庭主要成员</td><td colspan="3">妻　51 岁　农业</td><td colspan="2">主要社会关系</td><td colspan="3">内兄　杨连和　中农
杨连坛</td></tr>
<tr><td colspan="2">家庭有无
被管关杀斗的</td><td colspan="3">无</td><td colspan="2">受过任何
处分或奖励</td><td colspan="3">无</td></tr>
<tr><td colspan="3">参加过何种反动组织和反动会道门</td><td colspan="7">无</td></tr>
<tr><td colspan="10">个　人　简　历</td></tr>
</table>

年月日至年月日	在　何　部　门	任何职	证明人
1927—1932	在校学习		刘初行
1932—1938	学徒		王文红
1938—1956	参加劳动		杨丙海
1956—1961	参加劳动		杨丙海
1962—1963	第十一队保管		李永凯

门庄大队党团员干部简历表

<table>
<tr><td>姓　名</td><td>杨其兰</td><td>性别</td><td>男</td><td>年龄</td><td>50</td><td>文化程度</td><td>初小</td><td>政治面目</td><td>群众</td></tr>
<tr><td>家庭出身</td><td>贫农</td><td colspan="2">本人成分</td><td colspan="2">农民</td><td>何时入党团</td><td></td><td>介绍人</td><td></td></tr>
<tr><td>现任职务</td><td>前任会计</td><td colspan="2">籍　贯</td><td colspan="6">冀县门庄公社门庄大队第 11 队</td></tr>
<tr><td colspan="2">土改前后家庭经济状况</td><td colspan="8">土改前：人 3 口，其母、妻，房子 7 间，地 3 亩 8 分，农具牲口无，打短工为生。
土改后：人 4 口，其母、妻、女儿，房 7 间，地 12 亩 8 分，牛半个，以农为生。</td></tr>
<tr><td colspan="2">家庭主要成员</td><td colspan="3">妻刘九田，48 岁，贫农出身。</td><td colspan="3">主要社会关系</td><td colspan="2">岳父家　韩林庄贫农，绝户</td></tr>
<tr><td colspan="2">家庭有无被管关杀斗的</td><td colspan="3">无</td><td colspan="3">受过任何处分或奖励</td><td colspan="2">无</td></tr>
<tr><td colspan="4">参加过何种反动组织和反动会道门</td><td colspan="6">无</td></tr>
<tr><td colspan="10">个　　人　　简　　历</td></tr>
<tr><td colspan="2">年月日至年月日</td><td colspan="4">在　何　部　门</td><td colspan="2">任何职</td><td colspan="2">证明人</td></tr>
<tr><td colspan="2">1915—1923</td><td colspan="4">入本村小学上学</td><td colspan="2"></td><td colspan="2"></td></tr>
<tr><td colspan="2">1924—1929</td><td colspan="4">本村初小上学</td><td colspan="2"></td><td colspan="2"></td></tr>
<tr><td colspan="2">1930—1933</td><td colspan="4">北京兄弟皮件工厂</td><td colspan="2">学徒</td><td colspan="2"></td></tr>
<tr><td colspan="2">1934—1935</td><td colspan="4">在家务农</td><td colspan="2"></td><td colspan="2"></td></tr>
<tr><td colspan="2">1936—1938</td><td colspan="4">沈阳洗衣坊</td><td colspan="2">工人</td><td colspan="2"></td></tr>
<tr><td colspan="2">1939—1941</td><td colspan="4">在家务农</td><td colspan="2"></td><td colspan="2"></td></tr>
<tr><td colspan="2">1942—1946</td><td colspan="4">石门洗衣坊</td><td colspan="2">工人</td><td colspan="2"></td></tr>
<tr><td colspan="2">1947—1965</td><td colspan="4">在家为农业</td><td colspan="2">社员会计队长</td><td colspan="2"></td></tr>
</table>

门庄大队党团员干部简历表

姓名	李金禄	性别	男	年龄	29	文化程度	初小	政治面目	
家庭出身	贫农	本人成分	农民			何时入党团		介绍人	
现任职务	第11队 队长	籍贯	冀县门家庄公社门庄大队第11小队						
土改前后家庭 经济状况		土改前：土地4.5亩，房7间。 土改后：土地10.5亩，房7间(分地6亩)，牛1条腿。							
家庭主要成员		母亲　60岁　农业 妻　23岁　农业			主要社会关系		舅　张群彬　位西张　贫农 姐　李寸巧　门家庄　贫农		
家庭有无 被管关杀斗的		无			受过任何 处分或奖励		无		
参加过何种反动组织和反动会道门			无						

个人简历			
年月日至年月日	在何部门	任何职	证明人
1945—1949	在校学习		王羽田
1949—1962	参加劳动		杨丙海
1962—1965	第12队生产队长	队长	李永凯

门庄大队党团员干部简历表

姓名	李永凯	性别	男	年龄	36	文化程度	高小二年	政治面目	党员
家庭出身	下中农	本人成分	学生			何时入党团	1948.11.5	介绍人	王树田
现任职务	政治队长	籍贯	冀县门家庄公社门家庄村						
土改前后家庭 经济状况		土改前　有地11亩 土改后　地11亩　房子6间　牛1条腿　大车没有　农具不全							
家庭主要成员		父亲　80岁　下中农 母亲　72岁　农业 妻　34岁　农业　贫农			主要社会关系		老娘家无人了 姐姐本村　婆家李采罗		
家庭有无 被管关杀斗的		无			受过任何 处分或奖励		无		
参加过何种反动组织和反动会道门			无						

个人简历			
年月日至年月日	在何部门	任何职	证明人
1935年上学	小学9年		杨庆远
1946年下学	高小三年　参加劳动		
1956年	任13队指导员		杨丙海

门庄大队党团员干部简历表

<table>
<tr><td>姓　　名</td><td>王忠满</td><td>性别</td><td>男</td><td>年龄</td><td>24</td><td>文化程度</td><td>完小</td><td>政治面目</td><td>群众</td></tr>
<tr><td>家庭出身</td><td>下中农</td><td colspan="2">本人成分</td><td colspan="2">农民</td><td>何时入党团</td><td>无</td><td>介绍人</td><td>无</td></tr>
<tr><td>现任职务</td><td>第 11 队
会计</td><td colspan="2">籍　贯</td><td colspan="6">冀县门庄公社门庄大队第 11 小队</td></tr>
<tr><td colspan="2">土改前后家庭
经济状况</td><td colspan="8">土改前：地 4 亩　房 17 间　大车 1 辆
土改后：地 10 亩(分 6 亩)　房 17 间　大车 1 辆　牛半个。</td></tr>
<tr><td colspan="2">家庭主要成员</td><td colspan="4">母亲　67 岁　农业
妻　23 岁　农业</td><td colspan="2">主要社会关系</td><td colspan="2">大姐　王贵伏
堤北乔　贫农
二姐　王贵灵
位庄　贫农
三姐　王贵平
西堤张　中农
四姐　王久志
门庄　中农</td></tr>
<tr><td colspan="2">家庭有无
被管关杀斗的</td><td colspan="4">无</td><td colspan="2">受过任何
处分或奖励</td><td colspan="2">无</td></tr>
<tr><td colspan="3">参加过何种反动组织和反动会道门</td><td colspan="7">无</td></tr>
<tr><td colspan="10">个　　人　　简　　历</td></tr>
<tr><td colspan="2">年月日至年月日</td><td colspan="4">在　何　部　门</td><td colspan="2">任何职</td><td colspan="2">证明人</td></tr>
<tr><td colspan="2">1950—1957</td><td colspan="4">在校学习</td><td colspan="2"></td><td colspan="2">闫进通</td></tr>
<tr><td colspan="2">1957—1961</td><td colspan="4">参加劳动</td><td colspan="2"></td><td colspan="2">杨丙海</td></tr>
<tr><td colspan="2">1961—1962</td><td colspan="4">第 6 队管理员</td><td colspan="2"></td><td colspan="2">李长恩</td></tr>
<tr><td colspan="2">1962—1963</td><td colspan="4">第 12 队会计</td><td colspan="2"></td><td colspan="2">栾灵珍</td></tr>
<tr><td colspan="2">1963—1964</td><td colspan="4">第 3 队会计</td><td colspan="2"></td><td colspan="2">王庆云</td></tr>
<tr><td colspan="2">1964—1965</td><td colspan="4">第 11 队会计</td><td colspan="2"></td><td colspan="2">李永凯</td></tr>
</table>

门庄大队第十一队组织新选干部登记表

姓名	性别	年龄	家庭出身	个人成分	文化程度	政治面目			原任职务		新选职务		兼任什么职务	运动中的表现
						党	团	群	党内	行政	党内	行政		
李金禄	男	28	贫农	农民	初小			群		队长		队长	队委	一般
杨恒双	男	40	贫农	农民	初小			群		队长		队长	队委	一般
李永凯	男	36	下中	农民	初小	党			支委	指导员	支委	指导员	队委	一般
牛永千	男	19	下中	农民	完小		团			社员		会计	队委	积极
李云生	男	49	下中	农民	初小			群		保管		保管	队委	一般
王双月	女	33	下中	农民	不识字			群		社员		妇女队长	队委	一般
杨忠敖	男	20	贫农	农民	完小		团			排长		排长	队委	积极
王瑞珍	女	18	下中	农民	完小			群		社员		副排长		积极
甄翠娥	女	33	贫农	农民	初小			群		社员		贫协组长	大队贫协委员	积极
杨怀恩	男	45	贫农	农民	不识字			群		社员		副组长		积极
王占起	男	35	下中	农民	初小			群		社员		副组长		积极

注：各队干部都应填写，队委、贫协代表，正副排长都应填写。

门庄第十一队新选举干部名单

姓名	性别	年龄	家庭出身	个人成分	文化程度	政治面目			新任职务	是否委员	原任职务	备考	是否兼职
						党	团	群					
李金禄	男	28	贫农	农民	初小			群	队长	委员	队长		
杨恒双	男	40	贫农	农民	初小			群	副队长	委员	队长		
李永凯	男	36	下中	农民	初小	党			副队长兼指导员	委员	指导员		党支委
牛永千	男	19	下中	学生	完小		团		会计	委员	社员		
李云生	男	49	下中	农民	初小			群	保管	委员	保管		
王双月	女	33	下中	农民	文盲			群	妇女队长	委员	社员		
杨忠敖	男	20	贫农	学生	完小		团		民兵排长	委员	民兵排长		
王瑞珍	女	18	下中	学生	完小			群	副排长		社员		

门庄第十一队新选举干部名单

姓名	性别	年龄	家庭出身	个人成分	文化程度	政治面目			新任职务	是否委员	原任职务	备考
						党	团	群				
李金禄	男	28	贫农	农民	初小			群	队长	委员	队长	
杨恒双	男								副队长	委员		
李永凯	男	36	下中	农民	初小	党			副队长兼指导员	委员	指导员	
牛永千	男	19	下中	学生	完小		团		会计	委员	社员	
李云生	男	49	下中	农民	初小			群	保管	委员	保管	
王双月	女	33	下中	农民	文盲			群	妇女队长	委员	社员	
杨忠敖	男	20	贫农	学生	完小		团		民兵排长	委员	民兵排长	
王瑞珍	女	18	下中	学生	完小			群	副排长		社员	

门庄大队第十一队组织新选干部登记表 65. 5. 20

姓名	性别	年龄	家庭出身	个人成分	文化程度	政治面目			原职任务	新选职务		备考
						党	团	群		党内	行政	
李永凯	男	36	下中	农民	完小	党			指导员		队长	
李金禄	男	28	贫农	农民	初小			群	队长			
牛永千	男	19	下中	农民	完小		团		会计			
李云生	男	49	下中	农民	初小			群	保管			
杨忠敖	男	20	贫农	农民	完小		团		排长			兼政治工作员
甄翠娥	女	33	贫农	农民	完小			群	妇女队长			
王瑞珍	女								副排长			
杨怀恩									贫协			

6号下午翻上来

门庄大队第十一队初选领导班子和三结合小组登记表 （1965年4月7日报大队）

姓名	性别	年龄	家庭出身	个人成分	政治面目	文化程度	原任职务	初选职务	原是干部的是否解放	三结合小组				
										组别	姓名	原职务	贫协积极分子	运动中的表现
李永凯	男	37	下中	下中	党员	初小	指导员	指导员	未	三结合	李庆书		是	积极
李金路	男	29	下中	下中	群众	初小	队长	队长	解放		杨怀恩		是	积极

续 表

姓　名	性别	年龄	家庭出身	个人成分	政治面目	文化程度	原任职务	初选职务	原是干部的是否解放	三结合小组				
										组　别	姓　名	原职务	贫协积极分子	运动中的表现
王忠满	男	24	中农	中农	群众	高小	会计	会计	解放		牛大棉		是	积极
李庆书	男	42	下中	下中	群众	初小		副队长			王占起		是	积极
牛永千	男	18	下中	下中	团员	高小		保管			李金路	队长		积极
甄翠娥	女	34	贫	贫	群众	初小		妇女队长			王忠满	会计		一般

门庄大队第十一队党、团员吸收对象登记表　1965.4.7

姓　名	性别	年龄	家庭出身	个人成分	政治面目	贫协职务	文化程度	吸收对象		初选职务		历史背景	四清运动中的表现
								党员	团员	组织	行政		
牛永千	男	18	下中	下中	团员	小组成员	高小	党员			保管		很积极
杨忠敖	男	29	贫	贫	团员		高小	党员			民兵排长		积极
甄翠娥	女	34	贫	贫	群众	小组成员	初小	党员			妇女队长		积极
牛志广	男	17	下中	下中	群众		高小		团员				积极
李根生	男	17	贫	贫	群众		初小		团员				积极
王瑞珍	女	19	中农	中农	群众		初小		团员		副排长		比较积极

门庄大队第十一队第二批解放干部名单 65.4.7

姓　名	年　龄	性　别	家庭成分	原任职务	备　　考
李金路	29	男	下中	生产队长	
王忠满	24	男	中农	生产队会计	
杨其兰	45	男	贫农	生产队会计	

门庄十一队干部退赔物资登记表 65.4.7

姓　名	已退物资数量						
	粮　食	皮　棉	现　款	自行车	檩　条	长　套	布　票
李金路	69.7斤		20元	1辆		2挂	17尺
王忠满	54.5斤	2			3根	1挂	
杨其兰	57.5斤	4		1辆	6根		17尺
合计	181.7斤	6	20	2	9	3	34

门庄十一队干部退工数折合粮款

姓　名	退工数	合　粮	合　款	退工分期限
李永凯	1 000	257	67.67	62年—64年
牛成林	36	2	1.58	64年秋季三个月
李金路	330	82	22.04	62年5月—64年底
王忠满	300	14	13.17	64年3月—64年底
李云生	500	110	31.74	62年—64年
杨其兰	800	259	60.30	62年—63年

合计：2 966分　粮724　款196.50

门庄大队第十一队第二批解放干部名单 65.4.7

姓　名	年　龄	性　别	家庭成分	原任职务	备　　考
李金路	29	男	下中	生产队长	
王忠满	24	男	中农	生产队会计	
杨其兰	45	男	贫农	生产队会计	

门庄十一队干部退赔物资登记表　65.4.7

姓　名	已退物资数量						
	粮　食	皮　棉	现　款	自行车	檩　条	长　套	布　票
李金路	69.7 斤		20 元	1 辆		2 掛	17 尺
王忠满	54.5 斤	2			3 根	1 掛	
杨其兰	57.5 斤	4		1 辆	6 根		17 尺
合　计	181.7 斤	6	20	2	9	3	34

门庄十一队干部退工数折合粮款

姓　名	退工数	合　粮	合　款	退工分期限
李永凯	1 000	257	67.67	62 年—64 年
牛成林	36	2	1.58	64 年秋季三个月
李金路	330	82	22.04	62 年 5 月—64 年底
王忠满	300	14	13.17	64 年 3 月—64 年底
李云升	500	110	31.74	62 年—64 年
杨其兰	800	259	60.30	62 年—63 年

合计：2 966 分　粮 724　款 196.50

三、贫协干部名单与入贫协会申请书

门庄十一生产队贫协会员统计表

贫下中农成年人总数	项目 批次	入会人数	性别		成分		入会的贫下中农成年人占总数的%
			男	女	贫农	下中农	
51人	第一批	12	7	5	9	3	
	第二批	5	1	4	4	1	
	第三批	26	11	15	4	22	
	合　计	43	19	24	17	26	84%

说明：(1) 贫下中农成年人是指十六岁以上者。
(2) 贫农、下中农成分者是指三榜后的成分。
(3) 入会会员花名册一定要一批一张防止混淆。　　公元一九六五年七月二十九日制

十一队贫协　门庄第一批入会会员统计表　65年8月1日

姓　名	性别	年龄	家庭出身	个人成分	政治面目	文化程度	是否是积极分子	新选职务	社教中的表现
门付田	男	59	贫	农民	群众	文盲		副主席	积极
牛永千	男	19	下中	农民	团员	完小			积极
甄翠娥	女	33	贫	农民	群众	初小		组长	积极
赵二翠	女	50	下中	农民	党员	文盲			一般
杨怀恩	男	45	贫	农民	群众	文盲		副组长	积极
门俊波	男	32	贫	农民	群众	文盲			一般
牛大棉	女	40	下中	农民	群众	文盲			一般
田秀芬	女	37	贫	农民	群众	文盲			一般
杨中敖	男	20	贫	农民	团员	完小			积极
李根生	男	16	贫	农民	群众	初小			一般
李金路	男	28	贫	农民	群众	初小			一般

续 表

姓 名	性别	年龄	家庭出身	个人成分	政治面目	文化程度	是否是积极分子	新选职务	社教中的表现
刘文秀	女	22	贫	农民	群众	完小			一般
第二批入会会员统计表									
王云巧	女	51	贫	农民	群众	文盲			一般
娄从勉	女	33	贫	农民	群众	文盲			一般
刘同月	女	33	贫		群众	文盲			一般
李大存	女	59	贫	农民	群众	文盲			一般
李庆书	男	41	下中	农民	群众	文盲			一般

十一队贫协 门庄第三批入会会员统计表 65年8月1日

姓 名	性别	年龄	家庭出身	个人成分	政治面目	文化程度	是否是积极分子	新选职务	社教中的表现
李云生	男	49	下中	农民	群众	初小		保管	一般
杨连书	女	51	下中	农民	群众	文盲			一般
韩玉兰	女	29	贫	农民	群众	初小			一般
谢大蕊	女	59	下中	农民	群众	文盲			一般
刘文岱	男	37	下中	农民	群众	初小			一般
刘守仁	男	17	下中	农民	群众	初小			一般
王大巧	女	37	下中	农民	群众	文盲			一般
李永凯	男	36	下中	农民	党员	初小		指导员	一般
杨苗均	女	33	下中	农民	党员	初小			一般
刘二敏	女	36	下中	农民	群众	初小			一般
牛志广	男	16	下中	农民	群众	初小			积极
杨文平	女	57	下中	农民	群众	文盲			一般
谢红锦	女	38	下中	农民	群众	初小			一般

续 表

姓　名	性别	年龄	家庭出身	个人成分	政治面目	文化程度	是否是积极分子	新选职务	社教中的表现
杨恒双	男	40	贫	农民	群众	初小		副队长	一般
赵四完	女	39	下中	农民	群众	文盲			一般
王瑞珍	女	18	下中	农民	群众	完小			积极
王占起	男	34	下中	农民	群众	初小			积极
杨殿合	女	29	下中	农民	群众	文盲			一般
王占敖	男	37	下中	农民	群众	文盲			一般
王双月	女	33	下中	农民	群众	文盲		妇女队长	一般
李中秀	女	30	下中	农民	群众	文盲			一般

十一队贫协　门庄第三批入会会员统计表　65 年 8 月 1 日

姓　名	性别	年龄	家庭出身	个人成分	政治面目	文化程度	是否是积极分子	新选职务	社教中的表现
刘心灵	女	55	贫农	农民	群众	文盲			一般
李淑月	女	18	下中	农民	群众	完小			积极
李殿生	男	79	下中	农民	群众	文盲			一般
刘文章	男	35	下中	农民	群众	高中			一般
杨丙海	男	43	贫农	农民	党员	初小		支部书记	一般

1965 年 4 月 14 日报大队留底

积极分子数：门福田、刘心灵、田秀芬、杨中敖、牛大棉、杨怀恩、牛成林、牛永千、甄翠娥、赵二翠、门俊波、李庆书、王占起、李淑月、李金路、刘文秀、王云巧、李根生、牛志广

第一批会员名单：门福田、田秀芬、杨忠敖、牛大棉、杨怀恩、牛永千、甄翠娥、赵二翠、门俊波、李金路、刘文秀、李根生

第十一队贫协选举结果

组长　甄翠娥　兼职监查[察]委员

大队贫协委员

副组长 杨怀恩

副组长 王占起

地点 第十一队办公室

时间 一九六五年八月六日

主持人 郭文卿

第三批入贫协名单

瑞珍、四完、守红、文代、大蕊、占起、殿合、双月、红绵、殿元、永凯、苗均、占敖、云生、连书、二敏、志广、文平、淑月、大巧、中秀、玉兰

我经过这次社教运动使我的思想大大提高认清社会发展明确前徒[途]方向因此代[带]领全家愿归到贫协组织会尊[遵]守组织规章制度特此申请

李云生申请书

1965.8.1号

申 请 书

祖国正在日新月异的建设着,全国人民,轰轰烈烈的大搞三大革命,人民的生活也随之而逐步提高,尤其显著的是,在农业方面,是逐年提高产量,故而人民都深感生在这伟大的毛泽东时代,是多么样的幸福呀!都敏感(原文如此——本书编者注)今日的甜,但也必须要忆起过来的苦,要常思,旧社会压在人民头上的三座大山被无产阶级的正[政]党——共产党领导全国人民给搬倒啦!那现在这印把子必须掌握在无产阶级的手里。开展的社会主义大教育——四清运动,是多么适时,多么适合贫下中农的口吻呢!我申请入贫下中农协会,回到自己的组织中来,执行协会的决议及倡议和政策,听从协会的领导,不折不扣,指到哪里做到哪里,热爱劳动,热爱集体,多学习毛选,要活学活用,起到在建设社会主义当中的螺丝钉起[作]用,故而申请参加贫下中农协会,望

早日批准是荷

申请人:刘文章

7.30

加入贫协申请书

敬爱的贫协组织负责同志们：

在党和毛主席英明领导下在这次伟大的四清革命运动中的学习和正确的教育下提高了我的政治思想觉悟，使我认清了前进的方向认清了敌我认清了贫协组织的优越性从前我看到那些参加了的贫协组员们我特别羡慕人家可是我条件不够不能参加，我不灰心我一定为入贫协创造条件在这一批我迫切要求参加这个光荣伟大的贫下中(农)的组织和那些光荣的会员们站在一起共同协[携]起手来为我们建设社会主义贡献力量，我加入这个伟大的组织为了再进一步提高我的思想为了把我的一生贡献给我们的祖国多受一些正确的教育见申请后希负责同志们多加以批评与指导。

申请人：李淑月

1965.7.25

入贫协会申请书

申请人李殿元，现年 42 岁，下中农成分。

通过这次学习，认清了我国目前的大好形势，明确了党和政府的方针政策，了解了这次“四清”运动的重大意义，及贫协会员应负的责任和其骨干作用。贫协会是以贫农下中农为主的组织起来的，贫协会员必须站稳无产阶级立场，努力学习毛泽东思想，树立共产主义优良作风。把自己的一切力量献给集体，为 65 年的大丰收而努力。

第十一队李殿元

65.7.24

入贫协会申请书

由现在我听了四清的报告以后，分清两条道路又分清了坏人有那[哪]些活动，知到[道]了那些人是坏人那些人是咱们的贫下中农，是咱们一家人，合[和]咱们一条心，现在谁叫我改正错误，谁指给光明大道走到社会主义路上来谁从泥坑里把我拉出来的？

可是我对工作不关心我为什么要有一点四不清错误，我就对不起党、毛主席,上级把我培养成人,给国家多献出以[一]些来,保卫祖国,从这运动中,错误坚决改过,从[重]新换人,改政[正]思想。

现在我不知到[道]我的老人在旧社会里受的那些困难苦日子了我在旧社会是什么样的家庭呢?在旧社会里我爷爷年纪很小就不在了,可是我奶奶,能[弄]着男女四个孩子,家中才一亩半地没吃没穿,过上了困苦生活,我奶奶没办法就把女孩子给了人家把我父亲叫他去外走学习可能吃饭,这时我奶奶去地主(家)做活,一天到晚打狗、喂猪、看孩子一个地方不对不是打就是骂,这样才能吃饭,这样困苦生活,我是永远记在心里的。

土地改革以来我家分了5亩半地房子没分到现在可是没有我家就过上了平常生活了,可是几年以来就叫入了社可是我家日子就更好起来了。入社几年我奶奶,合[和]父亲就不在了,我母亲能[弄]着我度过了59、60年日子就困难了,可说难过可比旧社会好的太多的。

从62年我就证时[正式]参加了农业生产我在生产队里真心工作,光希望年年大丰收。

现在要不叫共产党,和毛主席,我家永远翻不了身的我们一家就不知到[道]会死在什么地方的,就会没有今天的,我想起了过去我大哭起来可是我又想想现在我又高兴的[得]跳起来的呀。

在这两个对比中我分清了两条道路,是走资本主义还是走向共产主义就分清了界线,现在党和毛主席合[和]四清队,叫我们所受的气,所知到[道]干部有哪些四不清的问题全说出来叫他们改进过我就知到[道]的或见到的一点一滴的[地]全题[提](出)来大担[胆]革命搞好这次运动。共产党、毛主席合[和]四清队又怕我们贫下中农受了气又说我村成立贫协会,叫我们贫下中农当家坐[做]主,从前的地主、富农坏分子当家坐[做]主,现在可是我们当家坐[做]主了。

我入到贫协会坚决听贫协会里的话,不要坐[做]四不清的事做好人、好事,听党、毛主席合[和]四清队的话,我要在生产中起带头争模范、争五好,要做一个五好农、兵,现在我不能去前线打敌人,我在家坐[做]好后防[方]工作坐[做]一个好民兵,坚决合[和]这些坏分子斗争到底,希叫我入到贫协会,我办[犯]的错误改过,我所写到的坚决做到,国家给我们的工作合[和]任务坚决照办坚决跟着党合[和]毛主席、四清工作队走向光明大道保卫祖国而奋斗。

以上所说的也不多，也能很好以后我还写。别不说。

此至[致]

敬礼　　　　坚决学习好人好事

谢：希四清队多多帮助我

我坚决为人人，人人才为我。我决不能人人为我，我在[再]为人人。

杨忠鳌写

1965.3.23日写

申　请　书

经过四清的学习，提高了政治思想觉悟，分清了是非划清了阶级，只有在无产阶级的正[政]党——共产党的领导下，依靠贫农、下中农，搞好集体经济，现在我们贫农、下中农当家做主人，一定要和四类分子划清界线[限]。

我是贫农，每当听到老人讲到家史及旧社会的事情时，我是非常痛恨的，要常思阶级苦，不忘今日甜。

我愿意，参加贫下中农协会，服从协会的决议，执行政策，愿和全体贫下中农团结起来，共同建设社会主义，申请早日批准。

申请人：韩玉兰

65.7.22日

入贫协会申请书

在这社会主义大教育的前提下，深入的[地]开展三大革命的同时，提高了社员的思想，辩[辨]明是非分清敌我只有跟着无产阶级的正[政]党——共产党，贫下中农团结起来，共同建设社会主义。

贫下中农协会是我们贫下中农自己的组织，我们一定要团结起来，掌握起贫下中农在农村的印把子，认清阶级敌人，向四类分子作无情的斗争。

我愿参加贫下中农协会，服从贫下中农的指挥，听从协会的倡议，执行协会决议和政策，愿在协会的领导下，积极劳动，努力工作，好好学习，共同团结起来，建设社会主义，我要求

贫下中农协会早日批准。

申请人：王瑞珍、赵四完、赵长起

入贫协会申请书

我愿在贫农下中农协会的领导下，积极劳动，听从协会的指挥，执行协会的决议及政策，服从协会的指挥，指到哪里做到哪里，和全体贫下中农团结起来，跟着无产阶级的正[政]党——共产党，向着康庄大道——共产主义社会前进。

经过了社会主义大教育，正[三]面红旗的照耀下，实行三大革命的同时，一定要分清是非，认清阶级敌人，和四类分子划清界线，一定要把农村的印把子掌握在贫下中农手里，我申请贫、下中农协会早日批准。

申请人：谢大蕊、刘守仁

入贫协会申请书

申请人谢洪锦，现年39岁，下中农成分。

通过这次学习，认清了我国当前的大好形势，明确了党和政府的方针政策，了解了“四清”运动的重大意义，及贫协会员应负的责任和其骨干作用。

贫协会是以贫农、下中农为主而组织起来的。贫协会员必须站稳无产阶级立场，努力学习毛泽东思想，把毛泽东思想学到手，用毛泽东思想武装自己的头脑，树立全心全意为人民服务的思想。要热爱集体，以队为家，积极劳动，为65年大丰收而贡献自己的一切力量。

第十一队

谢红锦

65.7.24

入贫协会申请书

我叫李中秀，现年32岁，女性公民，在伟大的四清运动中，通过学习，明确了方向，我自愿申请，加入贫农协会，遵守会章，覆[履]行义务，保守协会密秘(原文如此——编者注)，并接受同志的帮助批评指导及组织的考验。

门庄第十一队

社员李中秀

1965.7.27

入贫协会申请书

王大巧女 38 岁经过学习思想上有了转变愿意加入贫协会服从领导尊[遵]守会内一切制度积极生产加强学习。批准是荷。

申请人：王大巧
65.7.25 号

入贫协会申请书

我志愿参加贫协会，愿过组织生活，贫协会是一个贫下中农的群众性的组织，是建设社会主义的主力军，是推动社会向前发展的有力助手。

入会以后，和新协会员团结在一起，拧成一股绳团结在一起，来完成党交给的各项生产任务。共同对付阶级敌人，揭发坏人坏事，和阶级敌人划清界限，做无情的斗争。共同搞好生产，发展集体经济，巩固社会主义新农村。

积极劳动，在生产中起模范带头作用，不怕脏不怕累。努力学习毛主席著作，活学活用，以马克思列宁主义的思想，来武装自己的头脑，使自己认清前进的方向。积极参加民兵训练，练好过硬本领，随时准备参军参战，保卫祖国，打击侵略者。

积极劳动，努力学习，练好武艺，将来成为一个红色革命接班人。

牛志广
1965.7.25

入贫协会申请书

我志愿参加贫协会，愿过组织生活，贫协会是一个贫下中农的群众性的组织，是建设社会主义的主力军，是推动社会向前发展的有力助手。

入会以后，和新四（原文如此——编者注）会员拧成一股绳，团结在一起，来完成党交给的任务。共同揭发坏人坏事，坚持真理，和坏人坏事展开无情的斗争，共同搞好生产，发展集体经济，巩固社会主义新农村。

积极参加劳动，在劳动中起带头作用，不怕脏不怕累，和社员们搞好团结服从领导，努力学习毛主席著作，自己不会学，跟别人学，用毛主席的思想办事，听党和毛主席的话，按毛主席的指示办事。

积极劳动,努力学习毛主席著作,争取65年农业大丰收,为建设社会主义新农村而奋斗,为改变我国一穷二白的面貌而奋斗始终。

刘二敏
1965.7.25

申　请　书

经过这次社教运动,使(我)提高了政治思想觉悟,认清了当前的大好形势,我看到贫协这个组织是一个光荣的组织,是为我们贫下中农服务的,我愿意参加这个光荣的组织愿为我们贫下中农服务。

我加入这个组织以后处处为我们贫下中农着想把人民群众的利益放在个人利益之上,积极的带头参加生产在生产中起带头作用,在运动中积极的发言,使运动顺利的[地]进行,和一些不良的坏人坏事作无情的斗争,在运动中经的[得]起考验争取在运动中做一个积极分子。

王占起

申　请　书

刘文岱 男 38岁在这次运动中经过学习我思想上认清了学习目底[的]我自愿加入贫协会服从领导遵守会内制度搞好生产建设社会主义而奋斗批准是荷

申请人刘文岱
65.7.25号

申　请　书

经过这次伟大的社教运动,不断的学习,使(我)提高了思想觉悟,划清了敌我界线,只有在共产党的英明领导下依靠贫下中农让我们贫下中农来当家作主。

我以后坚决站稳无产阶级立场,处处为我们贫协来服务,敢想敢干不怕一切养成见困难就上见荣誉就让见先进就学见落后就帮的这种作风,并且在生产中起带(头)作用,爱护公共财物,和组员们团结一致,互相帮助,共同进步。

杨苗均

申 请 书

经过这次伟大的社会主义教育运动,使我提高了思想觉悟,划清了敌我界线,只有在无产阶级的正[政]党依靠贫下中农让我们贫农下中农来当家作主。

以后我加入贫协组织坚决听党的话服从党的政策,积极参加劳动,在生产中起带头作用,服从贫协的一切纪律按时完成交给的任务,处处为我们贫下中农找[着]想,和我们组员团结一致,来搞好我们的生产。

刘心灵

审[申]请书

经过这次社会主义教育运动,使我进一步的[地]提高了思想觉悟,认清了当前的大好形式[势],我看到贫协这个组织是个光荣的组织,是为我们贫下中农服务的,我愿意参加这个光荣的组织为贫下中农服务。

我加入这个光荣组织以后,全心全意为贫下中农找[着]想,把农民群众的利益放在个人利益之上,积极的[地]参加生产,并在生产中起带头作用,互相团结,在运动中积极的[地]发言,使运动顺利的[地]进行,和一些不良的坏人坏事作无情的斗争,争取在运动中做一个积极分子,争当一个五(原文如此——编者注)社员。

王双月

申 请 书

经过这次社会主义教育运动,使我进一步的[地]提高了政治思想觉悟,划清了敌我界线只有在中国共产党的英明领导下才能搞好我们的社会主义建设。

我加入这个组织以后,坚决听党的话,服从一切纪律,按时完成交给的光荣任务,积极参加劳动在生产中起带头作用,互相团结,全心全意为人民着想爱护公共财物在运动中和一些不良的坏人坏事作无情的斗争。

杨文平

四、选举干部结果

应参加选举人员名单

甄翠娥、李根生、王云巧、王瑞珍、赵四完、赵长起、刘文章、韩玉兰、刘文代、刘守仁、王大巧、谢大蕊、李兰台、李中秀、李风肖、赵云芝、李淑月、靳大婵、李金路、刘文秀、杨怀恩、刘同月、王双月、王占起、杨殿和、李庆书、赵二翠、门付田、刘心灵、谢红锦、李殿元、李永凯、杨甬均、李殿升、王占敖、娄从勉、李云升、杨连书、牛志广、刘二敏、杨文平、杨中敖、田秀芬、牛永千、牛大棉、门俊波、孙二妮、杨丙海、王忠满、耿翠果、付书敬、李大存

计 52 名

兹 证 明

第十一生产队于一九六五年七月二十二日上午在生产队办公室召开全体社员选举大会应参加人员 52 名实到 45 名选举结果：队长李金禄副队长杨恒双指导员李永凯、保管李云生、会计牛永千管委杨中敖每人均得 45 票因当时马虎将选票交回本人撕毁，未能做原票根据。

特此

第十一队贫协　牛永千

甄翠娥(私章)

65.7.24

五、党政青妇武登记

冀县门庄公社第十一队干部登记表 65.3.2号

姓 名	年龄	家庭成分	个人出身	职 务	任 期 年 月	政治面貌	文化程度	备 考
李永凯	36	下中	农	指导员	61年—64年	党员	完小	
李金禄	28	贫	农	队 长	62年4月—64年	群众	初小	
王忠满	24	下中	农	会 计	61年—62年6月	群众	完小	63年2月—64年
李云生	49	下中	农	保管	61年—64年	群众	初小	
								中满在11队工作64年3月—现在
								中满在原6队，61年1月—62年4月
								中满在12队工作62年5月—62年6月
杨其兰				会计	62年4月—64年3月			在11队工作
牛成林				副队长	64年4月—64年10月			

门庄第十一队党员登记表 65.3.2号

姓 名	性别	年龄	成分	个人出身	文化程度	入党日期	预备期限	转正日期	介绍人名	历史上有无问题
李永凯	男	36	下中	农民	完小	1948年11月	3个月	1949年2月	王树田	
杨苗均	女	33	贫	农民	不识字	1948年11月	3个月	1949年2月	王延朝	
赵二翠	女	50	下中	农民	不识字	1945年3月	2个月	1945年5月	杨丙海	

门庄第十一队团员登记表 65.3.2号

姓 名	性别	年龄	成分	个人出身	文化程度	入团日期	预备期限	转正日期	介绍人名	历史上有无问题
杨忠敖	男	20	贫	农民	完小	1963年9月	1年	1964年9月	王占达	
牛永千	男	19	下中	农民	完小	1963年9月	1年	1964年9月	王成年	

门庄第十一队　男、女基干普通民兵单　65. 3. 11 号

姓　名	性别	年龄	本人出身	家庭成分	文化程度	政治面貌	姓　名	性别	年龄	本人出身	家庭成分	文化程度	政治面貌
李兰台	男	28	农民	上中	完小	群众	门俊波	男	32	农民	贫	不识字	群众
杨忠敖	男	20	农民	贫	完小	团员	李永凯	男	36	农民	下中	完小	党员
牛永千	男	19	农民	下中	完小	团员	李殿元	男	40	农民	下中	完小	群众
李金禄	男	28	农民	贫	初小	群众	王占敖	男	37	农民	中农	初小	群众
李根雨	男	24	农民	贫	初中	团员	牛成林	男	35	农民	下中	完小	群众
刘守仁	男	17	农民	中农	初小	群众	刘文岱	男	37	农民	中农	初小	群众
王忠满	男	24	农民	下中	完小	群众	王占起	男	34	农民	中农	初小	群众
刘文秀	女	22	农民	下中	完小	群众	李忠秀	女	30	农民	下中	不识字	群众
李淑月	女	18	农民	贫	完小	群众	杨苗均	女	33	农民	贫	不识字	党员
李风肖	女	21	农民	上中	初中	群众	刘同月	女	33	农民	贫	不识字	群众
王瑞珍	女	18	农民	中农	完小	群众	娄从勉	女	33	农民	贫	不识字	群众
							甄翠娥	女	33	农民	贫	初小	群众
							韩玉兰	女	29	农民	下中	初小	群众
							杨殿和	女	29	农民	中农	不识字	群众
							王双月	女	33	农民	中农	不识字	群众
	男 7 人							男 7 人					
	女 4 人							女 8 人					

门庄第十一队　男、女基干普通民兵单　65. 3. 11 号

基　　干		普　　通		
男 17—30	女 17—25	男 31—40	女 26—35	
李兰台	刘文秀	门俊波	李忠秀	
杨忠敖	李淑月	李永凯	杨苗均	
牛永千	李风肖	李殿元	刘同月	

续 表

基 干		普 通		
男 17—30	女 17—25	男 31—40	女 26—35	
李金禄	王瑞珍	王占敖	娄从勉	
李根雨		牛成林	甄翠娥	
刘守仁		刘文岱	韩玉兰	
王忠满		王占起	杨殿和	
			王双月	
7 人	4 人	7 人	8 人	

冀县门庄大队第十一队青年(23 岁以下 16 岁以上)登记表 65.3.2 号

姓 名	年 龄	性 别	成 分	个人出身	文化程度	政治面貌	备 考
杨忠敖	20	男	贫	农民	完小	团员	
牛志广	16	男	下中	农民	完小	群众	
牛永千	19	男	下中	农民	完小	团员	
李根生	16	男	贫	农民	初小	群众	
刘守仁	17	男	中农	农民	初小	群众	
王忠满	24	男	下中	农民	完小	群众	
刘文秀	22	女	下中	农民	完小	群众	
李淑月	18	女	贫	农民	完小	群众	
李风肖	21	女	上中	农民	初中	群众	
王瑞珍	18	女	中农	农民	完小	群众	
杨春民							

门庄第十一队 社员成分表 65.3.2 号

户主与关系	姓 名	性别	贫 农	下中农	中 农	上中农	地 主	年 龄
户主	门俊波	男	门俊波					32
户主	李云生	男		李云生				49
妻	杨连书	女		杨连书				51
户主	耿苹果	女	耿苹果					69

续 表

户主与关系	姓　名	性别	贫　农	下中农	中　农	上中农	地　主	年　龄
户主	李兰台	男				李兰台		28
妻	李中秀	女		李中秀				30
户主	李殿生	男		李殿生				79
妻	王 荣	女		王 荣				72
户主	李永凯	男		李永凯				36
妻	杨苗均	女	杨苗均					33
户主	李大存	女	李大存					59
户主	李殿元	男		李殿元				40
妻	谢红锦	女			谢红锦			38
户主	杨怀恩	男	杨怀恩					45
妻	刘同月	女	刘同月					33
户主	牛 琴	女			牛 琴			63
户主	王占敖	男			王占敖			37
妻	娄从勉	女	娄从勉					33
户主	杨忠敖	男	杨忠敖					20
母	田秀芬	女	田秀芬					37
户主	杨文平	男		杨文平				57
户主	牛成林	男		牛成林				35
妻	刘二敏	女			刘二敏			36
长子	牛志广	男		牛志广				16
户主	付书敬	女				付书敬		48
户主	牛永千	男		牛永千				19

门庄第十一队　社员成分表　65.3.2 号

户主与关系	姓　名	性别	贫　农	下中农	中　农	上中农	地　主	年　龄
外祖母	牛永千	女		苏 娟				73
母	牛大棉	女		牛大棉				40
户主	门福田	男		门福田				59

续 表

户主与关系	姓　名	性别	贫　农	下中农	中　农	上中农	地　主	年　龄
妻	刘心灵	女		刘心灵				55
户主	李金禄	男	李金禄					28
妻	刘文秀	女		刘文秀				22
户主	靳大蝉	女			靳大蝉			51
女	李淑月	女	李淑月					18
户主	赵云海	女				赵云海		66
女	李风肖	女				李风肖		21
户主	李根雨	男	李根雨					24
母	李云巧	女	李云巧					51
二弟	李根生	男	李根生					16
户主	赵长起	男			赵长起			76
女	赵四完	女			赵四完			39
刘长女	王瑞珍	女			王瑞珍			18
户主	甄翠娥	女	甄翠娥					33
户主	谢大蕊	女		谢大蕊				59
户主	韩玉兰	女		韩玉兰				29
户主	刘文岱	男			刘文岱			37
妻	王大巧	女			王大巧			37
长子	刘守仁	男			刘守仁			17
户主	王占起	男			王占起			34
妻	杨殿合	女			杨殿合			29
户主	李庆书	男	李庆书					41
妻	赵二翠	女		赵二翠				50

门庄第十一队　社员成分表　65.3.2号

户主与关系	姓　名	性别	贫　农	下中农	中　农	上中农	地　主	年　龄
户主	王双月	女			王双月			33
户主	孙二妮	女	孙二妮					80
户主	王树其	男					王树其	41

续 表

户主与关系	姓　名	性别	贫　农	下中农	中　农	上中农	地　主	年　龄
户主	王忠满	男		王忠满				24
	56 人		17 人	20 人	14 人	4 人	1 人	

冀县门庄公社门庄大队第十一队全体成年妇女登记表　65.3.2 号

姓　名	年　龄	原　籍	结婚年月	娘家成分	婆家成分	个人出身	文化程度	政治面貌	备　考
杨连书	51	门家庄	/	下中	下中	农民	不识字	群众	
耿苹果	69	王海庄	62.6	中农	贫	农民	不识字	群众	
李忠秀	30	门家庄	54.12	下中	上中	农民	不识字	群众	
王 荣	72	王海庄	/	下中	下中	农民	不识字	群众	
杨苗均	33	门家庄	49.11	贫	下中	农民	不识字	群众	
李大存	59	西堤北	/	贫	贫	农民	不识字	群众	
谢红锦	38	东堤北	37.2	中农	下中	农民	不识字	群众	
刘同月	33	韩林庄	47.3	贫	贫	农民	不识字	群众	
牛 琴	63	堤北桥	/	中农	中农	农民	不识字	群众	
娄从勉	33	西堤张	48.9	贫	中农	农民	不识字	群众	
田秀芬	37	田家庄	43.10	贫	贫	农民	不识字	群众	
杨文平	57	门家庄	/	贫	下中	农民	不识字	群众	
刘二敏	36	堤北桥	47.11	中农	下中	农民	初小	群众	
付书敬	48	堤北桥	/	上中	上中	农民	不识字	群众	
苏 娟	73	韩 口	/	下中	下中	农民	不识字	群众	
牛大棉	40	门家庄	/	下中	/	农民	不识字	群众	
刘心灵	55	邵 村	/	下中	下中	农民	不识字	群众	
刘文秀	22	门家庄	61.6	下中	贫	农民	完小	群众	
靳大蝉	51	王 口	/	中农	贫	农民	不识字	群众	
李淑月	18	门家庄	/	贫	/	农民	完小	群众	
赵云芝	66	西堤张	/	上中	上中	农民	不识字	群众	
李风肖	21	门家庄	/	上中	/	农民	初中	群众	

续 表

姓　名	年　龄	原　籍	结婚年月	娘家成分	婆家成分	个人出身	文化程度	政治面貌	备　考
王云巧	51	门家庄	/	贫	贫	农民	不识字	群众	
赵四完	39	门家庄	43.12	中农	中农	农民	不识字	群众	
王瑞珍	18	门家庄	/	中农	/	农民	完小	群众	
甄翠娥	33	西堤张	49.12	贫	贫	农民	初小	群众	

冀县门庄公社门庄大队第十一队全体成年妇女登记表　65.3.2号

姓　名	年　龄	原　籍	结婚年月	娘家成分	婆家成分	个人出身	文化程度	政治面貌	备　考
谢大蕊	59	温郎口	/	下中	下中	农民	不识字	群众	
韩玉兰	29	韩家庄	52.6	贫	下中	农民	初小	群众	
王大巧	37	温郎口	43.6	中农	中农	农民	不识字	群众	
杨殿和	29	门家庄	54.3	贫	中农	农民	不识字	群众	
赵二翠	50	赵家庄	/	下中	贫	农民	不识字	党员	
王双月	33	门家庄	/	中农	中农	农民	不识字	群众	
孙二妮	80	王海庄	/	贫	贫	农民	不识字	群众	

全队成年妇女统计　1965.3.8

贫　农			下中农			中　农			上　中			富　农		
青	壮	老	青	壮	老	青	壮	老	青	壮	老	青	壮	老
	7	4	1	2	6	1	5	3	1	1	1			

1965.3.3 第一次讨论小组划分（3.4改）

刘同月、牛志广、门俊波

1. 组长：牛成林、牛永千、牛大棉、刘心灵、赵二翠、王云巧、李根生、李庆书、门福田

2. 谢红锦、靳大蝉、李淑月、刘文岱、王大巧、刘守仁、李大存、谢大蕊、韩玉兰、杨忠敖、田秀芬、甄翠娥、杨文平、李殿元、杨连书、刘文秀、王占起

3. 牛琴、王占敖、刘二敏、靳大蝉、赵长起、赵四完、王瑞珍、刘守仁、王占起、娄从勉、王双月、李兰台、付书敬、李云芝、杨殿和、杨怀恩、淑月、杨文平

4. 李永凯、王忠满、李金禄、李云生、杨连书、刘文秀

讨论小组

门俊波、李大存(永凯丈母)、杨怀恩、刘同月、娄从勉(中农)、杨淑月(中)、杨连书(保管家)、李中秀(上中)、李殿生、王荣、李殿元、杨文平、牛志广

牛成林、牛永千、苏娟、牛大棉、门福田、刘心灵、刘文秀(金录家)、谢大蕊(金录丈母)、韩玉兰(金录嫂)、赵二翠、王云巧、李根生、甄翠娥、李庆书、孙二妮(老人)

六、干部会议讨论及表示态度记录

贫协小组把干部分类排队：

一类：(原文如此——编者注)李金路　问题少，态度老实，劳动观点强，就是工作作风上主观，工作态度生硬。

坏的：李云生：问题多，态度不老实，不交待问题，很多问题都是他的主谋，并且善于拿着集体的东西送人，把其他干部的嘴也堵住了，问题在人证面前还抵赖。

2. 王忠满：问题较少，但态度较好，最使人可恨的是搞着粗(线)条四清还贪污大伙的油钱，劳动不强。

3. 李永凯：立场不稳，随风倒，当不起家，做不起主，有问题，有交待，又是个共产党员。

4. 杨其兰，有个念[蔫]主意，心里坏，劳动不好，问题交待是被迫的。

下步工作的意见，先把好的干部，洗出几个来，抓好当前的生产。

根据干部的经济问题的多少、阶级立场、运动中的表现，对 5 个干部分类排队：

1. 李金路
2. 王忠满
3. 李永凯
4. 杨其兰
5. 李云生

从宽处理大会后，干部讨论发言　1965. 3. 30 晚

李金路：今后我领会到了党的政策的宽大，特别是西堤北的队长贪污这么多，不但不给予处分，反而减免了这么多，虽然我们问题小，但要不积极交待，就跟不上人家这个，只有积极的交待问题，做好为退赔，争取从宽处理。

李永凯：原来个人感觉四清没什么，我们也没什么问题，现在看细线条四清和粗线条四清不同，仅 20 多天，搞出这样多问题，再不搞四清就真不得了。

李金路：不搞四清越来胆越大，问题也越来越严重。

王忠满：从我们说，现在要不清，将来也不得了。

李云生：最[就]得自我革命，狠狠的[地]割尾巴。

李永凯：这次运动，对待干部，真是满腔热情。

小组归劝李永凯会议记录　1965. 3. 28

主持人：邓立山

参加人员：门福田、李庆书、杨怀恩、甄翠娥、王占起、门俊波

门俊波：你有什么问题，交待不完，就是不想革命。

门福田：你想，个人是个共产党员，你却为主的[地]定攻守同盟，对的[得]起谁？

李庆书：你考虑一下，这样下去对得起党对咱的培养教育。

王占起：你想想，为什么叫你来，因为你是个共产党员，还可救，可是你尽[净]包屁[庇]别人，你还有顾虑，今天你应该好好想想，交待出问题。

甄翠娥：什么你也并[甭]有顾虑，有什么问题，你叫[就]得交待清楚。

杨怀恩：大伙知道你的皮[脾]气，才首先叫你来，劝劝你，别把您落后。

门俊波：以后你决[绝]不能再定攻守同盟，送条送信了。

李庆书：现在把问题交待出来，总比上万人大会上坦白去强。

王占起：希望你先把问题交待清，归回阶级队伍，共同搞大丰收。

门福田：不交待问题，是划[滑]不过去的，我们想尽力把你从黑暗道路上拉回来。

门福田：现在是个人洗澡个人干洗[净]，个人剃头个人凉快，个人解[卸]包袱，个人轻松，希望你现在好好的交待问题。

个人标[表]示态度　1965. 3. 26 号

通过今天晚上学习，从我脑海里又进一步的[地]提高了思想，坚决的[地]去吊[掉]资产阶级的根子，不再抗拒，再细致周到的[地]把一些不纯的问题交待出来。

李金禄

通过今天晚上听了张同志比了二个例子又进一步的[地]提高了思想，有一点问题也交待出来，也[一]点也不留下，坚决去吊[掉]资产阶级的根子。

王忠满

通过今天晚上学习，使我又进一步的[地]提高了思想，又深刻的[地]认识了当前的政策，不在[再]抗拒坚决把一切问题交待出来，有一点说一点，争取一点也(不)留下。

李云生

金禄：个人管个人的不包皮[庇]他们。

永凯：保证个人交待个人的不管别人。

云生：保证个人交待个人的决[绝]不搞集团并揭发别人。

其兰：

中满：不做攻守同盟，有(一)说一有(二)说二。

1965 年 3 月 24 日

杨其兰交待　1965 年 3 月 26 日

攻守同盟问题：

前些日子，那晚上看完电影之后，我找永凯问了问，有什么事，他告诉我说：金路把棉籽说了，每人 10 斤。

前天晌午，凯家大英，给我送了张条去，我彦藏见了，下午我到云生家问好了以后回家，彦藏告诉我的，上面写着：云生把咱们分的那皮棉的事说了，……等。

总登　12 队 查来子弹　1965. 3. 27

1. 61 年秋后，落扬杂豆 70—80 斤，忠满、金路、恒双私分，恒双分 20 来斤。(恒双)

2. 61 年在老三队，海旺、王树田、李云生、王彦群，四人，我和李云生，每人分棉子 20 斤(树田、彦群弄的还早，我不知道)，是殿东他父亲死的这一天。(海旺)

3. 61 年在老三队，过麦时，我扛一口袋去，李云生扛食堂一口袋，我找李云生、彦群、树田分了，我分 25 斤。(海旺)

4. 62 年过麦，分小麦时，灵珍、六满、海旺、恒双，每人多分小麦 10 斤(灵珍)。(六满告诉的，灵珍)

65. 3. 13　四不清干部　讨论发言

永凯：今天晚上又讲了一次上级积极帮助，让我本身再检查一下，是什么问题就交待什么问题很快的[地]交待出来就完，上级把情况说清了。

成林：听报告咱村四不清的问题也不少，不过看不到，好好的交待，放下包袱，来共同对敌去。

忠满：听了报告，自己下到泥坑，托[脱]衣割(衣)尾巴。

云生：必须把阶级路线划清。

永禄：听了报告，我没有看等思想，考虑有没及时交待问题，不等待。

扛红旗如何扛，革命不革命，革命为何革。

金禄：拔掉资产阶级思想，才能扛红旗。

永凯：扛红旗恨[狠]拔资产阶级思想交待问题。

忠满：愿扛红旗总的[得]拔掉资产阶级思想。

成林：

七、被杀关刑释及地富家庭情况表

一般顽、伪、军、政、党、团人员登记(二)

姓名	□□□	性别	男	年龄	41	类别	伪警察局
别名	无	文化程度		初小		现任职务	社员
服务机关		冀县伪警察局第一分所				职务	警士
籍贯	原籍	冀县门庄大队门庄11队				曾住	
	现住	冀县门庄大队门庄11队					
主要简历及问题		1943年春天参加11路军来冀县抗日政府第五小队充当队员于旧历8月14日晚由我村杨贞班长代领七名队员去堤北桥炮楼伪军携枪叛变投敌住一宿第二天千户营伪军队长派人接至千户营住一天送往冀县城内住闲一月半经大家要求县长分配到警察局一分所当警士,到44年5月因日本投降,介[解]放回家参加农业生产至今。 带领七名队员换代枪械背叛投敌去堤从桥炮楼在8.16,由千户营伪军送到冀县城内后分配到警察局一分所当警士。					
现在情况		该人在门庄11队当社员,参加农业生产,表现一般,在这次运动中表现积极,看来有立功赎罪的行动。					
备考							

说明:“现在情况”是指该人现在的职业、表现以及是否混入我党或革命组织内等情况。“类别”是指那一种人如“伪军”“国民党员”等。“服务机关”“职务”是指在顽伪时期。

填写日期:1965年 月 日

被杀、关、刑释、在外四类分子登记(一)

姓名	现名	□□□	性别	男	家庭出身	地主	类别	
	别名	无	民族	汉	本人成分		反动职务	
年龄		1965年6月28日(原文如此——本书编者注) 周岁51岁					文化程度	初小
原籍		冀县门庄公社门庄大队	现住	太原柳巷街华太厚服装店				
简历及主要历史罪恶事实		该人自1914年生,在16岁外出去太原柳巷街义和祥服装店学徒,在43年他在义和祥服装店吃劳力股,在46—47年自己领东王西周东家(开金店)开设华兴茂服装店至51年因在三反五反运动中,腐蚀干部违犯错误而逮捕几个月,出来后仍在华兴茂当经理,至公私合营,华太原服装店,在门市部当业务主任。						
家庭经济状况	土改前	人口19人土地70亩房20间骡马2匹农具齐全。						
	土改后	人2口,从36年以[一]直到现在没回家过。						
家庭主要成员姓名政治态度								
社会关系及政治态度		内弟赵庄 □□□ 农业						
何时受过何种打击								
备注								

填写日期:196 年 月 日

被杀、关、管、反地、富、反、坏、右家属子女登记(三)

<table>
<tr><td rowspan="2">姓名</td><td>现名</td><td>□□□</td><td>性别</td><td>女</td><td>家庭出身</td><td>下中农</td><td rowspan="2">现在表现</td><td rowspan="2" colspan="2">劳动积极，思想也进步</td></tr>
<tr><td>别名</td><td>无</td><td>民族</td><td>汉</td><td>个人成分</td><td>农民</td></tr>
<tr><td>年龄</td><td colspan="4">1965 年 月 日 现年 19 周岁</td><td>文化程度</td><td>初中</td><td colspan="2">现在职务</td><td>无</td></tr>
<tr><td>原籍</td><td colspan="4">冀县门庄公社门庄大队第十一队</td><td>现住</td><td colspan="4">冀县门庄公社门庄大队第十一队</td></tr>
<tr><td>本人简历</td><td colspan="9">1947 年生—54 年入本村小学，58 年投考西堤张完小学习，60 年报入官道李初级中学，当年因家庭无有劳力，只好在官道李初中学校半年退学回家，参加农业生产。</td></tr>
<tr><td>家长主要问题</td><td colspan="9">其父李永其曾 36 年时，当过统战军，被襄(原文如此——编者注)投降，41 年县大队五小队当兵，42 年参加日本宪兵队便衣队特务，44 年介[解]放回家，在 47 年因西堤张甄彦双有男女关系，而被打死。</td></tr>
<tr><td>本人表现</td><td colspan="9">劳动积极，思想一般。</td></tr>
<tr><td>备　　注</td><td colspan="9"></td></tr>
</table>

注：主要填年满十八岁以上，表现不好的家属及其子女。

填写日期：196　年　　月　　日

被杀、关、管、反地、富、反、坏、右家属子女登记(三)

<table>
<tr><td rowspan="2">姓名</td><td>现名</td><td>□□□</td><td>性别</td><td>男</td><td>家庭出身</td><td>下中农</td><td rowspan="2">现在表现</td><td rowspan="2" colspan="2">劳动积极，思想表现一般。</td></tr>
<tr><td>别名</td><td>无</td><td>民族</td><td>汉</td><td>个人成分</td><td>农民</td></tr>
<tr><td>年龄</td><td colspan="4">1965 年 6 月 28 日 现年 16 周岁</td><td>文化程度</td><td>完小</td><td colspan="2">现在职务</td><td></td></tr>
<tr><td>原籍</td><td colspan="4">冀县门庄公社门庄大队第十一队</td><td>现住</td><td colspan="4">冀县门庄公社门庄大队第十一队</td></tr>
<tr><td>本人简历</td><td colspan="9">1949 年生至 59 年在本村小学上学，63 年报考西堤张完小上学，64 年完小毕业，回家参加劳动。</td></tr>
<tr><td>家长主要问题</td><td colspan="9">其父亲□□□因一贯[惯]搞两性关系，近来因和本村第十二队社员军属杨苗让搞男女关系而受到刑事处分两年，现在仍在守法未归。</td></tr>
<tr><td>本人表现</td><td colspan="9">劳动积极，思想表现一般。</td></tr>
<tr><td>备　　注</td><td colspan="9"></td></tr>
</table>

注：主要填年满十八岁以上，表现不好的家属及其子女。

填写日期：196　年　　月　　日

被杀、关、管、反地、富、反、坏、右家属子女登记(三)

<table>
<tr><td rowspan="2">姓名</td><td>现名</td><td>□□□</td><td>性别</td><td>女</td><td>家庭出身</td><td>下中农</td><td rowspan="2">现在表现</td><td rowspan="2">劳动积极，思想也进步</td></tr>
<tr><td>别名</td><td>无</td><td>民族</td><td>汉</td><td>个人成分</td><td>农民</td></tr>
<tr><td>年龄</td><td colspan="4">1965年6月28日 现年19周岁</td><td>文化程度</td><td>初中</td><td>现在职务</td><td>无</td></tr>
<tr><td>原籍</td><td colspan="4">冀县门庄公社门庄大队第十一队</td><td>现住</td><td colspan="3">冀县门庄公社门庄大队第十一队</td></tr>
<tr><td>本人简历</td><td colspan="8">1947年生—54年入本村小学58年投考西堤张完小学习60年投考入官道李初级中学当年因家庭无劳力只好在官道李初中学校半年退学回家参加农业生产。</td></tr>
<tr><td>家长主要问题</td><td colspan="8">其父□□□41年曾在县大队五小队当兵42年参加统战军(是八路军接收的杂牌军待正[整]编)随后叛变投敌当年参加日本宪兵队便衣队(特务)，这是敲诈勒索群众并一贯[惯]乱搞两性关系，在47年因和西堤张甄彦双有两性关系而被我农会打死。</td></tr>
<tr><td>本人表现</td><td colspan="8">劳动积极，思想一般。</td></tr>
<tr><td>备　　注</td><td colspan="8"></td></tr>
</table>

注：主要填年满十八岁以上，表现不好的家属及其子女。

填写日期：196　年　　月　　日

被杀、关、管、反地、富、反、坏、右家属子女登记(三)

<table>
<tr><td rowspan="2">姓名</td><td>现名</td><td>□□□</td><td>性别</td><td>男</td><td>家庭出身</td><td>下中农</td><td rowspan="2">现在表现</td><td rowspan="2">在家劳动一般</td></tr>
<tr><td>别名</td><td>无</td><td>民族</td><td>汉</td><td>个人成分</td><td>农民</td></tr>
<tr><td>年龄</td><td colspan="4">1965年6月27日 现年35周岁</td><td>文化程度</td><td>初小</td><td>现在职务</td><td>无</td></tr>
<tr><td>原籍</td><td colspan="4">冀县门庄公社门庄大队第十一队</td><td>现住</td><td colspan="3">冀县门庄公社门庄大队第十一队</td></tr>
<tr><td>本人简历</td><td colspan="8">1930年生1937年在本村小学，43年去石家庄学徒三年因吐血回家为农，46年在家务农，56年生活不足又去石家庄学上鞋一年，58年参加炼燃厂，59年在石家庄参加造纸厂，62年因该厂停工下放回家。</td></tr>
<tr><td>家长主要问题</td><td colspan="8">该人的问题，主要是一贯[惯]性乱搞男女关系，近来因和12队军属杨苗让搞男女关系而受到刑事处分两年，现在仍在守法，未归。</td></tr>
<tr><td>本人表现</td><td colspan="8">该人在生产队参加农业劳动一般化。</td></tr>
<tr><td>备注</td><td colspan="8"></td></tr>
</table>

注：主要填年满十八岁以上，表现不好的家属及其子女。

填写日期：196　年　月　日

第十二队

案 卷 目 录

编 号	文件作者	文 件 题 目	起止账号	文件日期	备 考
1		基本情况表	1—3	65.3.2	
2		社员花名册	4—10		
3		干部简历表	11—17		
4		原任干部登记表	18—19		
5		解放干部讨论记录	20—26		
6		贫协会员登记表	27—34		
7		入贫协会申请书	35—50		
8		现任干部登记表	51—55		
9		新干部选举票	56—79		
10		妇女登记表	80—87		
11		妇女讨论记录	88—93		
12		青年工作材料	94—100		
13		民兵登记表	101—103		
14		运动中的各种报表	104—109		

一、基本情况

门庄十二队基本情况统计表(表一)　65.3.2

队别	户数	总人口	其中		劳动力					总耕地						牲畜					农具					政治力量	
						其中						其中					其中										
			男	女	合计	整劳力	半劳力	辅助劳力	16岁以上成人	自留地	集体耕地	冬小麦	春播面	菜园	林木	合计	牛	驴	骡	马	胶轮车	铁轮车	小胶轮车	水车	耧犁耙盖	党员	团员
12	32	97	37	60	69	39	11	7	12	23.8	344.2	125	214.5	3	1.7	7	6	1			1	3	3	1	15	1	6

门庄十二队阶级成分统计表(表二)　65.3.2

队别	户数	总人口																										四类分子				
			贫农	其中				下中	其中				中农	其中		上中	其中		富农	其中			地主	其中			地主	富农	反革命	坏分子	右派
				户数	人口	男成人	女成人		户数	人口	男成人	女成人		户数	人口		户数	人口		户数	人口	成年人		户数	人口	成年人					
12	32	97		15	41	14	16		10	25	6	13		6	34									1	7	3					

成年人：指十六周岁以上的。

上报留底　门庄十二队基本情况统计表(表一)　65. 3. 2

队别	户数	总人口	其中		劳动力							总耕地						牲畜			农具					政治力量	
			男	女	合计	男		女		辅助劳力	16岁以上成人	自留地	集体耕地	其中				合计	其中		胶轮车	铁轮车	小胶轮车	水车	耧犁耙盖	党员	团员
						整	半	整	半					冬小麦	春播面	菜园	林木		牛	驴							
12	32	97	37	60	69	20	3	19	8	7	69	23.8	344.2	125	214.5	3	1.7	7	6	1	1	3	3	1		1	6

耧 5　犁 5　耙 3　盖 2　单轮 2 个

门庄十二队阶级成分统计表(表二)　65. 3. 2

队别	户数	总人口																									四类分子				
			贫农	其中				下中农	其中				中农	其中		上中农	其中		富农	其中			地主	其中			地主	富农	反革命	坏分子	右派
				户数	人口	男成人	女成人		户数	人口	男成人	女成人		户数	人口		户数	人口		户数	人口	成年人		户数	人口	成年人					
12	32	97		15	41	14	16		10	25	6	13		6	23									1	7	3					

成年人：指十六周岁以上的。　有一人未分成分　贾成立。

二、社员花名册

门庄十二队十六周岁以上成员登记表

户主姓名 项目	家庭成 员姓名	关系	性 别	年 龄	成分	政治 面目	文化 程度	人 口	男 整	男 半	女 整	女 半	辅助劳力	
													男	女
刘九田	刘九田		女	39	贫	群众	无	4			1			
杨玉扶	杨玉扶		男	68	下中	群众	初小					1	1	1
	王焕存	妻	女	60	下中	群众	无							
	李瑞卿	子妻	女	24	下中	群众	初小	4						
杨恒乔	杨恒乔		男	46	贫	群众	初小		1		1			
	张延敏	妻	女	28	贫	群众	无	3						
杨恒林	杨恒林		男	53	贫	群众	初小	1	1					
杨延苗	杨延苗		女	16	贫	群众	初小					2		
	王玉翠	母	女	47	贫	群众	无	2						
杨唐永	杨唐永		男	40	贫	群众	初小	1	1					
杨双恩	杨双恩		男	43	下中	群众	初小		1	1	1			
	杨秀珍	女	女	22	下中	群众	无							
	杨中雨	子	男	17	下中	群众	高小	4						
杨苗金	杨苗金		女	25	贫	团员	无							
	丁青霞	母	女	67	贫	群众	无							
	杨苗秀	姐	女	28	贫	团员	无	3						
杨存记	杨存记		男	60	中	群众	初小							
	韩　蕊	妻	女	65	中	群众	无							
	杨秀罗	女	女	28	中	群众	初小	4						
杨存见	杨存见		男	28	贫	群众	初小		1		1			
	牛　巧	妻	女	29	贫	群众	初小	4						
杨恒双	杨恒双		男	40	贫	群众	高小		1		1			
	杨孙氏	母	女	80	贫	群众	无							
	李苗月	妻	女	31	贫	群众	无	3						

续 表

户主姓名 项目	家庭成员姓名	关系	性别	年龄	成分	政治面目	文化程度	人口	男整	男半	女整	女半	辅助劳力	
													男	女
杨敬川	杨敬川		男	62	中	群众	初小						1	
	梁香玉	妻	女	73	贫	群众	无	2						

门庄十二队十六周岁以上成员登记表

户主姓名 项目	家庭成员姓名	关系	性别	年龄	成分	政治面目	文化程度	人口	男整	男半	女整	女半	辅助劳力	
													男	女
杨连义	杨连义		男	51	贫	群众	无		2		2			
	王平和	妻	女	45	贫	群众	无							
	杨春英	子	男	26	贫	团员	初中							
	杨淑英	女	女	17	贫	群众	高小	7						
刘同和 (3月死)	刘同和		女	55	下中	群众	无				1	1		
	杨苗样	女	女	23	下中	群众	无	2						
王树明	王树明		男	31	下中	群众	无		1		1			
	石红珍	妻	女	25	下中	群众	无	2						
王庆德	王庆德		男	61	中	群众	初小		1		1		1	
	王　红	妻	女	64	中	群众	无							
	王占达	子	男	23	中	团员	高中							
	张甚田	子妻	女	23	中	团员	高中	5						
李五坤	李五坤		女	78	中	群众	无							
	李英房	孙女	女	18	中	群众	高小	2				1		
李九完	李九完		女	46	下中	群众	无			1		1		
	贾志彬	子	男	17	下中	群众	初小	2						

续 表

户主姓名 项目	家庭成员姓名	关系	性别	年龄	成分	政治面目	文化程度	人口	男整	男半	女整	女半	辅助劳力	
													男	女
杨海旺	杨海旺		男	33	贫	群众	初小		1		1			
	王延巧	妻	女	22	贫	群众	初小	4						
王西俭	王西俭		男	36	地主	群众	高小		1		1			
	张翠芬	母	女	63	地主	群众	无							
	张贵方	妻	女	36	地主	群众	无	7						
李二田	李二田		女	59	下中	群众	无							
	栾伶珍	三子妻	女	26	下中	团员	高小	4			1			
李永宪	李永宪		男	46	下中	群众	高小	1	1					
李福生	李福生		男	30	贫	群众	高小	1	1					
杨恒信	杨恒信		男	71	贫	群众	初小	1						

门庄十二队十六周岁以上成员登记表

户主姓名 项目	家庭成员姓名	关系	性别	年龄	成分	政治面目	文化程度	人口	男整	男半	女整	女半	辅助劳力	
													男	女
李玉花	李玉花		女	66	下中	群众	无							
	谢九双	子妻	女	50	下中	群众	无					1		
	杨秀娟	孙女	女	21	下中	群众	初中	4			1			
郭大芬	郭大芬		女	59	下中	群众	无	1						
李立德	李立德		男	20	中	群众	初小		1		1			
	谢大香	母	女	36	中	群众	初小	6						
王庆太	王庆太		男	55	贫	群众	初小		1	1		1		
	李俊听	妻	女	54	贫	群众	无							

续 表

户主姓名 项目	家庭成员姓名	关系	性别	年龄	成分	政治面目	文化程度	人口	男整	男半	女整	女半	辅助劳力	
													男	女
	王振满	三子	男	17	贫	群众	初中	3						
张彩同	张彩同		女	59	贫	群众	无	1						1
刘文和	刘文和		女	59	贫	群众	无	1						1
谢中和	谢中和		男	34	下中	群众	高小		1		1			
	王香月	妻	女	27	下中	群众	初中	4						
贾成立	贾成立		男	65		群众	初小	1						
杨丙须	杨丙须		男	61	下中	党员	初小	1					1	
杨丙午	杨丙午		男	56	贫	群众	初小	1	1					
李中秋	李中秋		男	22	贫	团员	高小	1	1					
合 计	32		男 29 女 40 69 人					97	20	3	19	8	4	3
									26（原文如此——编者注）		30（原文如此——编者注）			

门庄十二队社员成分表

成 分	户 数	人 口	男成人	女成人	
中 农	6	16	7	9	
下中农	9	19	6	13	
贫 农	15	30	14	16	
地 主	1	3	1	2	
	1	1	1		
合 计	32	69	29	40	总人口 97 人
				39	

门庄十二队户数人口表

贫 农	男	女	下中农	男	女	中 农	男	女	地 主	男	女
杨连义	3	4	杨苗样		2	王庆德	2	3	王西俭	2	5
杨海旺	1	3	王树明	1	1	李玉坤		2	其中成年人		
刘九田	1	3	李九完	1	1	杨双恩	2	2			
杨恒乔	1	2	李二田	1	3	杨存记	1	3			
杨恒信	1		李永宽	1		杨敬川	1	1			
李福生	1		杨玉扶	1	3	李立德	4	2			
杨恒林	1		李玉花		4						
杨延苗		2	郭大芬		1						
杨唐永	1		谢中和	1	3	合计	10	13			
杨苗金		3	杨丙须	1							
杨存见	2	2									
杨恒双	1	2									
王庆太	2	1	合计	7	18				无成分	男	女
张彩同		1							贾成立	1	
刘文和		1	10户								
杨丙午	1										
李中秋	1										
本队15户外队调来2人合2户						其中成年人					
合计贫农	17	24	下中农	7	18	中农	10	13	总计	37	60
其中成年人			其中成年人			地主	2	5			
						未定成分	1				

总计97 男37人 女60人

门庄十二队阶级成分详细表

贫农	成年人		全家		下中农	成年人		全家		中农	成年人		全家		地主	成年人		全家	
	男	女	男	女		男	女	男	女		男	女	男	女		男	女	男	女
杨连义	2	2	3	4	杨苗样		2		2	王庆德	2	2	2	3	王西俭	1	2	2	5
杨海旺	1	1	1	3	王树明	1	1	1	1	李玉坤		2		2					
刘九田		1	1	3	李九完	1	1	1	1	杨双恩	2	1	2	2					
杨恒乔	1	1	1	2	李二田		2	1	3	杨存记	1	2	1	3	1户				
杨恒信	1		1		李永宽	1		1		杨敬川	1	1	1	1	合计	1	2	2	5
李福生	1		1		杨玉扶	1	2	1	3	李立德	1	1	4	2	说明：				
杨恒林	1		1		李玉花		3		4						① 16周岁以上按年人计算				
杨延苗		2		2	郭大芬		1		1						② 贾成立未定成分，1口人				
杨唐永	1		1		谢中和	1	1	1	3										
杨苗金		3		3	杨丙须	1		1											
杨存见	1	1	2	2											男成人29，女成人40				
杨恒双	1	2	1	2											总计人口97				
王庆太	2	1	2	1															
张彩同		1		1															
刘文和		1		1															
杨丙午	1		1																
李中秋	1		1																
15户					10户					6户									
合计	14	16	17	24		6	13	7	18		7	9	10	13					

三、干部简历表

门庄大队党团员干部简历表

<table>
<tr><td>姓　名</td><td>杨丙须</td><td>性别</td><td>男</td><td>年龄</td><td>60</td><td>文化程度</td><td>初小毕业</td><td>政治面目</td><td>党员</td></tr>
<tr><td>家庭出身</td><td>贫农</td><td colspan="2">本人成分</td><td colspan="2">农工</td><td>何时入党团</td><td>1953 年 10 月</td><td>介绍人</td><td>王延朝</td></tr>
<tr><td>现任职务</td><td>指导员</td><td colspan="2">籍　贯</td><td colspan="6">本村 9 队</td></tr>
<tr><td colspan="2">土改前后家庭经济状况</td><td colspan="8">现在房 5 间人 6 口
土改前房 5 间地 10 亩,农具无人 4 口,以农为生。
土改后房 5 间地 10 亩,牛一条腿农具无,以农为生。</td></tr>
<tr><td colspan="2">家庭主要成员</td><td colspan="3">杨丙须、杨东明、张苹文、王文巧</td><td colspan="3">主要社会关系</td><td colspan="2">杨金须堤北桥付振全</td></tr>
<tr><td colspan="2">家庭有无被管关斗杀的</td><td colspan="3"></td><td colspan="3">受过任何处分或奖励</td><td colspan="2"></td></tr>
<tr><td colspan="4">参加过何种反动组织和反动道会门</td><td colspan="6"></td></tr>
<tr><td colspan="10">个　　人　　简　　历</td></tr>
</table>

年月日至年月日	在　何　部　门	任何职	证明人
1913.1—1920.12	位西张外祖母家小学	学生	张同礼
1921.1—1938.10	在高阿城内道表工厂学徒工人	工人	杨连营
1938.11—1951.1	在张家口柴沟堡振业工厂	工人	李云生
1951.1—1953.1	回家务农	农民	王庆丰
1953.2—1954.12	互相[助]组	农民	王庆丰
1955.1—1955.12	初级社	副社长	杨丙海
1956.1—1956.12	联付社负责水利	组长	杨丙海
1957.1—1957.12	饲养员 5 队	喂牛	杨丙海
1958.1—1958.12	6 队	政治队长	杨丙海
1959.1—1959.12	4 队	政治队长	杨丙海
1960.1—1962.12	菜园	社员	杨丙海
1963.1—1965	12 队	指导员	杨丙海

门庄大队党团员干部简历表

<table>
<tr><td>姓　名</td><td>栾伶珍</td><td>性别</td><td>女</td><td>年龄</td><td>26</td><td>文化程度</td><td>高小</td><td>政治面目</td><td>团员</td></tr>
<tr><td>家庭出身</td><td>下中</td><td colspan="2">本人成分</td><td colspan="2">学生</td><td>何时入党团</td><td>1960 年 7 月</td><td>介绍人</td><td>李俊明</td></tr>
<tr><td>现任职务</td><td></td><td colspan="2">籍　贯</td><td colspan="6">门庄大队</td></tr>
<tr><td colspan="2">土改前后家庭经济状况</td><td colspan="8">土改前：7 口人，房 6 间，地 17 亩，牛 1/4 头，有部分农具
土改后：7 口人，房 6 间，地 22 亩，牛 1/4 头，以农为生</td></tr>
<tr><td colspan="2">家庭主要成员</td><td colspan="4">母亲李二田　群众</td><td colspan="2">主要社会关系</td><td colspan="2">舅父：本村李长恩
贫农　党员
姨家：韩林庄　林仁斗</td></tr>
<tr><td colspan="2">家庭有无被关杀斗的</td><td colspan="4">无</td><td colspan="2">受过任何处分或奖励</td><td colspan="2">无</td></tr>
<tr><td colspan="4">参加过何种反动组织和反动会道门</td><td colspan="6">无</td></tr>
<tr><td colspan="10">个　人　简　历</td></tr>
<tr><td colspan="2">年月日至年月日</td><td colspan="4">在　何　部　门</td><td colspan="2">任何职</td><td colspan="2">证明人</td></tr>
<tr><td colspan="2">1950—1954</td><td colspan="4">东堤北初小学习</td><td colspan="2">学习</td><td colspan="2">房计章</td></tr>
<tr><td colspan="2">1954—1956</td><td colspan="4">孟庄完小</td><td colspan="2">学习</td><td colspan="2"></td></tr>
<tr><td colspan="2">1956—1960</td><td colspan="4">参加劳动</td><td colspan="2">劳动</td><td colspan="2">杨丙海</td></tr>
<tr><td colspan="2">1960—1962</td><td colspan="4">本村任大队副会计</td><td colspan="2">工作</td><td colspan="2">杨丙海</td></tr>
<tr><td colspan="2">1962</td><td colspan="4">在本村 12 队任指导员</td><td colspan="2">工作</td><td colspan="2">杨丙海</td></tr>
<tr><td colspan="2">1962—现在</td><td colspan="4">本村参加劳动</td><td colspan="2">劳动</td><td colspan="2">杨丙海</td></tr>
</table>

门庄大队党团员干部简历表

<table>
<tr><td>姓　名</td><td>杨海旺</td><td>性别</td><td>男</td><td>年龄</td><td>37</td><td>文化程度</td><td>初小</td><td>政治面目</td><td>群</td></tr>
<tr><td>家庭出身</td><td>贫</td><td colspan="2">个人出身</td><td colspan="2">农</td><td>何时入党团</td><td></td><td>介绍人</td><td>王延朝</td></tr>
<tr><td>现任职务</td><td>队长</td><td colspan="2">籍　贯</td><td colspan="6">冀县门庄公社门庄大队</td></tr>
<tr><td colspan="2">土改前后家庭经济状况</td><td colspan="8">前:2口人,地4亩,其他什么都没有
后:2口人,房5间,地7亩,其他都没有</td></tr>
<tr><td colspan="2">家庭主要成员</td><td colspan="4">杨海旺、王延巧</td><td colspan="2">主要社会关系</td><td colspan="2">岳父:本村　王英华
贫农</td></tr>
<tr><td colspan="2">家庭有无被管杀斗的</td><td colspan="4">无</td><td colspan="2">受过任何处分或奖励</td><td colspan="2">无</td></tr>
<tr><td colspan="5">参加过何种反动组织和反动会道门</td><td colspan="5">无</td></tr>
<tr><td colspan="10">个　　人　　简　　历</td></tr>
<tr><td colspan="2">年月日至年月日</td><td colspan="5">在　何　部　门</td><td colspan="2">任何职</td><td>证明人</td></tr>
<tr><td colspan="2">1940—1950</td><td colspan="5">本村小学</td><td colspan="2">学习</td><td>王中培</td></tr>
<tr><td colspan="2">1950—1954</td><td colspan="5">在王海庄学徒(初锅)</td><td colspan="2">学徒</td><td>朱金堂</td></tr>
<tr><td colspan="2">1954—1965</td><td colspan="5">本村</td><td colspan="2">劳动</td><td>杨恒双</td></tr>
<tr><td colspan="2">1960—1961</td><td colspan="5">本村3队</td><td colspan="2">任队长</td><td>王树田</td></tr>
<tr><td colspan="2">1962—1963</td><td colspan="5">本村12队</td><td colspan="2">保管</td><td>栾伶珍</td></tr>
<tr><td colspan="2">1964—1965</td><td colspan="5">本村12队</td><td colspan="2">副队长</td><td>杨丙须</td></tr>
</table>

门庄大队党团员干部简历表

<table>
<tr><td>姓　名</td><td>杨丙伍</td><td>性别</td><td>男</td><td>年龄</td><td>55</td><td>文化程度</td><td>初小</td><td>政治面目</td><td>群</td></tr>
<tr><td>家庭出身</td><td>贫</td><td colspan="2">个人出身</td><td colspan="2">农</td><td>何时入党团</td><td></td><td>介绍人</td><td></td></tr>
<tr><td>现任职务</td><td>会计</td><td colspan="2">籍　贯</td><td colspan="6">冀县门庄公社门庄大队 12 小队</td></tr>
<tr><td colspan="2">土改前后家庭经济状况</td><td colspan="8">在外回家后，拆了房子 2 间，维持生活，53 年买牛 1/4 头，房 6 间人 4 口，分地 3.5 亩，牛农具都无[没]有，父亲在家卖醋为生活，我在外当工人，51 年父病重，无法把房卖的，1946—1955 年，土改时房[疑为“分”——编者注]回房子 8 间，1938 年父亲死去，1951 年在外回家为农业。</td></tr>
<tr><td colspan="2">家庭主要成员</td><td colspan="4">杨丙伍　张春罗</td><td colspan="2">主要社会关系</td><td colspan="2">胞妹杨秀增，住束鹿县。</td></tr>
<tr><td colspan="2">家庭有无被管关杀的</td><td colspan="4">无</td><td colspan="2">受过任何处分或奖励</td><td colspan="2">无</td></tr>
<tr><td colspan="4">参加过何种反动组织和反动会道门</td><td colspan="6">无</td></tr>
<tr><td colspan="10">个　人　简　历</td></tr>
</table>

年月日至年月日	在　何　部　门	任何职	证明人
1918—1920			
1921—1924	本村小校	学生	杨其兰
1925—1930	在沈阳成丙街兴城粮站学徒	工人	杨丙长
1930—1933	回家务农	农	杨丙长
1933—1936	在天津西关街同衣丰货栈	记账员	杨丙须
1936—1937	回家务农	农	杨丙须
1937—1958	在张家口明德街衣兴纸店	记账员	杨丙须
1951—1952	回家务农	农	杨丙海
1952—1965	回家务农	农	杨丙海

门庄大队党团员干部简历表

姓　名	王占达	性别	男	年龄	23	文化程度	高中	政治面目	团员
家庭出身	中农	本人成分	学生			何时入党团	1956.10	介绍人	李俊明
现任职务	团支书	籍　贯	冀县门庄公社门庄大队						
土改前后家庭经济状况	土改前：房7间，地14亩，人6.5口，牲口1/4头，车1/2辆，耠子、耙、以农为生。 土改后：人5口，牲口1/2头，别的没有变化，以农为生。								
家庭主要成员	父亲：王庆德　63岁　群众 母亲：王　红　65岁　群众					主要社会关系	舅家：王海庄　王景润　下中农　群众 岳父：王海庄　张生财　贫农		
家庭有无被管杀斗的	无					受过任何处分或奖励	在高中得金笔一枝，书夹，文具		
参加过何种反动组织和反动会道门			无						

个　人　简　历

年月日至年月日	在　何　部　门	任何职	证明人
1950.7—1954	在本村小学学习		赵仁义
1954.7—1956.7	在西堤张完小学习		王西九
1956.7—1957.7	在本村保管		杨丙海
1957.7—1960.7	在冀县中学学习	团支书	白洁真
1960.7—1963.7	在冀县中学学习	团委会宣传部	白洁真
1964.5—1965.5	在本村12队	任保管员	杨丙海
1965至现在	在本村团支部	团支书	杨丙海

门庄大队党团员干部简历表

<table>
<tr><td>姓　名</td><td>杨恒双</td><td>性别</td><td>男</td><td>年龄</td><td>40</td><td>文化程度</td><td>初小三年</td><td>政治面目</td><td>群众</td></tr>
<tr><td>家庭出身</td><td>贫</td><td colspan="2">本人成分</td><td colspan="2">农</td><td>何时入党团</td><td></td><td>介绍人</td><td></td></tr>
<tr><td>现任职务</td><td>12队生产队长</td><td colspan="2">籍　贯</td><td colspan="6">第十二队</td></tr>
<tr><td colspan="2">土改前后家庭经济状况</td><td colspan="8">土改前：房子六间　地2.4亩
土改后：房子六间　加上分的6.5亩，共8.9亩地</td></tr>
<tr><td colspan="2">家庭主要成员</td><td colspan="4">母亲：孙氏　82岁　群众
妻子：李苗月　32岁　群众</td><td colspan="2">主要社会关系</td><td colspan="2">西堤北　姐姐家　中农
东堤北　岳父家　贫农</td></tr>
<tr><td colspan="2">家庭有无被管关杀斗的</td><td colspan="4">无</td><td colspan="2">受过任何处分或奖励</td><td colspan="2">夺佃时，奖励了麦子50斤</td></tr>
<tr><td colspan="5">参加过何种反动组织和反动会道门</td><td colspan="5">无</td></tr>
<tr><td colspan="10">个　人　简　历</td></tr>
<tr><td colspan="2">年月日至年月日</td><td colspan="4">在　何　部　门</td><td colspan="2">任何职</td><td colspan="2">证明人</td></tr>
<tr><td colspan="2">1939.9—1943.10</td><td colspan="4">在天津织布工厂</td><td colspan="2">学徒</td><td colspan="2">王玉群</td></tr>
<tr><td colspan="2">1943.10—1944.12</td><td colspan="4">在本村抗联青救会工作，村公所</td><td colspan="2">主任、副村长</td><td colspan="2">王延朝</td></tr>
<tr><td colspan="2">1944.12—1947.4</td><td colspan="4">在本村武委会</td><td colspan="2">民兵指导员</td><td colspan="2">杨丙海</td></tr>
<tr><td colspan="2">1947.4—1947.10</td><td colspan="4">部队</td><td colspan="2">兵</td><td colspan="2">杨丙海</td></tr>
<tr><td colspan="2">1948.10—1949.12</td><td colspan="4">贫民团生委会(本村)</td><td colspan="2">委员</td><td colspan="2">王庆云</td></tr>
<tr><td colspan="2">1950.4—1954.11</td><td colspan="4">在本村武委会</td><td colspan="2">民兵队长</td><td colspan="2">王庆云</td></tr>
<tr><td colspan="2">1954.11—1955.12</td><td colspan="4">在本村和初级社，村政权</td><td colspan="2">副社长、民政主任</td><td colspan="2">杨丙海</td></tr>
<tr><td colspan="2">1956.1—现在</td><td colspan="4">在本村高级社，人民公社</td><td colspan="2">门庄大队12队担任生产队长</td><td colspan="2">杨丙海</td></tr>
</table>

四、原任干部表

冀县门庄第十二队干部任职年限表 1

职　别	年限、任职姓名	年限、任职姓名	年限、任职姓名		
指导员	61年　杨庆丰	62年5—11月 栾灵珍	63—64年 杨丙须		
队长			61—64年 杨恒双		
副队长	61年　李永祥	62—64年4月 没有	64年5月始 杨海旺		
会计	61年　王中满	62年　杨董明	63—65年　杨丙武		
保管	61年　李云生	62—64年5月 杨海旺	64年5月始 王占达		
妇女队长	61年　牛大棉	62—65年 没有	无		
民兵排长	无	无	无		

冀县门庄十二队干部基本情况统计表 2

姓　名	职　务	成分	本人出身	年龄	文化程度	政治面目	任职年限	上台或下台因由	家庭主要成员	家庭人口
杨恒双	队长	贫	农	40	高小	群众	3年	老干部	其妻和其母亲	3
杨丙须	指导员	下中	农	61	初小	党员	2年	因该队有问题	其妻、儿、儿媳、两个小孙子	4
杨丙午	会计	贫	记账员	56	初小	群众	2年	调来	其妻和二个孩子	5
杨海旺	副队长	贫	农	33	初小	群众	共3年 62年至65年5月	经济上有问题	其妻和二个孩子	5
栾灵珍	下台指导员	下中	农	26	高小	团员	62年1月	因外出	其婆母、丈夫、小孩	5
王占达	保管员	中	学生	23	高中	团员	7个月	培养	其妻和一个小孩	3

五、解放干部讨论记录

讨 论 记 录

唐传

杨中雨　同意海旺下楼√

杨恒林　同意下楼√　以后如再想起什么问题，他还得继续答复。

李永宽　同意海旺下楼√

杨恒桥　同意海旺下楼√

杨苗金　同意海旺下楼√

栾岭珍　同意海旺下楼√

刘九田　同意海旺下楼√

杨彦苗　同意海旺下楼√

杨苗良　同意海旺下楼√

杨秀娟　同意海旺下楼√

杨秀罗　同意海旺下楼√

关于给海旺提的芝麻问题，说是黄豆，那么黄豆又是哪里来的呢，队里又没种黄豆。

讨论结果　4.4号

参加人数：共11名

姓名：

李英芳：同意杨海汪下楼，我看他交待问题比一般干部态度老实。

王庆德：我同意杨海汪下楼，交待问题老实，我看大部分问题都交待出来了。

石洪珍：我看杨海汪这次交待比以前的态度老实，同意下楼。

李九完：我看他态度较老实，同意下楼。

贾于彬：我看他态度较老实，同意下楼。

杨存见：最近两天态度老实，表现积极，同意下楼。

王振满：我看他态度老实，同意下楼。

杨淑英：我看他交待问题比较诚实，态度老实，同意下楼。

谢大香：我同意杨海汪现在下楼，今后出问题继续检查。

刘文合：我看他今天交待问题态度老实，同意下楼。

共计人数 11 名　全部同意下楼

65 年 4. 9 号晚

讨论杨恒双讨论问题

参加讨论人员：李九丸、王庆德、杨存见、石红珍、谢大香、杨延常、刘文合　7 人

我们小组同意恒双下楼关[过]关，今后有什么问题他还接着。一直[致]通过。

65 年 4. 7 社员讨论情况总结

两组参加讨论的人数共 19 人：同意丙午下楼的 18 人，不同意的 1 人

同意恒双下楼的 6 人，不同意的 12 人

给恒双提问题方面：

1. 三队借走大门，为什么不提。

2. 除上次交待的同经弄走的二口袋谷子，另有 3 口袋，还没交待，也是春双给弄走的，是用小拉车，拉到供销社去的。

3. 64 年麦天，谢小雨托了五、六十斤粮有 5、6 十斤，一名上卖，实是拐弯，弄到恒双家去了。

4. 在苗秀家，用小黑豆换肖豆问题?

5. 延民家竹竿问题。

6. 恒乔偷席问题，为什么不提。

1965. 4. 7 号

在 64 年三队借走大梁一根，为什么恒双没有提过，你按[安]的什么心?

我们这一组都不同意恒双下楼。

庆德　同意丙午下楼

九完　同意丙午下楼

大香　同意丙午下楼

庆太　同意丙午下楼

红珍　同意丙午下楼

英芳　同意下楼
素英　同意下楼

7 人同意丙午下楼
不同意恒双

1965. 4. 7 号

1）63 年秋天春双和春展拉了供销社三口袋谷子，没有交待，让他做深刻检查。（不算已交待的那 2 口袋）（庆太）

2）队里的竹竿，还在延民家里，恒双你为什么不提？

3）在 64 年春天，谢中雨托着有五六十斤粮食，一明上集卖，实际上拐了个弯就弄到了恒双家去了，为什么不交待？

4）在苗秀家用黑豆换小豆事，再做深刻的检查。

5）苗秀家用黄草做饭、造肥，你为什么不管？

6）杨恒双你知道恒乔偷了队里的席[蓆]，为什么装做[作]不知道，为什么不管？

7）除此以外，昨天晚上交待问题重做深刻检查。

8）给恒双提的一些意见，他只是说有责任，这就算完了吗？我们看他态度不老实，没有做到自我革命，一惯推托[脱]责任，粘赖别人，不同意他下楼。（子彬组）

一）杨丙海你住院时恒双给你多少钱，在家给的？还是在院给的？
同意丙海下楼的：王庆太、李九完、杨淑英
不同意丙海下楼的：王庆德、谢大香、李英芳、王振满

二）张普伦，你弄的 12 队的 50 斤大豆，为什么不提？
不同意张普伦下楼的：
王占达、李九完、王庆德、杨素英、石洪珍、杨连义、王振满、王庆太、李英芳、谢大香、杨恒林、贾子彬

讨 论 记 录

64 年分白菜时，杨恒双是没给过称[秤]，中合、海旺、恒双都没过称[秤]

(九田)

关于王丙申结婚时送给他的布,为什么今天晚上没有提(连义)

63年木业组搞副业时队里做的锅盖,为什么账上没有(连义)

63年恒双包的瞎道的花生,眼看都荒了,后来队里又派了好几个人拔的草,工分出在什么地方了(连义)

61年,我队食堂里丢了300多斤粮食,张普伦知道后为什么不解决,他图了人家什么东西

张普伦在杨在忠家里,共吃了几吨[顿]饭,杨在忠又送给了他些什么

张普伦把别人偷的庄稼连包袱都弄到他家里去。

张普伦在64年玩钱,共盈[赢]了多少钱

张普伦的自行车是怎么来的,共倒了几辆自行车

杨中雨　同意丙午和恒双下楼

杨唐永　同意丙午和恒双下楼,有问题他们还接着

杨苗金　同意丙午下楼,恒双须把今天所提问题作以[一]答复

杨苗良　同意丙午、恒双下楼

栾玲珍　同意丙午下楼,恒双把社员们给他提的问题须作解决

杨存见　同意丙午和恒双下楼

杨连义、杨恒桥　都不同意他俩下楼,检查不彻底

李苗月　同意丙午下楼

李永宽　同意丙午、恒双下楼

刘九田　同意丙午和恒双下楼,以后有什么问题还得继续检查

杨秀娟　同意丙午下楼,恒双把问题必须要作解答

共12人,不同意丙午的1人 不同意恒双的6人

六、会员登记表

门庄十二生产队贫协会员统计表

贫下中农成年人总数	项目 批次	入会人数	性别		成分		入会的贫下中农成年人占总数的%
			男	女	贫农	下中农	
43人	第一批	8	5	3	7	1	18%
	第二批	15	4	11	14	1	35%
	第三批	13	6	7	4	9	31%
	合 计	36	15	21	25	11	84%

说明：(1) 贫下中农成年人是指十六岁以上者。

(2) 贫农、下中农成分者是指三榜后的成分。

(3) 入会会员花名册一定要一批一张防止混淆。

公元一九六五年七月二十九日制

队　门庄第　批入会会员统计表　　　年　月　日

姓 名	性别	年龄	家庭出身	个人成分	政治面目	文化程度	是否是积极分子	新选职务	社教中的表现
杨连义	男	51	贫	农民	群	无	是		
杨淑英	女	17	贫	学生	团	完小	是		
李九完	女	46	贫	农民	群	无	是		
王振满	男	17	贫	学生	团	完小	是		
谢中合	男	34	下中	工人	群	完小	是		
杨春英	男	26	贫	学生	团	高中	是		
杨恒林	男	53	贫	农民	群	无			
张慎田	女	23	贫	学生	团	高中			
二 批									
杨海旺	男	33	贫	农民	群	初小			
杨恒桥	男	46	贫	农民	群	初小			
杨延苗	女	16	贫	学生	群	初小			
王香月	女	27	下中	学生	群	初小			

续 表

姓　名	性别	年龄	家庭出身	个人成分	政治面目	文化程度	是否是积极分子	新选职务	社教中的表现
刘文和	女	59	贫	农民	群	初小			
张采同	女	59	贫	农民	群				
王平合	女	45	贫	农民	群				
李俊廷	女	54	贫	农民	群	初小			
刘九田	女	39	贫	农民	群	初小			
李瑞清	女	24	下中	农民	群	初小			
牛凤巧	女	29	贫	农民	群众	无			
王延巧	女	22	贫	农民	群众				
张延民	女	28	贫	农民	群众				
杨丙须	男	61	贫	农民	群众				
杨丙伍	男	56	贫	农民	群众	完小			

门庄第　批入会会员统计表

姓　名	性别	年龄	家庭出身	个人成分	政治面目	文化程度	是否是积极分子	新选职务	社教中的表现
三批									
栾伶珍	女	26	下中	学生	团员	完小			
李二田	女	59	下中	农民	群众	无			
李玉坤	女	78	下中	农民	群众	无			
杨存见	男	30	贫	农民	群众	无			
王挽存	女	60	下中	农民	群众	无			
杨双恩	男	43	下中	农民	群众	无			
杨中雨	男	17	下中	农民	群众	无			
李苗月	女	31	贫	农民	群众	无			
杨其兰	男	40	贫	农民	群众	完小			
杨秀珍	女	22	下中	农民	群众	完小			
李英纺	女	17	下中	农民	群众	完小			
王庆太	男	55	贫	农民	群众	完小			
杨玉扶	男	68	下中	农民	群众	完小			

留底　　门庄村第一批入会会员统计表(十二队)　**65. 4. 4**

姓名	性别	年龄	家庭成分	个人成分	政治面目	文化程度	职务		四清运动中表现
							组织	行政	
杨连义	男	51	贫	农民	群众	无			
杨淑英	女	17	贫	学生	群众	小学			
李九完	女	46	下中	农民	群众	无			
贾志彬	男	17	下中	农民	群众	初小			
王振满	男	17	贫	学生	群众	初中			
谢中和	男	34	下中	工人	群众	小学			
杨春英	男	26	贫	学生	团员	高中二年			
杨恒林	男	53	贫	农民	群众	无			
张甚田	女	23	贫	学生	团员	高中			青年5　壮年5　老年1
						本批共入9人　贫农7人 下中4人　男6人　女3人			

门庄第二批会员登记表　**65. 5. 14**

姓名	性别	年龄	家庭成分	个人成分	政治面目	文化程度	职务		四清运动中表现
							组织	行政	
杨海旺	男	33	贫	农民	群众	初小	队长		
杨恒乔	男	46	贫	农民	群众	初小			
杨延苗	女	16	贫	农民	群众	初小			
王香月	女	27	下中	农民	群众	初中			
刘文合	女	59	贫	农民	群众	无			
张采同	女	59	贫	农民	群众	无			
王平合	女	45	贫	农民	群众	无			
李俊廷	女	54	贫	农民	群众	无			
刘九田	女	39	贫	农民	群众	无			
李瑞青	女	24	下中	农民	群众	初小			
牛凤巧	女	29	贫	农民	群众	初小			
王延巧	女	22	贫	农民	群众	初小			

续 表

姓名	性别	年龄	家庭成分	个人成分	政治面目	文化程度	职务		四清运动中表现
							组织	行政	
张延敏	女	28	贫	农民	群众	无			
杨丙须	男	61	下中	农民	党员	初小		指导员	好的,积极
杨丙午	男	56	贫	农民	群众	初小	会计		一般,可以正视自己的错误

共计15人　下中农　女2人
贫农　男4人　女11人
共2人　11人

门庄公社门庄大队十二队三批会员名单　1965.7.24

姓名	性别	年龄	家庭成分	个人成分	政治面目	文化程度	职务		运动中的表(现)
							组织	行政	
栾伶珍	女	26	下中	农民	团员	高小			劳动积极
李二田	女	59	下中	农民	群众				表现平常
李玉坤	女	78	下中	农民	群众				表现平常
杨存见	男	30	贫	农民	群众	初小			
王挽存	女	60	下中	农民	群众				
杨双恩	男	43	下中	农民	群众	初小	队长		劳动积极
杨中雨	男	17	下中	农民	群众	初小			
李苗月	女	31	贫	农民	群众	初小			
杨其兰	男	40	贫	农民	群众	初小	队长		工作积极、能干
杨秀珍	女	22	下中	农民	群众	初小			
李英纺	女	17	下中	农民	群众	高小	女队长		运动劳动工作积极能干
王庆太	男	55	贫	农民	群众	高小			
杨玉扶	男	68	贫	农民	群众	高小			

13人

七、入会申请书

入贫协申请书

在党的英明领导下自从工作队来到我们后,开始了轰轰烈烈的社会主义教育运动在这一伟大的革命运动中使我的思想又提高了一步懂得了很多革命道理只有贫下中农团结起来才能搞好社会主义为此我自愿加入到自己的阶级组织——贫协会团结广大贫下中农社员群众坚决把二十三条和双十条学深学透听党的话按着党的政策办事,坚决走社会主义道路和资本主义思想作无情的斗争做一个优秀的贫协会员革命的红色接班人。

杨秀娟

1965.3.23号

申　请　书

在那天晚上听了张同志关于建立贫农协会的报告以后:我心情十分激动,愿意在这次四清革命中贡献出自己毕生的力量,我迫切要求加入这个组织,为使党和贫农协会的领导人员对我进一步了解,我将个人简历和个人出身叙述一下。

现年23岁,出身在一个贫农的家庭里,也可以说是一个革命的家庭里,在解放前,家中主要人员有父亲、母亲、一个哥哥、二个姐姐、一个妹妹和我共7口人,房屋两间,土地9亩,全家人的生活全由父亲一人给地主当长工来维持,尽管如此,全家人的生活还是没有保证,遇到荒灾年间,我们全家人还得逃[讨]饭过生;解放后,分得了土地、房屋,在[再]加上父亲的克勤克俭,我们的生活逐步提高。社会关系:叔叔家中有婶母,一个哥哥,一个妹妹,叔叔在抗日战争中牺牲了,现在是烈属。我姥姥家现在无人,因老[姥]娘、老[姥]爷死的早,有一个舅舅参加红军,后来牺牲了。父亲在36年入党,(密[秘]密的),入党后就干地下革命工作,一直到解放后,担任村支书,社长……为此说我们的家庭是一个革命的家庭。个人简历:我在11岁时上学,一直上到22岁高中毕业,毕业后就回到了农村,一直到现在。

那我为什么要加入这个组织呢?因这个组织是受苦的劳动人民建立起来的,她能代表广大群众的意见,赶[敢]于在这次革命中跟不良的行为进行斗争,能够在运动中起骨干代表作用,无产阶级立场坚定,坚决走社会主义的康庄大道,永远的捍卫着马列主义,为此我迫切要求加入这个组织,愿在组织中锻炼成长。

张慎田 写

1965.3.22

入贫协申请书

经过学习双十条和二十三条认清了当前国际形势是大好的同时国内形势也是大好的知道全国都在大搞社会主义教育运动各农村中都成立了贫协会贫协会是能帮助公社小队各级干部进行工作搞好农业生产达到广大群众迫切要求的富裕生活贫协会是广大贫下中农成立起来的它能团结那些积极要求进步的中农同志们走向社会主义和共产主义的光明大道。

我是出生在一个贫农的家庭里受尽了阶级敌人的痛苦受尽折磨自从共产党来了英明领导穷人翻了身生活才有了富裕我坚决跟着党走党向哪里我坚决走向哪里,要求贫协负责同志审查批准。

申请人:刘九田

65年3月23日

入贫协申请书

门庄公社门庄第十二生产队谢大香女现年37岁贫农成分在这次四清运动中自愿参加贫农协会组织遵守会内纪律爱护集体事业仰希贫协会负责同志批准入会是荷特此申请

门庄第十二队社员 谢大香

65年4月9号

入贫协申请书

经过学习双十条和廿三条,我明白了贫农协会是我们贫农和下中农,在党的领导下成立的革(命)组织,这个组织能够帮助公社的各级领导干部进行工作。这个组织能够团结那些富裕中农和别的要求上进的人们。我们和广大群众携起手来，搞好生产，走共同富裕的道路。

我出身在一个贫农的家庭里，是在共产党领导下翻了身，我坚决跟着党走，坚决响应党的号召，志愿加入贫农协会，请负责同志审查批准。

申请人 杨存见
1965.3.20

入贫协申请书

贫协会是在共产党的领导下的革命群众性的阶级组织，它可以协助和监督人民公社的各级干部进行工作。

我为了和贫下中农站在一起搞好革命志愿加入贫协会。

十二队申请人 杨恒乔
1965.5.16

入贫协申请书

贫下中农协会是在共产党领导下自愿组成的革命的群众性的阶级组织。它监督协助人民公社的各级干部进行工作。这种组织将在巩固无产阶级专政，发展集体经济、发展生产等各方面，发挥充分作用。

经过工作队的讲解，我明白了成立贫协的重大意义。我是一个贫农，从小给人家当短工受剥削，现在，在党的领导下，我当家作了主人。经过社会主义教育，我提高了思想觉悟，今后我一定积极劳动，好好生产，和大家一道建设美好的社会主义。

我自愿参加贫农下中农协会，请领导研究、批准。

杨连义
65.3.20

贫协会申请

我自愿参加贫协组织，做一个模范会员做到我应起作用，团结百分之95以上的社员群众，要和资产阶级思想作无情的斗争，尊[遵]守群众纪律服从领导响应党的号召按照双十条和二十三条办事，坚决走社会主义道路，为做一个红色的接班人而奋斗。

于一九六五年三月23号
王玉翠

贫协会申请

我自愿参加贫协组织,做一个模范会员做到我应起作用,团结百分之95以上的社员群众,要和资产阶级思想作无情的斗争,尊[遵]守群众纪律服从领导响应党的号召按照双十条和二十三条办事,坚决走社会主义道路为做一个红色的接班人而奋斗。

于一九六五年三月23号
杨延苗

入贫协申请书

我自愿参加贫协会,做一个模范会员,作[做]到我应进[尽]的责任,团结百分之九十五以上的社员群众,要和资产阶级思想作无情的斗争。

尊[遵]守纪律,服从领导,响应党的号召,按照双十条、二十三条办事,坚决走社会主义道路为做一个红色的接班人而奋斗。

杨素英
于1965.3.23号

入贫协申请书

贫协是在共产党领导下的革命组织,它可以帮助人民公社的各级干部做好工作,它能够把广大贫下中农和富裕中农团结到党的周围,一起奔向幸福的社会主义。

我要求加入贫协,请批准。

贫农　李九丸　贾子彬
1965.3.21

入贫协申请书

贫协会是在共产党领导下建立起来的革命性的阶级组织它可以协助和监督人民公社的各级干部在建设社会主义中进行工作。

我为了和广大贫下中农阶级兄弟姊妹站在一起搞革命工作志愿申请入会。

十二队申请人：李俊庭
1965.5.16

入贫协申请书

经过这一阶段的四清工作更清楚的了解了贫协会是个什么样的组织它是一个在中国共产党领导下革命组织群众性的阶级组织，它能协助和监督人民公社的各级干部进行工作。

我为了和广大贫下中农阶级兄弟姊妹站在一起搞革命工作志愿申请入会。

十二队申请人：张延敏
1965.5.16

入贫协申请书

门庄公社门庄第十二生产队社员杨彦苗女现年十八岁贫农成分在这四清运动中自愿参加贫农协会组织遵守会内纪律并协助四清工作早日彻底胜利完成任务希负责同志批准准我入会是荷。

杨彦苗
65年4月20号

申 请 书

我们二人经过学习了23条和这次四清革命运动，使我们的政治思想觉悟大有进一步的提高，明确了社会主义方向，分清了敌我，那么我们二人情愿参加到咱们贫协会去和贫下(中)农社员们坐到一条板橙[凳]上，共同走社会主义道路为人民服务。并共同检举坏人坏事和他们做无情的斗争，我们坚决听党的话，一定跟着党走，我们二人一棵[颗]红心忠如[于]党。

最后希贫协会批准为盼。

十二队　杨海旺
王彦巧
65.4.9号

申　请　书

兹有谢中合志愿申请加入农民协会,保证站定阶级立场,遵守协会一切章程和纪律:

42 年以前在家学农活和上学;

42 年至 48 年在绥远学徒;

48 年 8 月被国民党抓兵当伪军;

49 年 9 月在绥远起义参加人民解放军;

56 年 3 月转业到新疆石油管局地调处工作;

63 年 5 月退职反[返]乡参加农业生产;

家庭成分下中农、个人出身工人,现年 35 岁,家庭成员共四人,妻(和)2 个小孩。

申请人　谢中合

65.3.17

申　请　书

兹有王香月自愿申请加入农民协会,保证站定阶级立场,遵守协会一切章程和纪律。

52—60 年在本村小学,西堤张小学、羡家庄中学。

60—63 年在新疆克市总农场但[担]任储蓄员。

63 年申请回村在生产队。

现年 27 岁,家庭出身是贫农。

入贫协申请书

我是一个从旧社会活过来的人,旧社会的穷苦,我是深深尝到了,今天也没法细说。

是毛主席领导我翻了身过起了好日子,现在我只有一个心眼,就是一心一意听毛主席的话,跟着党走,在社会主义光明大道上前进。

贫协会就是领导我们这些翻了身的贫下中农走社会主义的,它也在党的领导下，我是一个贫农，我自愿要求入贫协会，请领导批准。

十二队　刘文合
1965.4.9

入贫协申请书

经过双十条和二十三条的学习，我认识到贫农下中农协会是我们贫下中农自己的组织，它在党的领导下，并团结中农和富裕中农一道进行革命。贫协可以监督、协助人民公社的各级干部，进行工作。这种组织将在巩固无产阶级专政，巩固集体经济，发展生产方面，充分发挥作用。

我是一个出生于贫农家庭的青年，也是共青团员，经过学习认清了成立贫协的重大意义。我坚决拥护这个组织，并自愿加入这个组织，成为名副其实的贫协会员，请领导研究、批准。

杨春英
1965.3.24

入贫协申请书

在党和毛主席的英明领导下，全国人民正走向光明的社会主义道路，永[勇]往直前。可是也有一些人，特别是党内外的党[当]权派，那些思想不纯洁的干部和党员，旧的残余思想，又侵入他们的脑海里。我虽然是一个中农成分，在23条也说过了，是要团结中农。即[既]然党相信我们，我决不辜负党对我的期望。

贫协会是一个群众性的组织，也是广大社员群众最迫切要求的。这种组织能够把广大的贫下中农，和95%以上的社员群(众)，95%以上的干部团结在党的周围。共同攻击那些走资本主义的党[当]权派，共同揭发四不清的盖子，一同走向光明的社会主义道路。

我要在这次轰轰烈烈的革命运动中，要拿出全部精力，来重视这次运动，要忠心耿耿的，抱着革命的精神，帮助工作队，来搞好这个革命运动。揭开四不清的盖子，不但背靠背的[地]提意见，还要面对面的[地]揭，坚决和四不清分子斗争到底，帮助他们洗手洗澡，成[承]认错误，接受错误，放下报夫[包袱]，轻装上阵。从[重]新做人。

工作队是不会常和我们在一起的，如果工作（队）走了以后，就不搞四清了吗？不搞是不行，因为旧的资产阶级思想不会连根拨[拔]掉的，旧的阶级敌人还没有消除。他们还容易税[蜕]化变质，（但我相信工作队会拨[拔]掉这个根的）工作队走了以后，我们要拧成一条绳，一齐向资产阶级思想进攻，我们要担起这个担子断续革命。

搞四清是促进生产的基础，我要在今后的劳动中，积极劳动，不挑肥拣瘦，无论在生产上，和革命运动当中，起模范带头作用，干活的时候要保质保量，争取当一个五好社员。

我要积极劳动，努力学习，锻炼身体，积极参加民兵活动，练过硬本领，将来为祖国为人民服务，成为一个建设社会主义的接班人。

入贫协申请书

我认为贫协是一个革命组织，它能够团结我们广大贫下中农和富裕中农共同走社会主义道路，建设幸福生活。

我志愿参加贫协会，请批准。

贫农　王树明

1965.3.21

贫协会申请

我自愿参加贫协组织，做一个模范会员，做到我应起作用，团结百分之95以上的社员群众要和资产阶级思想作无情的斗争，尊[遵]守群众纪律服从领导，响应党的号召，按照双十条和二十三条办事，坚决走社会主义道路为做一个红色的接班人而奋斗。

于一九六五年三月23号

杨唐永

八、现任干部登记表

门庄大队　组织新选干部登记表

姓　名	性别	年龄	家庭出身	个人成分	文化程度	政治面目			原任职务		新选职务		兼任什么职务	运动中的表现
						党	团	群	党内	行政	党　内	行　政		
杨双恩	男	43	下中	农民	初小			群				队长		
杨其兰	男	45	贫	农民	初小			群		队长		副队长		
杨丙伍	男	56	贫	农民	完小			群		合计		会计		
王振满	男	17	贫	学生	完小		团					保管	青年技术员	
李英纺	女	19	下中	学生	完小		团					妇女队长		
李立德	男	18	下中	学生	完小			群				排长	政工员	
王庆德	男	61	中	农民	无			群				老农		
杨延苗	女	18	贫	学生	完小			群				副排长		
杨连义	男	51	贫	农民	无			群				贫协组长		
杨恒林	男	53	贫	农民	无			群				贫协副组长		
李九完	女	46	贫	农民	无			群				副组长		

注：各队干部都应填写，队委、贫协代表，正副排长都应填写。

门庄公社门庄大队第十二队干部登记表 1965.7.25号

姓　名	性别	年龄	家庭出身	个人出身	政治面目			文化程度	现任职务	原任职务	是否兼职	备考
					党	团	群					
杨双恩	男	43	下中	农			群	初小	队长	队长		
杨其兰	男	45	贫	农			群	初小	副队长	队长		
杨丙午	男	56	贫	农			群	高小	会计	会计		
王振满	男	17	贫	学生		团		高小	保管		青年技术(员)	
李英纺	女	19	下中	学生		团		高小	妇女队长			
李立德	男	18	中	学生			群	高小	排长		兼政工员	
王庆德	男	61	中	农			群	高小	老农			

十二队临时安排职务统计表 六五年4.6

职　别	姓　名	性别	年龄	家庭成分	个人出身	政治面目	文化程度	备　　考
指导员	杨丙须	男	41	下中	农	党员	初小	原任没变
队　长	杨连义	男	51	贫	农	群众	无	(暂任贫协小组长,大会贫协委员)
副队长	杨海旺	男	33	贫	农	群众	初小	原任没变
会　计	杨丙武	男	56	贫	农	群众	初小	原任没变
妇女队长	刘九田	女	39	贫	农	群众	无	原代表
保　管	杨齐兰	男		贫	农	群众		原调10队
民兵排长	贾志彬	男	17	下中	农	群众	初小	
贫协组长	杨恒林	男	53	贫	农	群众	无	

门庄大队第十二生产队干部安排登记表 65.5.20

姓名	性别	年龄	家庭出身	个人成分	文化程度	政治面目			原职任务	新安排职务		备考
						党	团	群		党内	行政	
杨海旺	男	33	贫	农民	初小			群	副队长		政治队长	
杨齐兰	男	50	贫	农民	初小			群	队长		队长	由10队 转回
杨双恩	男	43	中	农民	无			群			副队长	原10队,63年下台队长
杨丙午	男	55	贫	农民	初小			群	会计		会计	
李英芳	女	17	中	学生	小学			群			妇女队长	
贾志斌	男	17	下中	农民	初小		团				民兵排长	兼政治工作员
王振满	男	17	贫	学生	初中二			群			保管员	
杨连义											贫协	
杨彦苗											副排长	

九、新干部选举票

门庄第十二队干部选举情况　1965.7.24 号

时间：1965 年 7 月 24 号　中午

地点：村西枣树林

主持人：杨连仪

参加人员：应参加人员 48 名　实参加 43 名

唱票人：栾伶真　写票人：李福生　检[监]票人：张慎(田)

共发出票：43 张　收回票：43 张

选举结果：

当选人：

队长　杨双恩

副队长　杨其兰

会计　杨丙午

保管　王振满

妇女队长　李英纺

排长　李立铎

副排长　杨延苗

老农　王庆德

公元一九六五年 7 月 24 号

门庄大队第十二生产队管委会候选人名单　1965.7.23

符号	姓　名	拟任职务	是否是管委会委员	拟任兼职	重选同意人的姓名	同意拟任职务	是否是管委会委员
○	杨双恩	队　长	委员				
○	杨其兰	副队长	委员				
○	杨丙午	会　计	委员				
○	王振满	保　管	委员				
○	李英纺	妇女队长	委员				

续 表

符号	姓 名	拟任职务	是否是管委会委员	拟任兼职	重选同意人的姓名	同意拟任职务	是否是管委会委员
○	李立铎	民兵排长	委员				
○	王庆得		委员				

说明：同意选举候选人者在符号栏内画“○”，不同意者画“×”，另在后面格内填写自己同意的。
（此票共计 30 票。——本书编者注）

门庄大队第十二生产队管委会候选人名单 1965. 7. 23

符号	姓 名	拟任职务	是否是管委会委员	拟任兼职	重选同意人的姓名	同意拟任职务	是否是管委会委员
○	杨双恩	队 长	委员				
○	杨其兰	副队长	委员				
○	杨丙午	会 计	委员				
×	王振满	保 管	委员			排长	委员
○	李英纺	妇女队长	委员				
×	李立铎	民兵排长	委员			保管	委员
○	王庆得		委员				

说明：同意选举候选人者在符号栏内画“○”，不同意者画“×”，另在后面格内填写自己同意的。
（此票共计 2 票。——本书编者注）

门庄大队第十二生产队管委会候选人名单 1965. 7. 23

符号	姓 名	拟任职务	是否是管委会委员	拟任兼职	重选同意人的姓名	同意拟任职务	是否是管委会委员
○	杨双恩	队 长	委员		杨彦苗	副排长	不是
○	杨其兰	副队长	委员				
○	杨丙午	会 计	委员				
×	王振满	保 管	委员		王振满	排长	是
○	李英纺	妇女队长	委员				
×	李立铎	民兵排长	委员		李立铎	保管员	是
○	王庆得		委员	老农			

说明：同意选举候选人者在符号栏内画“○”，不同意者画“×”，另在后面格内填写自己同意的。
（此票共计 3 票。——本书编者注）

门庄大队第十二生产队管委会候选人名单　1965. 7. 23

符号	姓　名	拟任职务	是否是管委会委员	拟任兼职	重选同意人的姓名	同意拟任职务	是否是管委会委员
×	杨双恩	队　长	委员		杨其兰	队长	委员
×	杨其兰	副队长	委员		杨双恩	副队长	委员
○	杨丙午	会　计	委员				
○	王振满	保　管	委员				
○	李英纺	妇女队长	委员				
○	李立铎	民兵排长	委员				
○	王庆得		委员				

说明：同意选举候选人者在符号栏内画“○”，不同意者画“×”，另在后面格内填写自己同意的。

门庄大队第十二生产队管委会候选人名单　1965. 7. 23

符号	姓　名	拟任职务	是否是管委会委员	拟任兼职	重选同意人的姓名	同意拟任职务	是否是管委会委员
○	杨双恩	队　长	委员				
○	杨其兰	副队长	委员				
○	杨丙午	会　计	委员				
×	王振满	保　管	委员		立铎		
○	李英纺	妇女队长	委员				
○	李立铎	民兵排长	委员				
	王庆得		委员				

说明：同意选举候选人者在符号栏内画“○”，不同意者画“×”，另在后面格内填写自己同意的。

门庄大队第十二生产队管委会候选人名单　1965. 7. 23

符号	姓　名	拟任职务	是否是管委会委员	拟任兼职	重选同意人的姓名	同意拟任职务	是否是管委会委员
○	杨双恩	队　长	委员				
○	杨其兰	副队长	委员				
○	杨丙午	会　计	委员				
○	王振满	保　管	委员				
○	李英纺	妇女队长	委员				

续　表

符号	姓　名	拟任职务	是否是管委会委员	拟任兼职	重选同意人的姓名	同意拟任职务	是否是管委会委员
	李立铎	民兵排长	委员				
○	王庆得		委员				

说明：同意选举候选人者在符号栏内画"○"，不同意者画"×"，另在后面格内填写自己同意的。

门庄大队第十二生产队管委会候选人名单　1965.7.23

符号	姓　名	拟任职务	是否是管委会委员	拟任兼职	重选同意人的姓名	同意拟任职务	是否是管委会委员
×	杨双恩	队　长	委员		其兰	队长	委员
×	杨其兰	副队长	委员		庆德	副队长	委员
○	杨丙午	会　计	委员				
○	王振满	保　管	委员				
○	李英纺	妇女队长	委员				
○	李立铎	民兵排长	委员				
×	王庆得		委员		双恩	老农	委员

说明：同意选举候选人者在符号栏内画"○"，不同意者画"×"，另在后面格内填写自己同意的。

门庄大队第十二生产队管委会候选人名单　1965.7.23

符号	姓　名	拟任职务	是否是管委会委员	拟任兼职	重选同意人的姓名	同意拟任职务	是否是管委会委员
○	杨双恩	队　长	委员				
○	杨其兰	副队长	委员				
○	杨丙午	会　计	委员				
×	王振满	保　管	委员			排长	委员
○	李英纺	妇女队长	委员				
×	李立铎	民兵排长	委员			保管员	委员
×	王庆得		委员	杨存建			委员

说明：同意选举候选人者在符号栏内画"○"，不同意者画"×"，另在后面格内填写自己同意的。

门庄大队第十二生产队管委会候选人名单　1965. 7. 23

符号	姓　名	拟任职务	是否是管委会委员	拟任兼职	重选同意人的姓名	同意拟任职务	是否是管委会委员
	杨双恩	队　长	委员				
	杨其兰	副队长	委员				
	杨丙午	会　计	委员				
	王振满	保　管	委员				
	李英纺	妇女队长	委员				
	李立铎	民兵排长	委员				
	王庆得		委员				

说明：同意选举候选人者在符号栏内画“○”，不同意者画“╳”，另在后面格内填写自己同意的。
(此票共计 2 票。——本书编者注)

门庄大队第十二生产队管委会候选人名单　1965. 7. 23

符号	姓　名	拟任职务	是否是管委会委员	拟任兼职	重选同意人的姓名	同意拟任职务	是否是管委会委员
○	杨双恩	队　长	委员		杨彦苗	副排长	不是
○	杨其兰	副队长	委员				
	杨丙午	会　计	委员				
○	王振满	保　管	委员		王振满	排长	是
○	李英纺	妇女队长	委员				
○	李立铎	民兵排长	委员		李立铎	保管员	是
○	王庆得		委员				不是

说明：同意选举候选人者在符号栏内画“○”，不同意者画“╳”，另在后面格内填写自己同意的。

十、妇女工作材料

第十二队妇女积极分子统计表 65.3.20

姓名	年龄	家庭成分	个人出身	文化程度	政治面目	娘家成分	备考
石红珍	25	下中	农	无	群众	地主	原娘家是贫农,给了地主家来的
杨淑英	17	贫	学生	小学	群众		
李英房	17	中	学生	小学	群众		
李九完	46	下中	农民	无	群众	贫	本队,娘家
杨秀娟	21	下中	学生	初中	群众		其祖母是已被改造一贯道
		妇女小组人员 组长石红珍 李九完 杨淑英					

16周岁以上妇女成年人登记表 65.3.20

姓名	年龄	成分		个人出身	文化程度	政治面目	职务	结婚日期		备考
		娘家	婆家					土改前	土改后	
刘九田	41	贫农	贫农	农民	无	群众	无		46	
王焕存	61	贫农	下中	农民	无	群众	无	1920		
李瑞青	24	贫农	下中	农民	初小	群众	无		61	
张延敏	29	贫农	贫农	农民	无	群众	无		61	
杨延苗	17	贫农	贫农	农民	初小	群众	无			
王玉翠	47	贫农	贫农	农民	无	群众	无	31		
杨秀珍	25	中		农民	无	群众	无		64	
杨苗金	26	贫农		农民	无	团员	无		62	
丁青霞	67	贫农	贫农	农民	无	群众	无	1911		
杨苗秀	30	贫农		农民	无	团员	无		64	
韩蕊	65	中	中	农民	无	群众	无	1919		
杨秀罗	29	中	中	农民	无	群众	无		56	
牛巧	30	贫农	贫农	农民	初小	群众	无		55	
杨孙氏	80	贫农	贫农	农民	无	群众	无	1903		

续 表

姓 名	年龄	成 分		个人出身	文化程度	政治面目	职务	结婚日期		备 考
		娘家	婆家					土改前	土改后	
李苗月	31	贫农	贫农	农民	无	群众	无		55	
梁香玉	74	中	中	农民	无	群众	无			
王平和	45	贫农	贫农	农民	无	群众	无	38		
杨淑英	17	贫农	贫农	学生	小学	群众	无	1906		
杨苗样	23	贫农	贫农	农民	无	群众	无			
石红珍	25	下中	下中	农民	无	群众	无		56	
王 红	65	中	中	农民	无	群众	无	19		
张甚田	23	中	中	学生	高中	团员	无		63	
李五坤	80	中	中	农民	无	群众	无	1901		
李英房	17	中	中	学生	小学	群众	无			
李九完	47	下中	下中	无	无	群众	无	39		
王延巧	23	贫	贫	农民	小学	群众	无		61	
张翠芬	64	地主	地主		无	群众	无	21		

16 周岁以上妇女成年人登记表 65. 3. 20

姓 名	年龄	成 分		个人出身	文化程度	政治面目	职务	结婚日期		备 考
		娘家	婆家					土改前	土改后	
张桂芳	36	中	地主	农民	无	群众	无		49	
李二田	58	中	下中	农民	无	群众	无	27		
栾灵珍	26	中	下中	农民	小学	团员	62 年指导员		58	
李玉花	67	贫	下中	农民	无	群众	无	16		
谢九双	49	贫	下中	农民	无	群众	无	33		
杨秀娟	21	下中	下中	学生	初中	群众	无			
郭大芬	60	贫	下中	农民	无	群众	无	1922		
谢大香	37	下中	中农	农民	初小	群众	无		49	
李俊听	55	贫	贫	农民	无	群众	无	25		
张彩同	59	贫	贫	农民	无	群众	无	25		
刘文和	62	贫	贫	农民	无	群众	无	1914		
王香月	27	下中	下中	学生	初中	群众	无		60	

门家庄 第十二队 妇女小组划分表 65.4.11

第一组 组长 杨素英

组 员：杨苗梓 王平和 刘文和 张彩同 谢大香 石红珍 王 红 张翠芬 张桂芳 张甚田

第二组 组长 李英芳

组 员：栾灵珍 李二田 张延敏 杨延苗 王玉翠 杨苗金 杨苗秀 丁青霞 杨秀珍 李苗月

第三组 组长 刘九田

组 员：谢九双 杨秀娟 李玉花 杨秀罗 韩 蕊 李俊听 王焕存 李瑞青 王香月 王延巧 梁香玉 牛凤巧

总妇代表 李九丸

未编入组的人

此外：杨孙氏 80岁 年老

郭大芬 59岁 精神不正

李五坤 78岁 年老

共计39名 成年妇女

姓　名	年　龄	成　　分		结婚日期		备　考
		娘　家	婆　家	解放前	解放后	
杨延苗	17	贫				
王玉翠	49	贫	贫	1931		
杨苗金	27	贫			1962	
杨苗秀	30	贫			1964	
丁青霞	67	贫	贫	1911		
韩　蕊	66	中	中	1919		
牛　巧	31	贫	贫		1955	

续 表

姓 名	年 龄	成 分		结婚日期		备 考
		娘 家	婆 家	解放前	解放后	
杨秀罗	30	中	中		1956	
杨秀珍	25	中			1964	
刘文合	62	贫	贫	1914		
李瑞青	24	贫	贫		1961	
王焕存	61	贫	贫	1920		
李玉坤	80	中	中	1901		
李英芳	17	中				
杨苗让	25	下中				
杨素英	17	贫农				
王平合	46	贫农	贫农	38		
王彦巧	23	贫农	贫农		61	
刘九田	41	贫农	贫农		46	
张彦敏	29	贫农	贫农		61	
张慎田	23	贫农	中农		63	
谢大香	37	下中	中农		49	
石洪珍	25	地主	贫农		56	
李九完	47	贫农	下中	39		
杨秀娟	22	下中				
谢九双	50	贫农	下中	解放前 33		
李玉花	68	贫农	下中	解放前 16		
郭大芬						
栾灵珍	26	中农	下中		解放后 58	
李二田	58	中农	下中	解放前 27		
张延敏		贫农	贫农		解放后 61	
王 红	65	贫农	中农	解放前 19		
梁香玉	74		中农	解放前 6		
李俊听	57	贫农	贫农	解放前 25		

续 表

姓 名	年 龄	成 分		结婚日期		备 考
		娘 家	婆 家	解放前	解放后	
李苗月	32	贫农	贫农		解放后 55	
恒双母	82	下中	贫农	解放前(0)3		
张翠芬	65	贫农	地主	解放前 21		
张桂芬	36	中农	地主		解放后 49	

十一、妇女讨论记录

讨 论 记 录

张延敏、王香月、杨秀罗、杨苗金、栾玲珍、杨秀珍、杨苗秀、刘九田、谢九双、李苗月、王玉翠、李瑞清、杨秀娟

王香月：在没学习以前我心里总觉得害怕，可是通过学习以后知道根本就没神没鬼。

在我们村普遍迷信的有菩萨、关爷、全神、天地、财神、赵王爷、它[宅]神、门神。

王玉翠：在过去因封建迷信思想很严重，通过学习认识到根本就没神没鬼我家有长仙、狸狐精、黄有[鼬]精今后我坚决不迷信了通过斗争罗大稳，和常同志的讲话给了我很大的教育使我从思想上认识到迷信的害处以后坚决从思想上，挖掉这种封建迷信的根子。

我村也有买卖婚姻的问题在旧社会贩卖人口，使母女离别多少年来不能见面，后来逼的[得]他母亲也自尽了，现在他又画神像，封建迷信的思想非常严重，他儿子还说以后走着瞧。

关于今后坚决不偷不摸，互想[相]检举，拾了归集体，遵[尊]敬老人好好教育下一代使子女热爱集体，听党的话，好好劳动，为建设社会主义而奋斗。

十二队妇女讨论记录　一组　65. 5. 27

王玉翠、李苗月、牛风巧、杨秀罗、刘九田、杨彦苗、谢九双、李瑞青、杨秀珍、杨秀娟

一、封建迷信有哪几种表现，到底有没有神鬼，信神、信鬼有哪些害处。

老少财信、菩(萨)、关爷、赵王爷、全神、福神、关爷、门神，还有信仰狸狐、长仙、黄有[鼬]精，还有信仰会道门的，象[像]宗教、一贯道，通过学习和常同志的讲话我们正确的[地]认识到，根本就没神没鬼，信神不但破费了钱财给生活造成困难，而且还耽误生产影响生产丰收如果不狠狠地挖掉封建迷信的资

本主义根子对集体对国家的危害是非常大的。

二、玩钱聚赌有哪些害处,这是什么问题,什么人干这些事。

玩钱聚赌,不但给经济带来困难,而且还是影响生产扰乱国家治安过去的地主富农、公子、小姐、太太才干这些事,游手好闲不干活,玩钱是封建的资本主义思想支配的。

三、不执行婚姻法有那[哪]些害处,不瞻[赡]养老人对吗,我们应怎样教育后一代。

不按着国家法令办事早结婚,不但夫妻之间感情不好,而且给身体造成不健康扰乱国家秩序,给自己给国家造成一些困难。

应该教育后一代好好劳动听老人的话听党的话,热爱集体热爱祖国,为建设社会主义而贡献自己的一切。

讨 论 李英房组

参加会的人:杨苗样、杨苗金、杨苗秀、栾玲珍、刘文合、张延敏、张翠芬、张桂芳、李英芳、杨素英

封建迷信有那[哪]几种?财神、全神、天地、地母、关爷、赵王爷、玉皇、老祖、猴主、菩萨。

到底有没有鬼神?在世界上根本就没有神鬼,谁也没有见过。

信鬼、信神有哪些害处?浪费劳动时间,浪费钱财,直接影响生产,消极[解]劳动人民的积极性。

玩钱聚赌有哪些害处?劳动人民劳动一年来,辛辛苦苦,可是在玩钱的时候都输了,输了钱必然就要偷盗,从偷小东西越发展越大,就会成为一贯[惯]偷盗分子。还直接影响了个人家庭生活问题。给个人的生活造成困难。

玩钱聚赌,是旧社会移[遗]留的资本主义的残余思想,在旧社会那些地主、富农、反革命分子,好吃懒做、玩钱聚赌、净[尽]干那些见不得人的事。

不执行婚姻法有哪些害处?早婚后,生下孩子,对于自己的身体不健康,大人吃累给自己的家庭增加负担。直接影响生产。

不赡养老人对吗?是不对的,应该尊敬老人,孝敬老人,叫老人吃饱穿暖,关心老人的身体健康。

我们应该怎样教育下一代?应该教育孩子,孝敬老人,尊敬老人,教育孩

子,爱护集体利益,不沾集体的便宜。

第十二生产队 第三组妇女组
1965.5.27

讨 论 1965.5.31

参加讨论的人:杨延花、王焕存、李九完、刘文合、谢大香、张桂芳、李英芳。

迷信有哪几种?玉皇、关公、老祖、王母、长仙、胡仙、猴祖、代笔、菩萨、南海菩萨、全神、天地、财神、地母、赵王爷、关公、宅神。

这些神有哪些坏处?人们劳动一天来得给他瞌[磕]头。迷信白浪费钱。白浪费粮食。

有没有神鬼?没神没鬼,谁见过神鬼是什么样的,这是骗人。

封建迷信还有,认赵王爷的,有拜生死弟兄,有认干娘的,有认水井的,有载销[戴孝]的。

早婚和卖买婚姻有哪些害处?早婚在旧社会挨打受气,早婚对自己的家庭带来负担。使自己的身体不健康,影响生产。

王焕存把李云生他妹子卖掉,把他母亲逼的[得]上吊死去。直到现在没有下落。

不瞻[赡]养老人对不对?不孝敬老人是不对的,应该尊敬老人,不叫老人挨冻挨饿。

应该怎样教育下一代?教育下一代参加劳动,爱护集体。不教育下一代信神信鬼,教育下一代尊敬老人、孝敬老人。

谢大香 65.3.25号

听到张同志的话我回家后劝个人的亲人老老实实交待问题一点一滴的也不剩只他知道的也要揭发出来我的亲人说上级给开了十多次会思想提高抛除顾虑早愿向党交心把个人所犯的四不清错误全部交待出来向党靠垅[拢],向贫下中农靠垅[拢]才有出路。

李永锡写

干部家属组 65.3.27

刘九田提:1. 供销社凭证卖给我,可我拿本去了,他说没了。都是按证买

来的，为什么我们那份没有了。（云霄）

2. 61 年 62 年的条绒全走后门了，如张普伦他儿子结婚时，买了不少的条绒，社员是买不到的。（马利本）

谢大香提：顾善志 61 或 62 年时买了一锅袜子，还有其他走后门东西，你依仗职权，大走后门。供销社看人下菜碟，张普伦随便买。

十二、青年登记表

门庄大队团员登记表

姓　名	性别	年龄	家庭出身	个人出身	文化程度	原任职务	现任职务	何时入团	备　考
王占达	男	23	中	学生	高中	保管	团支书	1956	
栾伶珍	女	26	下中	学生	完小			1959	
张慎田	女	22	下中	学生	高中			1955	
杨春英	男	26	贫	学生	高中			1955	
杨苗秀	女	30	贫	学生	初小			1953	
杨苗金	女	27	贫	学生	初小			1953	
王振满	男	17	贫	学生	完小			1965	
李英纺	女	18	下中	学生	完小			1965	
贾之彬	男	17	下中	学生	完小			1965	
杨书英	女	17	贫	学生	完小			1965	

门庄十二生产队青年登记表(15—25岁)

姓　名	年龄	性别	成分	个人出身	政治面貌	文化水平	备考
杨延常	15	女	贫	学生	群众	小学	干部子女
杨延苗	16	女	贫	学生	群众	初小	
杨秀珍	23	女	中	农民	群众	无	
杨中雨	18	男	中	学生	群众	小学	干部子女
杨苗玺	25	女	贫	农民	团员	无	
杨淑英	17	女	贫	学生	群众	小学	
杨苗样	23	女	下中	农民	群众	无	
石红珍	25	女	下中	农民	群众	无	
王占达	23	男	中	学生	团员	高中	保管员
张甚田	23	女	中	学生	团员	高中	保管家属
李英房	17	女	中	学生	群众	小学	

续　表

姓　名	年龄	性别	成分	个人出身	政治面貌	文化水平	备考
贾志彬	16	男	下中	农民	群众	初小	
王延巧	22	女	贫	农民	群众	初小	
杨秀娟	21	女	下中	学生	群众	初中	
李立德	20	男	中	农民	群众	初小	
王振满	17	男	贫	学生	群众	初中	
李中秋	22	男	贫	复原军	团员	小学	大队团支书
合计							

共　男6　女11　共17人
贫　2　6　8
下中　1　2　3
中　3　3　6

党团员情况

指导员：杨丙需：党员

栾令真：中农　26岁　1959年入团　女

王占达：中农　23岁　56年入团　男

张慎田：贫农　23岁　55年入团　女

杨春英：贫农　26岁　55年入团　男

杨苗秀：贫农　30岁　53年入团　女

杨苗金：贫农　27岁　53年入团　女

王振满：贫农　17岁　65年入团　男

李英纺：下中　18岁　65年入团　女

贾之彬：下中　17岁　65年入团　男

杨书英：贫农　17岁　65年入团　女

贫下中农　24户　中6户　地主1户　1户无成分的　共32户

通知单　十二队

第一批入团的：

杨淑英、贾志彬

第二批批准加入社会主义青年小组的：

杨秀珍　杨秀娟　李瑞青　王香月　王彦巧　李冬梅

第一批批准加入社会主义青年小组的：

王振满　杨中雨　李英芳　杨淑英　贾志彬　杨彦常　张慎田　杨春英　王占达　杨彦苗　李中秋　李立德

门庄十二队贫下中农积极分子表　65.3.2

<table>
<tr><td>姓　名</td><td>杨淑英</td><td>性别</td><td>女</td><td>年龄</td><td>17</td><td>文化程度</td><td colspan="3">完小</td></tr>
<tr><td>家庭出身</td><td>贫农</td><td colspan="2">本人成分</td><td colspan="2">学生</td><td>政治面目</td><td>群众</td><td>现任职务</td><td>无</td></tr>
<tr><td>主要社会关系</td><td colspan="5">外祖母家　温浪口村人
王福　贫农</td><td>家庭主要成员</td><td colspan="3">其父亲　杨连义　51岁　农民
其母亲　王平和　46岁　农民
其兄　杨春英　26岁　后师二年半　团员</td></tr>
<tr><td colspan="4">家庭有无被关管杀斗与本人参加过何种反动组织会道门</td><td colspan="2">无</td><td colspan="2">受过何种奖励与处分</td><td colspan="2">无</td></tr>
<tr><td colspan="4">土改前后家庭经济状况</td><td colspan="6">土改前：人5口，房4间，地4.5亩，父亲在沈阳，当木匠为生，全家在沈阳，家中无人
土改后：人6口，房4间，地18亩，牛半个，有小型农具
1955年入初级社，男女劳力各一个
现在：人7口，房　间　劳力4个，以农为生。</td></tr>
<tr><td colspan="6">在历次革命运动中的表现和现在的表现如何</td><td colspan="4">一般</td></tr>
<tr><td colspan="10">家庭简史：事变前：35年，人4口，有其祖父，祖母和父、大伯，房4间，地4.5亩，以打短工，月工，祖父会瓦工为生
事变后：38年以后，人5口，其父母、兄、祖父、祖母，房4间，地4.5亩，40年其父及全家在沈阳，以父有木匠手艺为生，48年来家务农，分地13.5亩。祖父会瓦匠帮助生活。
土改后：48年由沈(阳)来家，人6口，有其父、母、兄，祖父、祖母，房4间，地18亩，以农为生，55年入初级社时半头牛和小型农具，劳力2个。
现在：人7口，房2间，劳力4户，以劳动为生。</td></tr>
</table>

因有其父加入，暂不批准　3月12号

检　讨

老王同志：

通过恕[您]给我讲那些道理，使我受到深刻的教育，使我明确了前进的方向，深深的提[体]验到新社会的温暖党和毛主席的英明伟大。

我把昨天我和哥哥吵架情节根源反复的[地]检查几边[遍]。我本身存在的第一个错就不应该和老人吵嘴。第二就是不该在大街上大吵大闹。第三哥哥说得对不应不服气，甚至大吵大闹。第四就是虽然哥哥有些地方歪曲了我，但是应该给他做解释，不应该横冲直闯地把他压倒下去，这样我们两个都不光彩，事情也不一定解决了。第五就是，哥哥的大部分的出发点都正确的，更不应这样做，就是说错了也不是什么了不起的事情，这样做实在不是个样子，已经悦[脱]离了青年的本性，比一班[般]老百姓还要差，我要马上彻底地把这些缺点纠正过来，不然要是发展下去是很危险的，今后的发展后果可怕而不可想象的。又想到如果这种事情发生在旧社会，别说有人来说合，错误人能受教育、改造，甚至有些人一定袖手旁观，当笑话来讲，当做[作]热闹来看，特别是阶级敌人它是光希望着我们发生矛盾发生冲突的，站在高山看虎斗，让我们自己人来战自己人。这多亏是在共产党毛主席的英明领导下，您把我从泥坑里把我挽救出来，从[重]新回到我们的革命队伍里来。今后我一定要按照您给我指出的方向去努力。听从父母大人的话，父母指向那[哪]里就奔向那[哪]里，搞好兄妹之间的关系，关心家务。不虽[随]便乱跑，尽量抽时间，替父母做一些家务劳动。发扬艰苦朴素地[的]工作作风，加强学习要用党对青年的五向[项]标准来要求自己。在生产上要起模范带头作用，争取当一个五好青年。（因文化所限，到此止笔，今后有哪些地方做的[得]不够请您虽[随]时指出。）

杨素英

1965.5.21号

十三、民兵登记表

门庄十二生产队基干民兵登记表　男16—30岁　女15—25岁　65.3

姓　名	年龄	性别	家庭成分	个人出身	政治面目	文化水平	备　　考
杨延苗	16	女	贫	学生	群众	小学	
杨秀珍	22	女	中	农民	群众	无	
杨中雨	20	男	中	学生	群众	小学	
杨苗金	25	女	贫	农民	团员	无	
杨存鉴	28	男	贫	农民	群众	初小	
杨春英	26	男	贫	学生	团员	后师二年	
杨淑英	17	女	贫	学生	群众	小学	
杨苗样	23	女	下中	农民	群众	无	
石红珍	25	女	下中	农民	群众	无	
王占达	23	男	中	学生	团员	高中	
张甚田	23	女	中	学生	团员	高中	
李英房	17	女	中	学生	群众	小学	
贾志彬	17	男	下中	农民	群众	初小	
杨秀娟	21	女	下中	学生	群众	初中	
李立德	20	男	中	农民	群众	初小	
王振满	17	男	贫	学生	群众	初中	说明 女11人 男7人 共18人
李中秋	22	男	贫	军人	团员	小学	
李瑞青	24	女	下中	农民	群众	初小	
王香月	24	女	下中	学生	群众	初中	
王延巧							
18人							

门庄十二队普通民兵登记表　男30—45岁　女26—35岁　65.3

姓名	年龄	性别	家庭成分	个人出身	政治面目	文化水平	备　　考
张延敏	28	女	贫	农民	群众	无	
杨唐永	40	男	贫	农民	群众	初小	
杨苗秀	28	女	贫	农民	团员	无	现去北京
杨秀罗	28	女	中	农民	群众	初小	
杨恒双	40	男	贫	农民	群众	高小	现任队长，而且脱党
牛　巧	29	女	贫	农民	群众	无	
李苗月	37	女	贫	农民	群众	无	
王树明	31	男	下中	农民	群众	无	
杨海旺	33	女	贫	农民	群众	初小	现任副队长
							说明 女11人 男7人 共18人
王西俭	36	男	地主	工人	群众	小学	
张桂芳	36	女	地主	农民	群众	无	
栾灵珍	26	女	下中	农民	团员	小学	
李福生	30	男	贫	外来	群众	小学　此人不明	
谢大香	36	女	中	农民	群众	初小	
谢中和	34	男	下中	工人	群众	小学	
杨双恩	43	男	中	农民	群众	无	
18人							

十四、运动中各种报表

门庄大队三结合小组领导班子统计表　十二队

姓　名	性别	年龄	家庭出身	个人成分	政治面目	文化程度	原任职务	初选职务	曾在几队任职	干部的是否解放	三结合小组					
											组别	姓名	原职务	贫协分子	运动中表现	备考
杨丙须	男	61	下中	农民	党员	初小	指导员	指导员	本	解放	贫协	杨连义		贫协	积极	
杨连义	男	51	贫	农民	群众			队长			贫协	杨春英		贫协	积极	
杨丙武	男	56	贫	农民	群众	初小	会计	会计	本	尚未	贫协	杨恒林		会员	积极	
杨海旺	男	33	贫	农民	群众	初小	副队长	副队长	本	解放	贫协	王振满		贫协	积极	
杨齐兰	男		贫	农民	群众			保管	10队队长	解放	贫协	贾志彬		会员	积极	
刘九田	女	39	贫	农民	群众	无	代表	妇女队长	本		干部组	杨丙须	指导员		积极	
贾志彬	男	17	下中	农民	群众	初小		民兵排长			干部组	杨丙午	会计		一般	
杨恒林	男	53	贫	农民	群众	无		贫协组长			干部组	王占达	保管		比较好,一般	
											干部组	栾灵珍	62年下台指导员		问题少,一般	
											干部组	杨恒双	队长		问题多,表现不好	
											干部组	杨海旺	副队长		问题多,表现好	

门庄大队三结合小组领导班子统计表　十二队

姓　名	性别	年龄	家庭出身	个人成分	政治面目	文化程度	原任职务	初选职务	曾在几队任职	干部的是否解放	三　结　合　小　组					
											组别	姓名	原职务	贫协分子	运动中表现	
杨丙须	男	61	下中	农民	党员	初小	指导员	指导员		解放	贫协	杨连义		积极分子	好	
杨连义	男	51	贫	农民	群众	初小		队长				杨春英		积极分子	好	
杨海旺	男	33	贫	农民	群众	初小	副队长	副队长		解放		杨恒林		积极分子	好	
杨丙伍	男	56	贫	农民	群众	初小	会计	会计		解放	干部	杨丙须	指导员	积极分子	好	
杨其兰	男	45	贫	农民	群众	初小	队长	保管		解放		杨海旺	队长	积极分子	好	
谢中春	女	26	下中	农民	团员	初小	指导员	队长		解放		杨恒双	队长	不积极	不好	
												王占达	保管	一般		
												栾伶珍	下台干(部)		不好	
												杨丙伍	会计		一般	

反动会道门及迷信活动　65.3.10号

<table>
<tr><th rowspan="3">姓　名</th><th rowspan="3">家庭人口</th><th rowspan="3">种　类</th><th colspan="5">摘　　要</th></tr>
<tr><th colspan="2">群众反应</th><th colspan="3">活动范围涉及人数方式</th></tr>
<tr><th>过去</th><th>现在</th><th>过去</th><th>表现</th><th>现在表现</th></tr>
<tr><td>李玉花</td><td>4
(女66岁)</td><td>一贯道
(下中农)</td><td></td><td></td><td></td><td></td><td></td></tr>
<tr><td>王玉翠</td><td>2</td><td>一般迷信</td><td></td><td></td><td></td><td></td><td></td></tr>
<tr><td>刘同和</td><td>2
(女55岁)</td><td>一般迷信</td><td></td><td></td><td></td><td></td><td></td></tr>
<tr><td>王焕存</td><td>4
(女60岁)</td><td></td><td></td><td></td><td></td><td></td><td></td></tr>
</table>

门庄十二队李玉花一贯道坛主的情况　65.5.20

<table>
<tr><td>姓名</td><td>李玉花</td><td>年龄</td><td>68</td><td>性别</td><td>女</td><td>所信道别</td><td>一贯道</td><td>活动年限</td><td>6个月</td></tr>
<tr><td>过去表现</td><td colspan="5">一般</td><td colspan="2">现在表现</td><td colspan="2">一般</td></tr>
<tr><td>群众评论</td><td colspan="9">没有活动,接受改造</td></tr>
<tr><td colspan="10">1942年春天从五家井回家的路上碰到了一个老太太是小 里人叫张换任,见面后因谈家常他扯起了一贯道说一贯道一百好,叫我入道,后来他到我村几次,还给我两本书一个佛像,组织几个人烧香磕头,从春天开始到秋天就不信仰了,原因是我当家哥哥杨恒聚到我家正碰见张换任带他就大闹一气把东西都砸坏了把张换任撵走了,从那起张换任就没来过一直到现在也没活动过。</td></tr>
<tr><td colspan="10">第一次是村里叫上官道李集训、改造</td></tr>
<tr><td colspan="10">第二次也是村里叫上官道李自带一张锄一方面劳动,一方面开会,受训改造。</td></tr>
<tr><td colspan="10">第三次是在东堤北劳动改造。</td></tr>
<tr><td colspan="10">从小跟父母在家劳动,出嫁后也是以农为生,在1942年春天入道到42年秋天停止活动,从那到现在以农为生。</td></tr>
<tr><td colspan="10">因体衰有病,在家养病,未能出门,表示[现]一般,没有活动。</td></tr>
</table>

门庄十二队还乡工人、军人、学生统计表 65.3.9

类别	姓名	性别	年龄	成分	文化程度	个人出身	来家人口	来家年限	政治面目	原地址
学生	王占达	男	23	中	高中	学生	1	62年	团	冀县中学
学生	张甚田	女	23	中	高中	学生	1	62年	团	冀县中学
学生	杨春英	男	26	贫	后师二年	学生	1	61年	团	衡水师范
学生	杨秀娟	女	21	下中	初中一年	学生	1	60年	群众	羡家庄民办中学
学生	王振满	男	17	贫	初中	学生	1	63年	群众	码头里中学
军队	谢中和	男	34	下中	小学	军人	3	62年	群众	新疆
军队	杨恒桥	男	46	贫	初小	军人	1	54年	群众	援朝军复原
工人	王西俭	男	36	地主	小学	工人		62年	群众	山西
工人	杨苗秀	女	28	贫	无	工人	1	62年	团员	石家庄
工人	贾成立	男	65		初小	工人	1	64年	群众	沈阳

图书在版编目(CIP)数据

中国当代民间史料集刊. 1/华东师范大学中国当代史研究中心编. —上海：东方出版中心，2011. 10(2025. 3 重印)
ISBN 978-7-80186-993-7

Ⅰ. 中… Ⅱ. 华… Ⅲ. 中国-现代史-史料 Ⅳ. K270. 6

中国版本图书馆 CIP 数据核字(2009)第 054235 号

中国当代民间史料集刊. 1

出版发行：东方出版中心
地　　址：上海市仙霞路 345 号
电　　话：62417400
邮政编码：200336
经　　销：全国新华书店
印　　刷：上海万卷印刷股份有限公司
开　　本：710×1020 毫米　1/16
字　　数：450 千
印　　张：28. 75
插　　页：2
版　　次：2011 年 10 月第 2 版　2025 年 3 月第 2 次印刷
ISBN 978-7-80186-993-7
定　　价：54. 00 元

版权所有，侵权必究